Statistische Jahrbücher des Soldan Instituts für Anwaltmanagement, Bd. 5

Herausgegeben von Prof. Dr. Matthias Kilian und Dipl.-Kfm. René Dreske

Kilian / Dreske

Statistisches Jahrbuch der Anwaltschaft 2015 / 2016

D1618448

Statistisches Jahrbuch der Anwaltschaft 2015 / 2016

Statistical Yearbook of the Lawyers' Profession

herausgegeben von

Prof. Dr. Matthias Kilian

Universität zu Köln, Rechtswissenschaftliche Fakultät

Dipl.-Kfm. René Dreske

Hans Soldan GmbH

unter Mitwirkung von

Wiss. Mit. Anne-Sophie Jung LL.M. und stud. iur. Christina Esser

DeutscherAnwaltVerlag   **ISoldan Institut**

Zitiervorschlag: *Kilian/Dreske*, Statistisches Jahrbuch 15/16, S. 1 (Tab.1.2.3)

Hinweis: Der °-Vermerk in den Datentabellen weist darauf hin, dass in Vorausgaben des Statistischen Jahrbuchs Daten zu weiteren oder anderen Jahren enthalten sind.

Copyright 2016 by Deutscher Anwaltverlag, Bonn

Druck: Hans Soldan GmbH, Essen

ISBN: 978-3-8240-5432-9

Bibliografische Information der Deutschen Nationalbibliothek

Die Deutsche Nationalbibliothek verzeichnet diese Publikation in der Deutschen Nationalbibliografie; detaillierte bibliografische Daten sind im Internet über http://dnb.d-nb.de abrufbar.

Vorwort

Für die fünfte Ausgabe des Statistischen Jahrbuchs der Anwaltschaft sind alle Datenreihen fortgeschrieben worden. Die Inhalte sind so umfangreich wie in keiner der Vorausgaben ausgeweitet worden, so dass der Umfang des Statistischen Jahrbuchs um mehr als 50 Seiten zugenommen hat. Erstmals enthalten sind in den Kapiteln 1 und 2 detaillierte Statistiken zur Zahl der Neuzulassungen auf Bundesebene und der Ebene der Kammern. Sie ergänzen die bekannteren, weil auch von der BRAK publizierten stichtagsbezogenen Statistiken zur Zahl der Kammermitglieder. In Kapitel 6 (Ausbildung) werden erstmalig auch die Zahlen der Studierenden ausgewiesen, die nicht das „klassische" Studium der Rechtswissenschaften mit Ziel des Erwerbs der Befähigung zum Richteramt, sondern alternative Abschlüsse anstreben und diese auch an Fachhochschulen erlangen (Tab. 6.1.3 und 6.1.9). Im Kapitel 7 (Finanzierung anwaltlicher Dienstleistungen) werden zum ersten Mal neben den Aufwendungen der Landeskassen für die Prozesskosten-, Verfahrenskosten- und Beratungshilfe auch die Ausgaben für Beiordnungen als Pflichtverteidiger in Straf- und OWi-Sachen mitgeteilt. Erstmalig wurde das Statistische Jahrbuch seit seiner Begründung um ein zusätzliches Kapitel ergänzt: Kapitel 11 teilt die Geschäftsentwicklung der Gerichte anhand der Eingangszahlen mit; berichtet werden sowohl Zahlen zur ordentlichen Gerichtsbarkeit, als auch zu den Fachgerichtsbarkeiten. Entfallen mussten zwei dem Leser aus den Vorausgaben vertraute Tabellen: Aufgrund Nichtverfügbarkeit der benötigten Daten sind die Übersichten zur Zahl der Hochschullehrer an den rechtswissenschaftlichen Fakultäten und zum Prämienaufkommen in der Rechtsschutzversicherung in anderen europäischen Ländern gestrichen worden.

Die Fortschreibung der Zahlenreihen um weitere zwei Jahre hat es mit sich gebracht, dass diese zum Teil um Daten aus früheren Jahrzehnten entschlackt werden mussten. Die Neuausgabe des Statistischen Jahrbuchs ersetzt daher die Vorausgaben nicht vollständig, so dass diese archiviert werden sollten, um bei Bedarf Zugriff auf vollständige Zahlenreihen nehmen zu können. Die betroffenen Zahlenreihen sind in der Überschrift mit dem Symbol „ ° " gekennzeichnet und im Anhang aufgeschlüsselt.

Zu danken haben die Herausgeber jenen, die die Entstehung des Jahrbuchs tatkräftig unterstützt haben. Zu nennen sind vor allem die Geschäftsführer und Mitarbeiter der Bundesrechtsanwaltskammer und der regionalen Anwaltskammern, der Deutsche Anwaltverein, das Bundesjustizministerium, die Landesjustizministerien, die Landesjustizprüfungsämter, die Arbeitsgemeinschaft berufsständischer Versorgungswerke und die Fachabteilungen des Statistischen Bundesamts. Ein besonderer Dank gilt den Mitarbeitern des Soldan Instituts, die die mühsame Arbeit der kontinuierlichen Datensammlung und -aufbereitung übernommen haben. Um diese Ausgabe verdient gemacht haben sich Wiss. Mit. Anne-Sophie Jung LL.M. und Frau stud. iur. Christina Esser, die mit großer Akribie und Geduld die im Statistischen Jahrbuch dokumentierte Datenflut zusammengetragen, verwaltet und aufbereitet haben. An der Entstehung des Statistischen Jahrbuchs 2015/2016 waren zudem Dipl.-Soz. Nicole Reiß und Dipl.-Vw. Silke Krewitt beteiligt, auch ihnen gilt ein herzlicher Dank für die umsichtige Unterstützung.

Köln, im Dezember 2015

Matthias Kilian

René Dreske

Aus dem Vorwort der Erstausgabe (2008)

Mit dem Statistischen Jahrbuch der Anwaltschaft will das Soldan Institut aktuelle Entwicklungen auf dem anwaltlichen Rechtsdienstleistungsmarkt und Veränderungen der Strukturmerkmale des anwaltlichen Berufsbildes dokumentieren und nachvollziehen. Dabei werden Daten referiert, die zwar teilweise aus eigenen Repräsentativbefragungen stammen, jedoch hauptsächlich auf der Forschungsarbeit externer Institutionen beruhen. Ziel des Jahrbuchs ist es, die wichtigsten die Anwaltschaft betreffenden Zahlenwerke in einer einzigen Publikation systematisch erschließbar zu machen und nutzerfreundlich aufzubereiten. Die gewählte Form einer mit kurzen einführenden Texten versehenen Datensammlung in Tabellen und Abbildungen wurde gewählt, um es sowohl den fachkundigen als auch den nicht juristischen Lesern zu ermöglichen, sich einen schnellen und präzisen Überblick über die auf dem Markt anwaltlicher Dienste vorhandenen Daten zu verschaffen.

Im ersten Kapitel werden die aktuellen Entwicklungen des Anwaltsmarkts dargestellt, wobei der Fokus auf strukturellen Entwicklungen wie Wachstum und geschlechtsspezifischem Wandel liegt. Kapitel 2 zeigt die regionale Verteilung der Anwaltschaft, insbesondere die Anwaltsdichte in den einzelnen Bundesländern sowie die Anzahl der Rechtsanwälte nach Kammerbezirken, auf. Es folgt eine Aufbereitung des Datenmaterials zur inneren Differenzierung sowie zu den Organisationsformen der Berufsausübung der Anwaltschaft. Einen Überblick über die wirtschaftliche Situation der deutschen Anwaltschaft bietet das fünfte Kapitel, während im darauf folgenden Kapitel Aspekte der juristischen Ausbildung, des Berufseinstieges und der Arbeitslosigkeit von Juristen analysiert werden. Fragen der Finanzierung anwaltlicher Rechtsdienstleistungen werden, sowohl mit Blick auf gewerbliche als auch auf staatliche Finanzierungsarten, in Kapitel 7 thematisiert, bevor in Kapitel 8 Institutionen der deutschen Anwaltschaft wie die Bundesrechtsanwaltskammer (BRAK), die Satzungsversammlung, die Rechtsanwaltskammern, die Versorgungswerke, die Berufsgerichtsbarkeit, die Schlichtungsstelle der Anwaltschaft und der Deutsche Anwaltverein (DAV) erörtert werden. Ein weiteres Kapitel befasst sich mit der grenzüberschreitenden anwaltlichen Tätigkeit, bevor abschließend die dem Rechtsanwalt benachbarten Berufe des Notars, des Rechtsbeistands, des Steuerberaters, des Wirtschaftsprüfers sowie des Richters und der Staatsanwälte beleuchtet werden. Das Jahrbuch endet mit einem Adressteil.

Nicht alle Zahlenreihen, die das Jahrbuch enthält, sind lückenlos, nicht alle Themen, die in ein Statisches Jahrbuch der Anwaltschaft Eingang finden könnten, sind abgedeckt. Dies beruht auf fehlendem Datenmaterial. Die Herausgeber hoffen, die Datensammlung in kommenden Auflagen des Jahrbuchs ergänzen zu können, sind hierfür aber auf die Unterstützung derjenigen angewiesen, die über entsprechende Daten verfügen. Das Jahrbuch ist in diesem Sinne auch eine Einladung zu einem Dialog im Interesse einer Erweiterung der rechtstatsächlichen Erkenntnisse über Rechtsanwälte und den Markt, in dem sie tätig sind.

Inhaltsverzeichnis

Tabellenverzeichnis

° = in dieser Ausgabe aus Platzgründen nicht mehr abgedruckte Daten finden sich in Vorausgaben.

1

Basisdaten der deutschen Anwaltschaft

- Zahl der Rechtsanwälte
- Geschlechtsspezifischer Wandel
- Altersspezifischer Wandel
- Anwaltsdichte
- Neuzulassungen

1 Basisdaten der deutschen Anwaltschaft

1.1 Rechtsanwälte

Seit den fünfziger Jahren des 20. Jahrhunderts ist die Anwaltschaft durch ein kontinuierliches Größenwachstum gekennzeichnet. **Tab. 1.1.1** und **Tab. 1.1.2** geben die Zahl der Rechtsanwälte wieder, die jeweils zum 1.1. eines Jahres in Deutschland niedergelassen waren. Die Zahl der zugelassenen Rechtsanwältinnen und Rechtsanwälte ist seit 1950 um fast das Dreizehnfache gestiegen (s. **Tab. 1.1.1** und **1.1.2**). Zwischen 1981 und 2007 lagen die Wachstumsquoten jährlich bei mindestens 3%. Besonders hohe Zuwachsraten gab es Ende der 1970er und Ende der 1990er Jahre, die aber zum Teil auf durch Studienreformen bzw. die deutsche Wiedervereinigung bedingten Wachstumseffekten beruhten. Im Januar 1987 waren erstmals mehr als 50.000 Personen zur Anwaltschaft zugelassen, im Januar 2000 mehr als 100.000. Das Wachstum hat sich auch nach der Jahrtausendwende fortgesetzt, ist zuletzt fast bis an die Grenze eines Nullwachstums abgeflacht: Zu Beginn des Jahres 2015 besaßen mehr als 163.000 Frauen und Männer eine Zulassung als Rechtsanwältin bzw. als Rechtsanwalt. 2014 lag das Wachstum bei lediglich 0,5%, das niedrigste (natürliche) Jahreswachstum seit mehr als 90 Jahren. Diese Zahlen sind Vorboten dafür, dass sich nach Jahren der vielzitierten „Anwaltsschwemme" das Wachstum nicht in dem lange Zeit gewohnten Ausmaß fortsetzen wird. Soweit die Zahlen der **Tab. 1.1.1** und **1.1.2** auf „Rechtsanwälte" verweisen, ist dieser Begriff untechnisch verwendet: Seit 1990 sind in der jährlich publizierten Zahl der Rechtsanwälte auch Anwälte mit einer ausländischen Berufsqualifikation enthalten, die in Deutschland niedergelassen sind und unter ihrem Heimattitel (z.B. als „Avocat" oder „Solicitor") praktizieren. 1992 wurden erstmals die im Gebiet der fünf neuen Bundesländer niedergelassenen Rechtsanwälte in die Statistik aufgenommen. Ihre Zahl betrug in diesem Jahr 2.824. 1989 waren auf dem Gebiet der damaligen DDR 592 Rechtsanwälte tätig, 572 von ihnen in Anwaltskollegien, 20 als Einzelanwälte. Die Entwicklung der Anwaltszahlen auf dem Gebiet der früheren DDR lässt sich anhand der **Tab. 1.1.5** nachvollziehen. Sie sind angesichts der Quellenlage nur für ausgewählte Jahre nachgewiesen. Die Zahl der Rechtsanwälte in der DDR ging bis Mitte der 1970er Jahre kontinuierlich zurück und verblieb danach mit geringen Schwankungen auf niedrigem Niveau.

Die historische Entwicklung der deutschen Anwaltschaft bis zum Jahr 1942 ist den **Tab. 1.1.3** und **Tab. 1.1.4** zu entnehmen. Dokumentiert ist die Entwicklung der Anwaltszahlen. Berücksichtigt wurden alle in den jeweils existierenden Kammerbezirken zugelassenen Rechtsanwälte. Die Rechtsanwaltskammern wurden in Folge des Inkrafttretens der Rechtsanwaltsordnung (RAO) im Jahr 1879 geschaffen und mussten seitdem jährlich der Aufsichtsbehörde über die Entwicklungen in ihrem Bezirk berichten. Hierdurch war es erstmals 1880 möglich, die Gesamtzahl der Rechtsanwälte im Deutschen Reich zu dokumentieren. Die Tabelle nimmt zudem colorandi causa die für das Königreich Preußen seit 1851 dokumentierten Zahlen auf, sie sind kursiv abgedruckt. In den Zahlen für das Deutsche Reich sind auch die Mitglieder der Rechtsanwaltskammern erfasst, die seinerzeit jenseits der Grenzen des heutigen Gebiets der Bundesrepublik Deutschland lagen, also die Kammern Colmar (bis 1918), Danzig (bis 1920), Königsberg, Marienwerder, Posen, Breslau und Stettin. Nicht in der Gesamtzahl enthalten sind ab 1920 die Rechtsanwälte des Saargebiets. Quelle der Zahlen ist das Statistische Jahrbuch des

Deutschen Reiches, das die Zahl der Rechtsanwälte im Gebiet des Deutschen Reiches bis 1935 im zweijährlichen Rhythmus – jeweils in ungeraden Jahren – dokumentierte. Ergänzt werden die Zahlen der Gesamtanwaltschaft seit 1933 aus den Mitteilungen der Reichs-Rechtsanwaltskammer. Seit Mitte der 1920er Jahre trug auch der Deutsche Anwaltverein die Anwaltszahlen durch Umfragen bei den regionalen Anwaltskammern zusammen und veröffentlichte diese mit einer Bewertung im Anwaltsblatt. Aufgrund unterschiedlicher Erhebungszeitpunkte weichen die Zahlen beider Quellen in den Jahren, in denen Vergleichbarkeit besteht, geringfügig voneinander ab. Soweit möglich, nutzt die nachfolgende Dokumentation die Zahlen des Statistischen Jahrbuchs des Deutschen Reichs, Lücken wurden mit den historischen Daten des Deutschen Anwaltvereins geschlossen. Die Anwaltszahlen zeigen seit Inkrafttreten der Rechtsanwaltsordnung von 1878 ein kontinuierliches Wachstum bis 1915; der danach einsetzende Rückgang ist zunächst kriegsbedingt und sodann durch Gebietsverluste bewirkt. Die Mitgliederzahlen gingen aufgrund des ab Frühjahr 1933 durch das „Gesetz über die Zulassung zur Rechtsanwaltschaft" bewirkten Zulassungsverlusts der fast 5.000 jüdischen Rechtsanwälte erneut zurück. Rund 60 % der jüdischen Rechtsanwälte wurden nach einem „Prüfverfahren" als sog. „Altanwälte" oder „Frontkämpfer" zwar zunächst wieder zugelassen, aber am 30. November 1938 mit einem Berufsverbot belegt. Die Entwicklung der Anwaltszahlen im Dritten Reich basiert auf dem von der Reichs-Rechtsanwaltskammer veröffentlichten Datenmaterial, da mit Inkrafttreten der Reichs-Rechtsanwaltsordnung am 13. Dezember 1935 die publizierte Dokumentation der Anwaltszahlen im Statistischen Jahrbuch des Deutschen Reiches endet. Die Daten sind in **Tab. 2.1.55** bis **Tab. 2.1.58** abgedruckt.

Eine Einordnung der deutschen Anwaltszahlen in einen internationalen Kontext ermöglicht die **Tab. 1.1.6**. Zu diesem Zweck sind die vom Rat der Europäischen Anwaltschaften (CCBE), der Dachorganisation der Anwaltsverbände und Anwaltskammern in den Mitgliedsstaaten der EU und des EWR, bei seinen Mitgliedern erhobenen Daten zu der Zahl der Rechtsanwälte im jeweiligen Land zusammengestellt, ergänzt um die Zahl der Rechtsanwälte in den Vereinigten Staaten von Amerika. Hinzuweisen ist darauf, dass einheitliche Erhebungsstandards nicht etabliert sind, die Vergleichbarkeit der Daten daher nur eingeschränkt gewährleistet ist. Dies beruht nicht nur auf der Qualität des Datenmaterials in den verschiedenen Ländern – zum Teil handelt es sich um Schätzungen –, sondern auch auf einem unterschiedlichen Verständnis, wer als „Rechtsanwalt" anzusehen ist. Zum einen kennen viele europäische Staaten eine besondere Kategorie des noch in Ausbildung befindlichen Rechtsanwalts, der über eingeschränkte Berufsausübungs- und Mitwirkungsrechte verfügt. Je nachdem, in welchem Maße ein solcher Nachwuchsanwalt bereits als „vollwertiger" Rechtsanwalt angesehen wird, wird er in dem jeweiligen Land bereits den Rechtsanwälten zugerechnet oder nicht. Zum anderen wird in vielen Ländern zwischen aktiven und inaktiven Rechtsanwälten unterschieden. Die Meldung der Zahlen an den CCBE erfolgt bislang häufig ohne Aufschlüsselung, welche Teilgruppen durch die Daten eines Landes erfasst sind. Bei der Arbeit mit den internationalen Zahlen ist zudem zu berücksichtigen, dass, anders als in Deutschland, die Zahl der Rechtsanwälte nicht die Zahl der Rechtsdienstleister insgesamt abbildet. In den meisten Ländern konkurrieren Rechtsanwälte in Ermangelung eines Rechtsdienstleistungsmonopols mit anderen Rechtsdienstleistern, die zum Teil deutlich zahlreicher als die Rechtsanwälte sind. Sie sind in den Zahlen nicht enthalten.

1.2 Geschlechtsspezifischer Wandel in der Anwaltschaft

Frauen konnten bis 1922 nicht zur Anwaltschaft zugelassen werden, da ihnen zwar (seit 1908) das Studium der Rechtswissenschaften ermöglicht wurde, der Vorbereitungsdienst als Rechtsreferendarin aber verwehrt blieb. Ein Reichsgesetz vom 11. Juli 1922 änderte die Rechtslage, die erste Rechtsanwältin wurde daraufhin im Dezember 1922 zugelassen. Anfang der 1930er Jahre waren rund 80 Rechtsanwältinnen zugelassen. Ein „Führerbescheid" aus dem Jahr 1936 verhinderte sodann die weitere Zulassung von Rechtsanwältinnen, da diese nicht in das Bild der NS-Ideologie passten. Eine weibliche Anwaltschaft konnte sich in Deutschland in der Folge erst ab den 1950er Jahren entwickeln. Eine Differenzierung nach dem Geschlecht der anwaltlichen Kammermitglieder findet sich in den Kammerstatistiken frühestens ab Anfang der 1960er Jahre, so dass eine kontinuierliche statistische Erfassung der Zahl der Rechtsanwältinnen erst ab 1970 vorliegt. Seit diesem Jahr differenziert die jährliche Mitgliederstatistik der BRAK auch geschlechtsspezifisch.

In den letzten Jahrzehnten ist der Anteil der Rechtsanwältinnen an der gesamten Anwaltschaft kontinuierlich gewachsen. 1984 waren erstmals mehr als 10% der zugelassenen Rechtsanwälte weiblichen Geschlechts, zwölf Jahre später 20%. Im Jahr 2015 sind nahezu 55.000 anwaltliche Berufsträger in Deutschland weiblichen Geschlechts (s. **Tab. 1.2.1**), was einem Anteil von 33,6% an der gesamten Anwaltschaft entspricht. Dass der Frauenanteil in der Anwaltschaft weiter wachsen wird, zeigt ein Blick auf den Anwaltsnachwuchs: In den meisten juristischen Fakultäten sind mittlerweile rund 55% der Studienanfänger weiblich. 2013 waren 59,5% der geprüften Kandidaten der staatlichen Pflichtfachprüfung und 54,2% der geprüften Kandidaten der Zweiten Juristischen Staatsprüfung weiblichen Geschlechts. Der Anteil der Frauen an den Studierenden und Prüflingen wächst jährlich um ein bis zwei Prozentpunkte. Hieraus ergibt sich, dass das Größenwachstum der Anwaltschaft mittlerweile fast zur Hälfte auf der Zulassung von Rechtsanwältinnen beruht. Sollte sich dieser Trend – der in vielen anderen Ländern ebenfalls festzustellen und dort zumeist bereits weiter fortgeschritten ist – fortsetzen, wird der Anwaltsberuf mittelfristig ein weiblich dominierter Beruf werden. **Tab. 1.2.2** ermöglicht die Einordnung der für Deutschland gewonnenen Daten in einen internationalen Kontext. Es zeigt sich, dass Deutschland trotz der starken Zunahme des Anteils der Rechtsanwältinnen an den neu zugelassenen Rechtsanwälten mit einem Frauenanteil an der Gesamtanwaltschaft von gut 34% im internationalen Vergleich bestenfalls im hinteren Mittelfeld rangiert. Dies gilt umso mehr vor dem Hintergrund, dass in einigen Ländern mit einem auf den ersten Blick niedrigen Frauenanteil zwar weniger Rechtsanwältinnen tätig sind, umso mehr aber nicht-anwaltliche Rechtsdienstleisterinnen, etwa weil sie sich den mühsamen Qualifikationsgang zur Anwaltszulassung ersparen wollten. Dies gilt insbesondere für die skandinavischen Länder. In Portugal, Frankreich, Litauen und Lettland sind bereits heute rund die Hälfte und in der Türkei sogar 60% der Anwaltschaft weiblich. Besonders aufschlussreich sind die Vergleichszahlen aus den im europäischen Rechtsdienstleistungsgeschäft gemeinhin als besonders wichtig eingeschätzten Ländern wie Großbritannien, Frankreich, den Niederlanden und Italien. Dort liegt der Frauenanteil zwischen zehn und 20 Prozentpunkte höher als in Deutschland.

1.3 Altersspezifischer Wandel in der Anwaltschaft

Das Durchschnittsalter der Anwaltschaft ist seit 1965 um knapp vier Jahre zurückgegangen: Waren Rechtsanwälte Mitte der 1960er Jahre im Durchschnitt 51,3 Jahre alt, so belief sich der Altersdurchschnitt im Jahr 2012 auf 47,5 Jahre. In **Tab. 1.3.1** wird die Altersstruktur der Anwaltschaft von 1895 bis 1938 dokumentiert. **Tab. 1.3.2** zeigt Vergleichsdaten für die Jahre 1950, 1956, 1965, 1986, 1998, 2002 und 2012. Während das Durchschnittsalter bis zur Jahrtausendwende kontinuierlich gesunken ist (2002 betrug es 43,9 Jahre) steigt es seitdem wieder an. Dies belegt, dass die Zeiten des starken Größenwachstums der Anwaltschaft Vergangenheit sind. 1986 waren noch 49% der Anwälte jünger als 40 Jahre alt, in 2012 sind es nur noch 29,6%. Entsprechend liegt der Anteil der über 50 Jahre alten Rechtsanwälte heute rund 16 Prozentpunkte höher als noch vor 27 Jahren. Neuere Erkenntnisse über den altersspezifischen Wandel konnten jedoch mangels Fortführung der Statistik über die Altersstruktur durch die BRAK nicht gewonnen werden.

1.4 Anwaltsdichte

Der Abschnitt 1.4 behandelt in **Tab. 1.4.1** zunächst die Anwaltsdichte im Bundesgebiet. Das Zahlenmaterial belegt, dass sich die Anwaltsdichte im Bundesgebiet seit 1995 von 1.098 Bürgern pro Rechtsanwalt auf unter 500 Bürger pro Rechtsanwalt im Jahr 2015 mehr als verdoppelt hat. Die leichte Entspannung, die ab 1995 durch die statistische Hinzunahme der fünf neuen Bundesländer mit ihrer relativ geringen Anwaltsdichte zu verzeichnen war, wurde durch das starke Größenwachstum der Anwaltschaft binnen fünf Jahren wieder ausgeglichen. Während sich die Anwaltsdichte von 1991 bis 2001 noch annähernd verdoppelte, hat sich die Zunahme seitdem deutlich verlangsamt.

Zu Vergleichszwecken folgen historische Daten: **Tab. 1.4.2** enthält eine Aufstellung der Entwicklung der Anwaltsdichte in Deutschland aus den Jahren 1851 bis 1935. Die entsprechenden Zahlen beziehen sich bis 1876 auf das Gebiet Preußens, danach auf das Gebiet des Deutschen Reiches in seiner seitdem wiederholt wechselnden Ausdehnung. Sie belegen, dass die Anwaltsdichte des Jahres 1935 in der Bundesrepublik Deutschland erst wieder zu Beginn der 1970er Jahre erreicht war.

Tab. 1.4.3 ermöglicht einen Vergleich der Anwaltsdichte in Deutschland mit anderen europäischen Staaten. Ein solcher Vergleich ist freilich nur mit gewissen Vorbehalten möglich: In Deutschland existiert aufgrund der Erlaubnispflichtigkeit der Besorgung fremder Rechtsangelegenheiten nach dem RDG faktisch nur ein Typ des professionellen Rechtsdienstleisters, der Rechtsanwalt. In anderen Rechtsordnungen teilen sich anwaltliche Rechtsdienstleister den Markt mit verschiedenen anderen nicht-anwaltlichen Rechtsdienstleistern. In einigen Ländern sind diese – statistisch zumeist nicht erfassten – nicht-anwaltlichen Rechtsdienstleister zahlenmäßig sogar in der Mehrheit. Hinzu kommt, dass die meisten Rechtsordnungen noch in der Ausbildung befindliche Rechtsanwälte, die in Deutschland als Referendare betrachtet würden, statistisch bereits als Rechtsanwälte ("Assistenzanwalt", "Anwaltspraktikant" o.ä.) erfassen. **Tab. 1.4.3** sollte daher stets im Bewusstsein der erheblichen systembedingten Unterschiede zwischen den verschiedenen Ländern herangezogen werden. Sie zeigt, dass Deutschland bei der Anwaltsdichte im europäischen Vergleich im Mittelfeld rangiert. Die höchste Anwaltsdichte in Westeuropa findet sich in Liechtenstein, Spanien und Italien, die geringste in Finnland und Schweden.

1.5 Neuzulassungen zur Anwaltschaft

Im Abschnitt 1.5 ausgewiesen werden die Neuzulassungen zur Anwaltschaft seit dem Jahr 2000. Die Statistik in **Tab. 1.5.1** dokumentiert die Zahl der Neuzulassungen über einen 12-Monatszeitraum und enthält damit, anders als die Anwaltsstatistik in Abschnitt 1.1 keine Stichtagsbetrachtungen, die auf der Summe der Zu- und Abgänge in einem Referenzzeitraum beruhen. Es zeigt sich, dass die Zahl der Neuzulassungen seit dem Jahr 2000 um mehr als 40 % zurückgegangen ist. Angesichts des in den letzten Jahren konstant geringen Wachstums der Anwaltschaft insgesamt überrascht diese Entwicklung wenig. Es erklärt ebenfalls die rückläufige Zahl an neuzugelassenen Rechtsanwältinnen trotz eines insgesamt steigendenden Frauenanteils unter den Berufsträgern (s. **Tab. 1.5.2**). Bemerkenswert ist, dass im letzten nachgewiesenen Jahr (2013) der Anteil der Frauen an den Neuzulassungen nicht weiter gewachsen, sondern um mehr als zwei Prozentpunkte zurückgegangen ist. Grund hierfür dürfte sein, dass aufgrund rückläufiger Absolventenzahlen wieder mehr Assessorinnen im öffentlichen Dienst Beschäftigung finden als zuvor. **Tab. 1.5.3** stellt die Altersstruktur der neu zugelassenen Rechtsanwälte dar. Sie belegt, dass kontinuierlich mehr als 90 % der neu zugelassenen Rechtsanwälte bei der Erstzulassung bis zu 40 Jahre alt sind. Der Anteil der „Spätberufenen", die mit mehr als 60 Jahren und damit in der Regel im Anschluss an eine abgeschlossene Berufskarriere in einem anderen Beruf erstmals zugelassen werden, ist gering, hat sich aber in den letzten Jahren erhöht. **Tab. 1.5.4** zeigt in Ergänzung zur Zahl der Neuzulassungen auf, wie viele Rechtsanwälte sich von einem Kammerbezirk in einen anderen „umzugelassen" haben, wie viele Rechtsanwälte nach Verzicht auf eine frühere Zulassung oder Verlust einer früheren Zulassung wieder zur Anwaltschaft zugelassen wurden und wie viele Abgänge aufgrund Zulassungsverzicht, -rücknahme oder -widerruf sowie Versterbens in einem Jahr zu verzeichnen waren.

1.1. Rechtsanwälte

Tab. 1.1.1: Zahl der Rechtsanwälte von 1950 bis 1979

Jahr	Rechtsanwälte insgesamt	Veränderung (in %)
1950	12.844	
1951	14.151	10,2
1952	14.976	5,8
1953	15.756	5,2
1954	16.301	3,5
1955	16.824	3,2
1956	17.149	1,9
1957	17.517	2,2
1958	17.895	2,2
1959	18.214	1,8
1960	18.347	0,7
1961	18.720	2,0
1962	19.001	1,5
1963	19.230	1,2
1964	19.453	1,2
1965	19.796	1,8
1966	20.088	1,5
1967	20.543	2,3
1968	21.197	3,2
1969	22.108	4,3
1970	22.882	3,5
1971	23.599	3,1
1972	24.322	3,1
1973	25.008	2,8
1974	25.829	3,3
1975	26.854	4,0
1976	28.708	6,9
1977	31.196	8,7
1978	33.517	7,4
1979	35.108	4,8

Quelle: Statistisches Jahrbuch der Bundesrepublik Deutschland (bis 1969), BRAK Mitgliederstatistik (ab 1970) (Stichtag jeweils 1.1. des betreffenden Jahres).

Tab. 1.1.2: Zahl der Rechtsanwälte von 1980 bis 2015

Jahr	Rechtsanwälte insgesamt	Veränderung (in %)
1980	36.077	2,8
1981	37.314	3,4
1982	39.036	4,6
1983	41.489	6,3
1984	44.526	7,3
1985	46.933	5,4
1986	48.658	3,7
1987	50.247	3,3
1988	51.952	3,4
1989	54.108	4,2
1990	56.638	4,7
1991	59.455	5,0
1992*	64.311	8,2
1993	67.120	4,4
1994	70.438	5,0
1995	74.291	5,5
1996	78.810	6,1
1997	85.105	8,0
1998	91.517	7,5
1999	97.791	6,9
2000	104.067	6,4
2001	110.367	6,1
2002	116.305	5,4
2003	121.420	4,4
2004	126.793	4,4
2005	132.569	4,6
2006	138.104	4,2
2007	142.830	3,4
2008	146.910	2,9
2009	150.377	2,4
2010	153.251	1,9
2011	155.679	1,6
2012	158.426	1,8
2013	160.880	1,6
2014	162.695	1,1
2015	163.513	0,5

* ab 1992 einschließlich der neuen Bundesländer. Die um den einmaligen Wachstumseffekt bereinigte Veränderung betrug in diesem Jahr 2,6 %.

Quelle: Statistisches Jahrbuch der Bundesrepublik Deutschland (bis 1969), BRAK Mitgliederstatistik (ab 1970) (Stichtag jeweils 1.1. des betreffenden Jahres).

Tab. 1.1.3: Zahl der Rechtsanwälte auf dem Gebiet Preußens von 1851 bis 1876 / des Deutschen Reichs von 1880 bis 1917 °

Jahr	Rechtsanwälte insgesamt	Veränderung (in %)
1851	1.258	
1852	1.234	-1,9
1854	1.184	-4,1
1856	1.166	-1,5
1858	1.153	-1,1
1860	1.171	1,6
1862	1.296	10,7
1865	1.349	4,1
1876	2.102	55,8
1880	4.112	95,6
1883	4.321	5,1
1885	4.536	5,0
1887	4.787	5,5
1889	5.097	6,5
1891	5.317	4,3
1893	5.542	4,2
1895	5.795	4,6
1897	6.149	6,1
1899	6.629	7,8
1901	6.831	3,0
1903	7.235	5,9
1905	7.835	8,3
1907	8.608	9,9
1909	9.578	11,3
1911	10.817	12,9
1913	12.297	13,7
1915	13.024	5,9
1917	12.393	-4,8

Quelle: Jahrbuch der Preußischen Gerichtsverfassung, Personalmitteilungen JMBl. Preußen (bis 1876) Statistisches Jahrbuch des Deutschen Reiches (ab 1880) (Stichtag jeweils 1.1. des betreffenden Jahres)

Tab. 1.1.4: **Zahl der Rechtsanwälte auf dem Gebiet des Deutschen Reichs von 1919 bis 1942**

Jahr	Rechtsanwälte insgesamt	Veränderung (in %)
1919	12.030	-2,9
1921	12.276	2,0
1923	12.729	3,7
1924	12.531	-1,6
1925	13.578	8,4
1926	14.308	5,4
1927	14.963	4,6
1928	15.329	2,4
1929	15.881	3,6
1930	16.416	3,4
1931	17.220	4,9
1932	18.047	4,8
1933	19.276	6,8
1935	18.771	-2,6
1936	18.854	0,4
1937	18.004	-4,5
1938*	14.969	-16,9
1939	15.024	0,4
1940	14.830	-1,3
1941	15.083	1,7
1942	14.954	-0,9

* die ab 1938 ausgewiesenen Zahlen der Rechtsanwälte im „angeschlossenen" Österreich bzw. den besetzten Gebieten wurden nicht berücksichtigt, um die Ergebnisse nicht zu verzerren. Insgesamt wurde im „Altreich" im Jahr 1938 1.612 jüdischen Rechtsanwälten die Zulassung aberkannt. Im „angeschlossenen" Österreich waren es 1.534.

Quelle: Statistisches Jahrbuch des Deutschen Reiches (bis 1933), Mitteilungen der Reichs-Rechtsanwaltskammer (ab 1935) (Stichtag jeweils 1.1. des betreffenden Jahres).

Tab. 1.1.5: **Zahl der Rechtsanwälte auf dem Gebiet der ehemaligen Deutschen Demokratischen Republik von 1948 bis 1989**

Jahr	Rechtsanwälte insgesamt	davon in Kollegien	davon als Einzelanwalt
1948	1.158		
1951	901		
1953	840	143	697
1954	857	233	624
1955	918	391	527
1959	863	415	448
1961	696	459	237
1964	629	455	174
1965	616	447	169
1971	557	474	83
1974	546	490	56
1981	562	527	35
1983	575	550	25
1988	606	580	26
1989	592	572	20

Quelle: Rottleuthner (Hrsg.), Steuerung der Justiz in der DDR (1994), Statistisches Jahrbuch der DDR.

Tab. 1.1.6: Entwicklung der Anwaltszahlen im internationalen Vergleich von 2002/03 bis 2013/14 °

Land	2002/03	2004/05	***2007/08	2009/10	2011/2012	2013/2014
Belgien	14.324	14.990	15.500	16.065	16.904	17.943
Bulgarien	10.206	11.353	k.A.	11.511	11.829	12.629
Dänemark	4.359	4.635	5.246	5.562	5.828	5.989
Deutschland	116.305	133.113	146.910	153.251	158.426	163.513
Estland	419	447	676	695	792	947
Finnland	1.588	1.735	1.810	1.893	1.927	2.048
Frankreich	40.775	47.354	47.765	51.758	53.744	60.223
Griechenland	31.300	35.000	38.000	41.000	k.A.	21.439
Island	620	690	774	820	968	2.243
Irland*	k.A.	k.A.	k.A.	k.A.	11.852	1.057
Italien**	k.A.	128.000	213.081	k.A.	233.852	246.786
Lettland	k.A.	833	1.091	1.297	1.350	1.338
Liechtenstein	107	112	144	170	189	210
Litauen	k.A.	1.382	1.590	1.680	1.350	2.074
Luxemburg	850	979	1.318	1.771	1.957	k.A.
Malta	k.A.	k.A.	393	k.A.	767	k.A.
Niederlande	12.200	13.111	14.882	15.542	16.942	17.486
Norwegen	4.797	5.770	k.A.	7.150	7.580	7.201
Österreich	4.151	4.678	5.129	5.496	5.715	5.940
Polen	27.611	k.A.	34.181	k.A.	40.555	36.582
Portugal	20.584	22.575	25.695	27.188	27.870	29.240
Rumänien	k.A.	14.800	k.A.	k.A.	24.115	23.784
Schweden	3.821	4.321	4.503	4.601	5.146	5.618
Schweiz	6.804	7.289	8.321	8.423	9.210	k.A.
Slowakische Republik	1.886	3.994	4.595	4.964	5.296	5.296
Slowenien	909	992	1.153	1.330	1.419	1.611
Spanien	138.367	148.543	154.953	161.988	180.869	253.190
Tschechische Republik	6.631	7.947	8.020	9.093	9.730	12.015
Türkei	44.201	k.A.	60.710	k.A.	46.174	86.981
Ungarn	8.800	8.900	9.934	11.784	12.381	12.512
Vereinigtes Königreich	92.752	123.500	155.323	k.A.	†191.498	188.263
Vereinigte Staaten	1.052.668	1.104.766	1.162.124	1.203.097	1.245.205	1.300.705
Zypern	1.350	1.577	1.781	2.056	2.424	2.994

* für die Republik Irland wird erst seit 2011 die Summe der Zahl der beiden irischen Anwaltsprofessionen (Barrister und Solicitor) ausgewiesen. Zuvor wurde lediglich die Zahl der Barrister mitgeteilt.

** vor 2007/08 wurden in Italien lediglich die aktiven Rechtsanwälte ausgewiesen. Die Zahlen für 2011/12 beruhen auf Angaben von 154 der 165 italienischen Anwaltskammern

*** In der Ausgabe 2013/2014 des Jahrbuchs finden sich detaillierte Daten auch für das Jahr 2006.

† ohne Barrister in Nordirland. Die Zahlen vor 2011/2012 sind aufgrund der Nicht-Erfassung bestimmter Anwaltsprofessionen in den Teilrechtsordnungen mit dem aktuellen Wert nur eingeschränkt vergleichbar.

Quelle: Conseil des Barreaux Européens / Council of Bars and Law Societies of Europe (CCBE), American Bar Association, eigene Befragungen

1.2. Geschlechtsspezifischer Wandel in der Anwaltschaft

Tab. 1.2.1: Zahl der Rechtsanwältinnen von 1925 bis 2015 °

Jahr	Rechtsanwältinnen	Anteil an der Gesamtanwaltschaft (in %)
1925	43	0,3
1931	55	0,3
1932	79	0,4
1933	113	0,6
1962	480	2,5
1970	1.035	4,5
1975	1.400	5,2
1980	2.756	7,6
1985	5.651	12,0
1986	6.133	12,6
1987	6.652	13,2
1988	7.209	13,9
1989	7.960	14,7
1990	8.537	15,1
1991	9.562	16,1
1993	11.750	17,5
1994	12.733	18,1
1995	14.332	19,3
1996	15.794	20,0
1997	18.055	21,2
1998	20.497	22,4
1999	23.139	23,7
2000	25.589	24,6
2001	27.924	25,3
2002	30.428	26,2
2003	32.595	26,8
2004	35.194	27,8
2005	37.953	28,6
2006	40.440	29,3
2007	42.647	29,9
2008	44.703	30,4
2009	46.736	31,0
2010	48.393	31,6
2011	49.872	32,0
2012	51.585	32,6
2013	53.175	33,1
2014	54.139	33,3
2015	54.912	33,6

Quelle: Deutsche Juristen-Zeitung (1925), Anwaltsblatt (1931, 1932, 1962), BRAK Mitgliederstatistik (ab 1970) (Stichtag jeweils 1.1. des betreffenden Jahres)

Tab. 1.2.2: Anteil der Frauen in den Anwaltschaften anderer Länder 2014/15

Land	Rechtsanwälte insgesamt	davon weiblich	Anteil an der Gesamt-anwaltschaft (in %)
Belgien	18.174	n.v.	-
Bulgarien	12.629	6.441	51,0
Dänemark	5.989	1.914	32,0
Deutschland	163.513	54.912	33,6
Estland	947	424	44,8
Finnland	2.048	589	28,8
Frankreich	60.223	32.531	54,0
Griechenland*	21.439	12.276	57,3
Irland**	2.243	880	39,2
Island	1.057	319	30,2
Italien	246.786	115.494	46,8
Lettland	1.338	659	49,3
Liechtenstein	210	27	12,9
Litauen	2.074	796	38,4
Luxemburg	k.A.	k.A.	k.A.
Malta	k.A.	k.A.	k.A.
Niederlande	17.486	7.533	43,1
Norwegen	7.201	2.123	29,5
Österreich	5.940	1.210	20,4
Polen	36.582	19.313	52,8
Portugal	29.240	15.607	53,4
Rumänien	23.784	k.A.	-
Schweden	5.618	1.611	28,7
Schweiz	k.A.	k.A.	k.A.
Slowakische Republik	5.296	2.136	40,3
Slowenien	1.611	711	44,1
Spanien***	253.190	k.A.	k.A.
Tschechische Republik	12.015	4.228	35,2
Türkei	86.981	35.216	40,5
Ungarn	12.512	5.490	43,9
USA****	1.300.705	455.247	34,0
Vereinigtes Königreich	188.263	88.683	47,1
Zypern	2.994	1.505	50,3

* Wert Rechtsanwaltskammer Athen, in der mehr als die Hälfte der griechischen Rechtsanwälte Mitglied sind.

** Der Wert beinhaltet nicht die sog. solicitors, die von der Law Society of Ireland verwaltet werden.

*** in Spanien wird die Zahl / der Anteil der weiblichen Rechtsanwälte nicht offiziell ausgewiesen.

**** Der Frauenanteil wird nur in 43 der 50 Bundesstaaten erhoben. Dort beträgt er 34 % der Gesamtanwaltschaft. Der angegebene Wert für die Anzahl der weiblichen Rechtsanwälte der USA wurde auf dieser Grundlage berechnet.

Quelle: Conseil des Barreaux Européens / Council of Bars and Law Societies of Europe (CCBE) / American Bar Association (ABA)

1.3. Altersstruktur der Anwaltschaft

Tab. 1.3.1: Entwicklung der Anwaltschaft nach Altersgruppen von 1895 bis 1938

Jahr	RAe insgesamt*	unter 25 Jahre	25 – 34 Jahre (%)	35 – 44 Jahre (%)	45 – 54 Jahre (%)	55 – 64 Jahre (%)	65 und mehr Jahre (%)
1895	5.716	-	22,7	42,8	13,5	11,5	9,4
1904	6.223	0,02	28,7	33,3	25,3	6,6	6,1
1935	18.780	0,1	33,2	20,2	24,4	15,8	6,3
1938	15.062	-	20,7	33,9	18,5	19,7	7,2

* Die Gesamtzahl der Anwaltschaft kann von anderen Angaben über die Gesamtzahl der Anwaltschaft abweichen.

Quelle: Mitteilungen der Reichs-Rechtsanwaltskammer

Tab. 1.3.2: Entwicklung der Anwaltschaft nach Altersgruppen von 1950 bis 2012

Jahr	RAe insgesamt	Gesamt**	Durch-schnitts-alter	bis 30 Jahre (%)	>30-40 Jahre (%)	>40-50 Jahre (%)	>50-60 Jahre (%)	>60-70 Jahre (%)
1950*	13.309	13.309		3,8	17,9	42,8	17,5	18,0
1956*	17.517	8.534	50,7	2,7	18,6	30,4	28,6	11,1
1965	19.796	19.790	51,3	2,3	25,9	18,7	25,5	20,3
1986	48.658	47.691	44,4	8,2	40,8	25,5	12,5	6,4
1998	91.516	91.220	44,6	6,3	36,7	30,1	16,8	7,2
2002	116.305	116.391	43,9	7,9	35,7	29,0	17,1	7,5
2012	158.426	158.335	47,5	2,0	27,6	31,1	22,7	12,1

* Stand zum 13.9.1950 bzw. 1.12.1956

** Zahl der RAe, von denen eine Altersangabe vorliegt und auf deren Grundlage die Prozentwerte der jeweiligen Alterskategorien berechnet wurden. Die Zahlen des Jahres 1950 beruhen auf einer Berufszählung des Stat. Bundesamtes.

Quelle: BRAK, Stat. Bundesamt (1950) (Stichtag jeweils 1.1. des betreffenden Jahres)

1.4. Anwaltsdichte

Tab. 1.4.1: Entwicklung der Anwaltsdichte im Bundesgebiet von 1950 bis 2014

Jahr	Bürger pro Rechtsanwalt	Veränderung in %
1950	4.934	
1955	4.180	-5,1
1960	3.966	-24,9
1965	3.821	-11,1
1970	3.396	-23,9
1975	2.931	-26,0
1980	2.170	-23,9
1985	1.654	-15,3
1990	1.401	-26,1
1995*	1.098	-5,0
1996	1.038	-5,4
1997	964	-7,2
1998	897	-7,0
1999	839	-6,4
2000	790	-5,9
2001	745	-5,6
2002	709	-4,9
2003	680	-4,1
2004	651	-4,3
2005	645	-0,9
2006	597	-7,5
2007	576	-3,5
2008	560	-2,9
2009	545	-2,6
2010	535	-1,9
2011	525	-1,9
2012**	507	-3,2
2013	502	-1,0
2014	498	-1,0

* ab 1995 einschließlich der neuen Bundesländer

** Bevölkerungszahl ab 2012 auf der Basis des Mikrozensus 2011, der zu einer um 1.5 Mio. niedrigeren Bevölkerungszahl führte als die langjährigen Schätzungen des Statistischen Bundesamtes

Quellen: Zahl der Rechtsanwälte (BRAK Mitgliederstatistik; Stichtag jeweils 1.1); Bevölkerungszahl (Statistisches Bundesamt; Bundesinstitut für Bevölkerungsforschung (BIB), Die demographische Lage in Deutschland (Stichtag jeweils der 30.12. des Vorjahres), eigene Berechnungen

Tab. 1.4.2: **Entwicklung der Anwaltsdichte auf dem Gebiet Preußens von 1851 bis 1879 / des Deutschen Reichs von 1880 bis 1935**

Jahr	Zahl der Bürger pro Rechtsanwalt	Veränderung (in %)
1851	9.997	
1861	10.766	7,7
1870	10.050	-6,7
1880	12.111	20,5
1891	9.296	-24,3
1901	8.330	-10,4
1911	6.046	-27,4
1921	5.091	-15,8
1931	3.798	-25,4
1935	3.575	-5,9

Quelle: Statistisches Jahrbuch des Deutschen Reichs / eigene Berechnungen

Tab. 1.4.3: Anwaltsdichte im internationalen Vergleich im Jahr 2013/2014

Land	Anwälte	Bevölkerung*	Einwohner pro Anwalt
Belgien	17.943	10.449.361	582
Bulgarien	12.629	6.924.716	548
Dänemark	5.989	5.569.077	930
Deutschland*	163.513	80.996.685	495
Estland	947	1.257.921	1.328
Finnland	2.048	5.268.799	2.573
Frankreich	60.223	66.259.012	1.100
Griechenland**	21.439	10.775.557	502
Irland***	2.243	4.832.765	2.155
Island	1.057	317.351	300
Italien	246.786	61.680.122	250
Lettland	1.338	2.165.165	1.618
Liechtenstein	210	37.313	178
Litauen	2.074	3.505.738	1.690
Luxemburg	k.A.	520.672	k.A.
Malta	k.A.	412.655	k.A.
Niederlande	17.486	16.877.351	965
Norwegen	7.201	5.147.792	715
Österreich	5.940	8.223.062	1.384
Polen	36.582	38.346.279	1.048
Portugal	29.240	10.813.834	370
Rumänien	23.784	21.729.871	914
Schweden	5.618	9.723.809	1.731
Schweiz	k.A.	8.061.516	k.A.
Slowakische Republik	5.296	5.443.583	1.028
Slowenien	1.611	1.988.292	1.234
Spanien	253.190	47.737.941	189
Tschechische Republik	12.015	10.627.448	885
Türkei	86.981	81.619.392	938
Ungarn	12.512	9.919.128	793
Vereinigtes Königreich (UK)	188.263	63.742.977	339
Vereinigte Staaten (USA)	1.300.705	318.892.103	245
Zypern	2.994	1.172.458	392

* die Bevölkerungszahlen beruhen auf offiziellen Schätzwerten für den Juli 2014, die Rechtsanwaltszahlen auf Daten der nationalen Rechtsanwaltskammern und den Angaben des CCBE mit Stichtagen zwischen Dezember 2014 und dem Mai 2015. Im Interesse der besseren Vergleichbarkeit wurde auf die Berücksichtigung aktuellerer Zahlen aus Deutschland (siehe Tab. 1.4.1) verzichtet.

** Wert der Rechtsanwaltskammer Athen, in der mehr als die Hälfte der griechischen Rechtsanwälte Mitglied sind.

***Beinhaltet nur Zahlen der Anwälte beim Bar Council, nicht der Law Society of Ireland.

Quellen: Zahl der Anwälte (Conseil des Barreaux Européens (2014/2015) / Council of Bars and Law Societies of Europe (CCBE), American Bar Association), Bevölkerungszahlen (Central Intelligence Agency (Stand Juli 2014)), eigene Berechnungen

1.5. Neuzulassungen zur Anwaltschaft

Tab. 1.5.1: Zahl der neu zugelassenen Rechtsanwälte von 2000 bis 2013

Jahr	Neuzulassungen insgesamt	Veränderung (in %)
2000	8.332	
2001	8.294	-0,5
2002	7.834	-5,5
2003	8.019	2,4
2004	8.278	3,2
2005	8.032	-3,0
2006	7.422	-7,6
2007	7.047	-5,1
2008	6.313	-10,4
2009	5.711	-9,5
2010	5.525	-3,3
2011	5.611	1,6
2012	5.369	-4,3
2013	4.853	-9,6

Quelle: Bundesrechtsanwaltskammer, eigene Berechnungen

Tab. 1.5.2: Anteil der Frauen an den Neuzulassungen von 2000 bis 2013

Jahr	neu zugelassene Rechtsanwältinnen	Anteil an Neuzulassungen insgesamt (in %)
2000	3.056	36,7
2001	3.229	38,9
2002	3.141	40,1
2003	3.243	40,4
2004	3.425	41,4
2005	3.425	42,6
2006	3.185	42,9
2007	3.024	42,9
2008	2.874	45,5
2009	2.590	45,4
2010	2.509	45,4
2011	2.643	47,1
2012	2.626	48,9
2013	2.264	46,7

Quelle: Bundesrechtsanwaltskammer, eigene Berechnungen

Tab. 1.5.3: Altersstruktur der neu zugelassenen Rechtsanwälte von 2000 bis 2013

Jahr	< 40 Jahre	Anteil in %	40-59 Jahre	Anteil in %	≥ 60 Jahre	Anteil in %
2000	7.724	92,6	482	5,8	133	1,6
2001	7.688	92,7	486	5,9	121	1,5
2002	7.302	93,1	434	5,5	106	1,4
2003	6.440	91,8	455	6,5	124	1,8
2004	7.736	93,4	448	5,4	94	1,3
2005	7.478	93,1	445	5,5	109	1,4
2006	6.891	92,8	408	5,5	123	1,7
2007	6.552	93,0	364	5,2	131	1,9
2008	5.848	95,4	306	4,8	159	2,5
2009	5.224	91,5	339	5,9	148	2,6
2010	5.089	92,1	314	5,7	122	2,2
2011	5.123	91,3	357	6,4	131	2,6
2012	4.931	91,8	288	5,4	150	2,8
2013	4.486	92,4	252	5,2	115	2,4

Quelle: Bundesrechtsanwaltskammer, eigene Berechnungen

Tab. 1.5.4: Umzulassungen, Wiederzulassungen und Abgänge wegen Verzicht, Ausschließung oder Rücknahme von 2000 bis 2013

Jahr	*Umzulassungen	Wiederzulassungen	**Abgänge
2000	2.373	313	2.036
2001	2.524	321	2.119
2002	2.450	328	2.417
2003	2.532	367	2.436
2004	2.538	373	2.357
2005	2.772	375	2.381
2006	2.881	331	2.479
2007	3.040	378	2.642
2008	2.807	418	2.803
2009	2.473	398	2.961
2010	2.392	371	3.013
2011	2.528	541	2.834
2012	2.463	424	2.833
2013	2.291	375	2.896

* mit Umzulassungen sind diejenigen Rechtsanwälte gemeint, die in einen anderen RAK-Bezirk wechseln.

** Abgänge wegen Verzicht, Ausschließung oder Rücknahme.

Quelle: Bundesrechtsanwaltskammer, eigene Berechnungen

2

Regionale Verteilung der Anwaltschaft

- Rechtsanwälte in den Kammerbezirken
- Anwaltsdichte in den Bundesländern
- Altersstruktur in den Kammerbezirken

2 Regionale Verteilung der Anwaltschaft

2.1 Rechtsanwälte in den Kammerbezirken

Der zunächst in diesem Kapitel behandelte Aspekt ist die Verteilung der Rechtsanwälte auf die Bezirke der Rechtsanwaltskammern. Die Tabellen enthalten nicht alle Kammermitglieder, sondern nur die Kammermitglieder, die Rechtsanwälte sind. Weitere, nicht in diesen Statistiken erfasste Mitglieder der Kammern waren bis zum Inkrafttreten der BRAO im Jahr 1959 Anwaltsassessoren, sind seit 1981 Rechtsbeistände im Sinne des § 209 BRAO, § 1 Abs. 2 RDGEG sowie in jüngerer Zeit registrierte europäische Rechtsanwälte nach dem EuRAG, ausländische Rechtsanwälte im Sinne des § 206 BRAO sowie zugelassene Rechtsanwaltsgesellschaften (die Entwicklung der Gesamtzahl der Kammermitglieder wird in **Tab. 8.3.1** wiedergegeben, die der nicht-anwaltlichen Kammermitglieder in **Tab. 8.3.2**).

Tab. 2.1.1 bis **Tab. 2.1.54** schlüsseln für jeden Bezirk der nach 1945 in den Oberlandesgerichtsbezirken wieder eingerichteten oder neu etablierten Rechtsanwaltskammern die Zahl der anwaltlichen Mitglieder der jeweiligen Kammer und ihren jeweiligen Anteil an der Gesamtzahl der Rechtsanwälte im fraglichen Jahr auf. Daran schließt sich die Anzahl der Neuzulassungen in dem jeweiligen Bezirk an. Aus Platzgründen erfolgt die Darstellung erst ab 1980 jahresweise und zuvor in Fünf-Jahres-Schritten (in der Ausgabe 2007/2008 des Jahrbuchs finden sich detaillierte Daten auch für die 1970er Jahre). Deutlich wird, dass sich der Größenanteil der Kammern seit 1950 zum Teil stark verschoben hat, einige Kammern an Bedeutung in Bezug auf die Gesamtanwaltschaft zugenommen, andere abgenommen haben. 56% der deutschen Rechtsanwälte sind in sechs Kammerbezirken niedergelassen (Berlin, Düsseldorf, Frankfurt, Hamm, Köln und München), die verbleibenden 44% in 21 Kammerbezirken. Seit 2013 weist mit der Rechtsanwaltskammer München erstmals eine deutsche Rechtsanwaltskammer mehr als 20.000 Mitglieder auf.

Für die Jahre ab 1970 wird ergänzend die Zahl der Rechtsanwältinnen im Kammerbezirk angegeben (in den Jahren 1975 und 1992 unterblieb in der veröffentlichten Statistik eine entsprechende Differenzierung). Der Anteil der Rechtsanwältinnen an der Anwaltschaft in einem Kammerbezirk variiert im Vergleich um mehr als acht Prozentpunkte, den geringsten Frauenanteil weist der Kammerbezirk Oldenburg auf (29,2%), den höchsten Frauenanteil die Rechtsanwaltskammern Brandenburg (38,0%) und Sachsen (36,4%). Insgesamt ist auffällig, dass bei einer Gesamtschau vier der sieben Kammern mit dem höchsten Frauenanteil Kammern aus Ostdeutschland sind.

Bei der Durchsicht der Statistiken der 27 Kammerbezirke ist zu beachten, dass nicht alle bis zum 18. Dezember 1935 auf dem Gebiet des Deutschen Reichs existierenden Rechtsanwaltskammern nach dem Zweiten Weltkrieg wiederbegründet wurden, da es im Nachkriegsdeutschland zu einigen grundlegenden Veränderungen der 1879 geschaffenen Gerichtsstruktur kam. Auf dem Gebiet der ehemaligen DDR wurde die Gerichtsstruktur aufgelöst, die Rechtsanwaltskammern Rostock, Potsdam, Naumburg, Jena und Dresden wurden deshalb nicht neu begründet. In Westdeutschland endete die Existenz der Rechtsanwaltskammern Darmstadt und Kiel, während die Kammern Koblenz, Tübingen, Freiburg und Bremen neu entstanden. Das OLG Darmstadt wurde 1946 in eine unselbstständige Außenstelle des OLG Frankfurt umgewandelt, die in seinem Bezirk niedergelassenen Rechtsanwälte wurden Mitglieder der Rechtsanwaltskammer Frankfurt oder Koblenz. Das OLG Kiel wurde 1948 nach Schleswig verlegt, an dessen Standort die Schleswig-Holsteinische Rechtsanwaltskammer entstand. Diese und weitere Veränderungen des Zuschnitts der Kammerbezirke nach dem Zweiten Weltkrieg beruhten auf Entscheidungen der alliierten Besatzungsmächte im Nachkriegsdeutschland. Hieraus folgte unter anderem, dass drei Rechtsanwaltskammern – Kassel, Freiburg, Tübingen – heute nicht mehr am Sitz eines selbstständigen Oberlandesgerichts angesiedelt sind. Kassel war bis 1945 (ebenso wie Darmstadt) Sitz eines Oberlandesgerichts und verfügt seit 1879 über eine Rechtsanwaltskammer. Das OLG Kassel wurde am 23. Mai 1946 gemeinsam mit dem OLG Darmstadt in das OLG Frankfurt eingegliedert. Anders als in Darmstadt besteht die Rechtsanwaltskammer in Kassel bis heute – was § 210 BRAO a.F. ausdrücklich ermöglicht – fort. § 210 BRAO a.F. verdanken auch die nach dem Zweiten Weltkrieg eingerichteten Rechtsanwaltskammern Freiburg und Tübingen ihre Existenz. In der französischen Besatzungszone wurde am 21. Juni 1946 das Oberlandesgericht Tübingen für das Gebiet Südwürttemberg-Hohenzollern, für Südbaden das Oberlandesgericht Freiburg errichtet. Nach der Vereinigung der drei südwestdeutschen Länder zum Bundesland Baden-Württemberg gingen das OLG Tübingen zum 1. Juli 1953 im OLG Stuttgart und das OLG Freiburg im OLG Karlsruhe auf (in Freiburg wurden Außensenate des OLG Karlsruhe eingerichtet). Das zuvor nicht existente OLG Koblenz wurde nebst seiner Rechtsanwaltskammer am 25. November 1946 neu geschaffen und erstreckte sich auf Gebiete, die vor dem Zweiten Weltkrieg Teil der Bezirke des OLG Köln (seinerzeit in der britischen Besatzungszone) und Darmstadt (1946 im OLG Frankfurt aufgegangen) waren. Dem Status Bremens als Enklave unter US-amerikanischer Besatzungshoheit in der britischen Besatzungszone verdanken das OLG Bremen und die Rechtsanwaltskammer Bremen ihre Entstehung im Jahr 1947. Auf dem Gebiet der fünf 1990 beigetretenen Bundesländer bestanden bis zur Etablierung der Reichs-Rechtsanwaltskammer im Jahr 1935 Anwaltskammern in Rostock, Potsdam, Naumburg, Jena und Dresden. Die Auflösung der Bezirksgerichte aus der DDR-Zeit durch Oberlandesgerichte führte Anfang der 1990er Jahre zur Neugründung von Rechtsanwaltskammern in Schwerin, Brandenburg, Magdeburg, Erfurt und Dresden. Sie tragen jeweils den Namen des Bundeslandes, auf das sich der gesamte Kammerbezirk erstreckt. Im Beitrittsgebiet besteht die Besonderheit, dass die Rechtsanwaltskammern Mecklenburg-Vorpommern, Sachsen-Anhalt und Thüringen nicht am Sitz des Oberlandesgerichts angesiedelt sind (Rostock, Naumburg, Jena), sondern in der jeweiligen Landeshauptstadt. Diese Möglichkeit eröffnet § 210 BRAO.

Die historische Übersicht in den **Tab. 2.1.55** bis **2.1.58** enthält Informationen zu der Zahl der Rechtsanwälte in den Kammerbezirken auf dem Gebiet der heutigen Bundesrepublik Deutschland aus den Jahren 1885 bis 1945 (vom Abdruck der Zahlen für die Kammerbezirke Breslau, Colmar, Danzig, Königsberg, Marienwerder, Posen und Stettin wurde deshalb ebenso abgesehen wie der Zahlen für die ab 1938 besetzten Gebiete). Zum erleichterten Zugang zu dieser historischen Übersicht sind einige Erklärungen hilfreich: Von 1879 bis 1935 waren im damaligen Deutschen Reich Rechtsanwaltskammern im Bezirk eines jeden Oberlandesgerichts eingerichtet (§ 41 RAO). Die historischen Kammerbezirke entsprechen in Zuschnitt und Bezeichnung nur partiell den heutigen Kammerbezirken. So umfassten die Rechtsanwaltskammern Köln und Hamm bis 1906 auch das Gebiet des in diesem Jahr begründeten OLG-Bezirks Düsseldorf. Die Rechtsanwaltskammer Berlin erstreckte sich bis Ende 1910 entsprechend der Zuständigkeit des Kammergerichts auf die preußische Provinz Brandenburg einschließlich Berlin, wurde zum 1. Januar 1911 aber nach § 41a RAO in die Rechtsanwaltskammern Berlin und Potsdam geteilt (in den zeitgenössischen Statistiken ist diese Trennung erst ab 1924 nachvollzogen). Die im heutigen Saarland tätigen Rechtsanwälte waren bis zur Abtrennung des Saargebiets vom Deutschen Reich im Jahr 1920 der Rechtsanwaltskammer Köln zugehörig und wurden danach Mitglieder einer eigenen Rechtsanwaltskammer des Saargebiets. Ab 1937 wurden die im Saargebiet tätigen Rechtsanwälte statistisch wieder gemeinsam mit den im Kammerbezirk Köln zugelassenen Rechtsanwälten erfasst. Das OLG Augsburg wurde 1932 dem OLG München eingegliedert und die Rechtsanwaltskammer aufgelöst. In Folge der Gründung der Reichs-Rechtsanwaltskammer am 18. März 1933 als Dachorganisation der regionalen Rechtsanwaltskammern endet in der im Statistischen Jahrbuch des Deutschen Reiches publizierten Statistik die Aufschlüsselung der Rechtsanwälte nach Kammerbezirken. Die noch auf dem Papier bestehenden Kammerstrukturen waren am 18. Dezember 1935 mit Inkrafttreten der Reichs-Rechtsanwaltsordnung abgeschafft worden, alle Rechtsanwälte waren seitdem nach § 46 Abs. 1 RRAO Mitglieder der Reichs-Rechtsanwaltskammer. Das ab 1935 aufgeführte Datenmaterial stammt aus den Mitteilungen der Reichs-Rechtsanwaltskammer, welche die Zahlen der Anwaltschaft differenziert nach den faktisch bedeutungslos gewordenen Kammern aufführten. Auf eine Wiedergabe der dort publizierten Anwaltszahlen in den ab 1938 eingegliederten bzw. besetzten Gebieten wurde verzichtet.

2.2 Anwaltsdichte in den Bundesländern

Eine Betrachtung der Anwaltsdichte in den Bundesländern (**Tab. 2.2.1**) zeigt eine erhebliche Spannbreite auf. Die Anwaltsdichte in den Stadtstaaten Hamburg, Bremen und Berlin belegt die starke Konzentration von Anwälten in Großstädten. Die besondere Wirkung der international bedeutsamen Kanzleistandorte Frankfurt und Düsseldorf mit mehreren Tausend niedergelassenen Rechtsanwälten ergibt sich aus der Anwaltsdichte in den Flächenstaaten Hessen und Nordrhein-Westfalen. Anwaltliche Ballungszentren führen zu einer erheblich höheren Anwaltsdichte in einem Bundesland als in Ländern, in denen es an solchen historisch gewachsenen Konzentrationen mangelt. So ist die Anwaltsdichte in Hessen viermal so hoch wie in Sachsen-Anhalt. Die geringste Anwaltsdichte weisen weiterhin die fünf neuen Bundesländer auf, in denen – mit Ausnahme Sachsens – mehr als 1.000 Bürger auf einen Rechtsanwalt kommen. In den alten Bundesländern weist Rheinland-Pfalz die geringste Anwaltsdichte auf, sie liegt nicht erheblich über der Anwaltsdichte in Sachsen.

2.3 Altersstruktur in den Kammerbezirken

Tab. 2.3.1 dokumentiert die Altersstruktur in den Kammerbezirken. Die durchschnittlich ältesten Rechtsanwälte sind im Kammerbezirk Zweibrücken niedergelassen, den geringsten Altersdurchschnitt weisen die Rechtsanwälte im Bezirk der Rechtsanwaltskammer Sachsen auf.

2.1   Rechtsanwälte in den Kammerbezirken

Rechtsanwaltskammer Bamberg

Tab. 2.1.1: Zahl der Rechtsanwälte im Bezirk der Rechtsanwaltskammer Bamberg von 1950 bis 2015 °

Jahr	Rechtsanwälte insgesamt	davon Frauen	Veränd. in %	Anteil an der Gesamtanwaltschaft in %
1950	395			3,1
1955	476		20,5	2,8
1960	537		12,8	2,9
1965	496		-7,6	2,5
1970	507	18	2,2	2,2
1975	561	--	10,7	2,1
1980	744	50	32,6	2,1
1985	941	104	4,9	2,0
1986	984	105	4,6	2,0
1987	997	105	1,3	2,0
1988	1.026	118	2,9	2,0
1989	1.069	130	4,2	2,0
1990	1.146	149	7,2	2,0
1991	1.222	176	6,6	2,1
1992	1.218	--	-0,3	1,9
1993	1.242	192	2,0	1,9
1994	1.303	207	4,9	1,8
1995	1.394	241	7,0	1,9
1996	1.495	279	7,2	1,9
1997	1.634	319	9,3	1,9
1998	1.734	361	6,1	1,9
1999	1.856	398	7,0	1,9
2000	1.983	441	6,8	1,9
2001	2.049	460	3,3	1,9
2002	2.101	483	2,5	1,8
2003	2.180	513	3,8	1,8
2004	2.287	563	4,9	1,8
2005	2.402	619	5,0	1,8
2006	2.461	654	2,5	1,8
2007	2.540	704	3,2	1,8
2008	2.557	721	0,7	1,7
2009	2.575	745	0,7	1,7
2010	2.633	766	2,3	1,7
2011	2.646	792	0,5	1,7
2012	2.693	813	1,8	1,7
2013	2.696	823	0,1	1,7
2014	2.693	829	-0,1	1,7
2015	2.707	841	-1,5	1,6

Quelle: BRAK Mitgliederstatistik (ab 1981), Statistisches Jahrbuch der Bundesrepublik Deutschland (bis 1980)

Tab. 2.1.2: Zahl der Neuzulassungen im Bezirk der Rechtsanwaltskammer Bamberg von 2000 bis 2013

Jahr	Neuzulassungen insgesamt	Veränderung in %	davon Frauen	davon Männer
2000	137		42	95
2001	119	-13,1	44	75
2002	139	16,8	43	95
2003	144	3,6	54	90
2004	138	-4,2	60	78
2005	116	-16,0	53	63
2006	120	3,4	51	69
2007	82	-31,67	43	39
2008	86	4,9	44	42
2009	104	20,9	37	67
2010	82	-21,2	48	34
2011	100	22,0	40	60
2012	66	-34,0	27	39
2013	56	-15,2	28	28

Quelle: Bundesrechtsanwaltskammer, eigene Berechnungen

Rechtsanwaltskammer Berlin

Tab. 2.1.3: Zahl der Rechtsanwälte im Bezirk der Rechtsanwaltskammer Berlin von 1950 bis 2015 °

Jahr	Rechtsanwälte insgesamt	davon Frauen	Veränderung in %	Anteil an der Gesamt- anwaltschaft in %
1950	914			7,1
1955	1.214		32,8	7,2
1960	1.329		9,5	7,5
1965	1.239		-7,8	6,3
1970	1.374	95	10,9	6,4
1975	1.475	--	7,4	5,5
1980	1.845	195	1,7	5,1
1985	2.434	384	5,9	5,2
1986	2.572	429	5,7	5,3
1987	2.655	471	3,2	5,3
1988	2.724	497	2,6	5,2
1989	2.821	523	3,6	5,2
1990	2.909	560	3,1	5,1
1991	3.300	668	13,4	5,6
1992	4.007	--	21,4	6,2
1993	4.168	908	4,0	6,2
1994	4.462	979	7,1	6,3
1995	4.765	1.088	6,8	6,4
1996	5.111	1.180	7,3	6,5
1997	5.582	1.355	9,2	6,6
1998	6.164	1.533	10,4	6,7
1999	6.628	1.723	7,5	6,8
2000	7.253	1.906	9,4	7,0
2001	7.939	2.134	9,5	7,2
2002	8.687	2.412	9,4	7,5
2003	9.254	2.650	6,5	7,6
2004	9.726	2.846	5,1	7,7
2005	10.194	3.022	4,8	7,7
2006	10.718	3.219	5,1	7,8
2007	11.117	3.394	3,7	7,8
2008	11.557	3.591	4,0	7,9
2009	12.049	3.825	4,3	8,0
2010	12.383	3.994	2,8	8,1
2011	12.759	4.191	3,0	8,2
2012	13.132	4.352	2,8	8,3
2013	13.459	4.506	2,4	8,4
2014	13.664	4.645	1,5	8,4
2015	13.774	4.633	-0,3	8,4

Quelle: BRAK Mitgliederstatistik (ab 1981), Statistisches Jahrbuch der Bundesrepublik Deutschland (bis 1980)

Tab. 2.1.4: Zahl der Neuzulassungen im Bezirk der Rechtsanwaltskammer Berlin von 2000 bis 2013

Jahr	Neuzulassungen insgesamt	Veränderung in %	davon Frauen	davon Männer
2000	*666		249	417
2001	769	15,5	290	479
2002	735	-4,4	294	439
2003	640	-12,9	249	388
2004	698	9,1	279	415
2005	751	7,6	314	437
2006	648	-13,7	272	376
2007	656	1,2	268	388
2008	694	5,8	299	395
2009	483	-30,4	253	230
2010	588	21,7	269	319
2011	616	4,8	266	350
2012	622	1,0	303	319
2013	505	-18,8	241	264

Quelle: Bundesrechtsanwaltskammer, eigene Berechnungen

* inkl. zwei Aufnahmen nach § 206 BRAO

Brandenburgische Rechtsanwaltskammer

Tab. 2.1.5: Zahl der Rechtsanwälte im Bezirk der Brandenburgischen Rechtsanwaltskammer von 1992 bis 2015

Jahr	Rechtsanwälte insgesamt	davon Frauen	Veränderung in %	Anteil an der Gesamt- anwaltschaft in %
1992	435	--		0,6
1993	577	140	32,4	0,9
1994	703	160	21,8	1,0
1995	817	192	16,2	1,1
1996	1.000	245	22,4	1,3
1997	1.200	316	20,0	1,4
1998	1.419	399	17,8	1,6
1999	1.598	446	12,6	1,6
2000	1.762	507	10,3	1,7
2001	1.855	538	5,3	1,7
2002	1.914	574	3,2	1,6
2003	1.916	565	0,1	1,6
2004	1.998	627	4,3	1,6
2005	2.084	670	4,3	1,6
2006	2.172	713	4,2	1,6
2007	2.231	746	2,7	1,6
2008	2.266	764	1,6	1,5
2009	2.299	800	1,5	1,5
2010	2.298	799	0,0	1,5
2011	2.315	817	0,8	1,5
2012	2.345	843	1,3	1,5
2013	2.352	854	0.3	1,5
2014	2.347	881	-0,2	1,4
2015	2.358	895	1,5	1,4

Quelle: BRAK Mitgliederstatistik (ab 1981), Statistisches Jahrbuch der Bundesrepublik Deutschland (bis 1980)

Tab. 2.1.6: Zahl der Neuzulassungen im Bezirk der Brandenburgischen Rechtsanwaltskammer von 2000 bis 2013

Jahr	Neuzulassungen insgesamt	Veränderung in %	davon Frauen	davon Männer
2000	165		68	97
2001	113	-31,5	44	69
2002	79	-30,1	30	49
2003	144	82,3	73	71
2004	126	-12,5	62	64
2005	121	-4,0	49	72
2006	94	-22,3	42	52
2007	91	-3,2	41	50
2008	94	3,3	55	39
2009	66	-29,8	30	36
2010	68	3,0	35	33
2011	59	-13,2	34	25
2012	42	-28,8	21	21
2013	55	31,0	28	27

Quelle: Auskunft der Bundesrechtsanwaltskammer, eigene Berechnungen

Rechtsanwaltskammer Braunschweig

Tab. 2.1.7: Zahl der Rechtsanwälte im Bezirk der Rechtsanwaltskammer Braunschweig von 1950 bis 2015 °

Jahr	Rechtsanwälte insgesamt	davon Frauen	Veränderung in %	Anteil an der Gesamt- anwaltschaft in %
1950	178			1,4
1955	241		35,4	1,4
1960	249		3,3	1,4
1965	260		4,4	1,3
1970	269	12	3,5	1,2
1975	313	--	0,3	1,2
1980	365	27	0,8	1,0
1985	440	50	4,8	0,9
1986	444	56	0,9	0,9
1987	461	65	3,8	0,9
1988	478	66	3,7	0,9
1989	486	69	1,7	0,9
1990	504	82	3,7	0,9
1991	538	82	6,7	0,9
1992	544	--	1,1	0,8
1993	552	88	1,5	0,8
1994	557	89	0,9	0,8
1995	579	95	3,9	0,8
1996	599	105	3,5	0,8
1997	655	126	9,3	0,8
1998	1.124	239	71,6	1,2
1999	1.190	274	5,9	1,2
2000	1.214	250	2,0	1,2
2001	1.294	305	6,6	1,2
2002	1.332	309	2,9	1,1
2003	1.383	330	3,8	1,1
2004	1.421	344	2,7	1,1
2005	1.472	456	3,6	1,1
2006	1.516	413	3,0	1,1
2007	1.548	480	2,1	1,1
2008	1.577	481	1,9	1,1
2009	1.611	517	2,2	1,1
2010	1.606	522	-0,3	1,0
2011	1.606	522	0	1,0
2012	1.632	501	1,6	1,0
2013	1.654	506	1,3	1,0
2014	1.669	527	1,0	1,0
2015	1.681	530	0,6	1,0

Quelle: BRAK Mitgliederstatistik (ab 1981), Statistisches Jahrbuch der Bundesrepublik Deutschland (bis 1980)

Tab. 2.1.8: **Zahl der Neuzulassungen im Bezirk der Rechtsanwaltskammer Braunschweig von 2000 bis 2013**

Jahr	Neuzulassungen insgesamt	Veränderung in %	davon Frauen	davon Männer
2000	83		18	65
2001	73	-12,0	32	41
2002	88	20,5	34	54
2003	79	-10,2	19	71
2004	85	7,6	36	49
2005	73	-14,1	28	45
2006	81	11,0	39	42
2007	64	-21,0	25	39
2008	75	17,2	39	36
2009	46	-38,7	12	34
2010	50	8,7	20	30
2011	59	18,0	25	34
2012	56	-5,1	21	35
2013	46	-17,9	24	22

Quelle: Bundesrechtsanwaltskammer, eigene Berechnungen

Hanseatische Rechtsanwaltskammer Bremen

Tab. 2.1.9: Zahl der Rechtsanwälte im Bezirk der Hanseatischen Rechtsanwaltskammer Bremen von 1950 bis 2015 °

Jahr	Rechtsanwälte insgesamt	davon Frauen	Veränderung in %	Anteil an der Gesamt-anwaltschaft in %
1950	249			1,9
1955	272		9,2	1,6
1960	301		10,7	1,6
1965	305		1,3	1,5
1970	366	17	20,0	1,6
1975	428	--	16,9	1,6
1980	592	46	2,8	1,6
1985	846	115	6,7	1,8
1986	914	139	8,0	1,9
1987	938	160	2,6	1,9
1988	972	174	3,6	1,9
1989	1.007	190	3,6	1,9
1990	1.036	203	2,9	1,8
1991	1.086	224	4,8	1,8
1992	1.087	--	0,1	1,7
1993	1.098	222	1,0	1,6
1994	1.105	183	0,6	1,6
1995	1.108	225	0,3	1,5
1996	1.110	223	0,2	1,4
1997	1.153	249	3,9	1,4
1998	1.225	244	6,2	1,3
1999	1.287	304	5,1	1,3
2000	1.336	335	3,8	1,3
2001	1.394	348	4,3	1,3
2002	1.430	357	2,6	1,2
2003	1.475	349	3,1	1,2
2004	1.501	364	1,8	1,2
2005	1.591	394	6,0	1,2
2006	1.667	441	4,8	1,2
2007	1.695	457	1,7	1,2
2008	1.759	483	3,8	1,2
2009	1.796	523	2,1	1,2
2010	1.823	539	1,5	1,2
2011	1.845	549	1,2	1,2
2012	1,874	562	1,6	1,2
2013	1.916	594	2,2	1,2
2014	1.931	606	0,8	1,2
2015	1.930	615	1,7	1,2

Quelle: BRAK Mitgliederstatistik (ab 1981), Statistisches Jahrbuch der Bundesrepublik Deutschland (bis 1980)

Tab. 2.1.10: Zahl der Neuzulassungen im Bezirk der Hanseatischen Rechtsanwaltskammer Bremen von 2000 bis 2013

Jahr	Neuzulassungen insgesamt	Veränderung in %	davon Frauen	davon Männer
2000	76		30	46
2001	79	3,9	28	51
2002	76	-3,8	29	47
2003	82	7,9	34	48
2004	106	29,3	35	71
2005	88	-17,0	46	42
2006	84	-4,5	31	53
2007	92	9,5	40	52
2008	79	-14,1	22	57
2009	55	-30,4	24	31
2010	64	16,4	27	37
2011	72	12,5	36	36
2012	73	1,4	39	34
2013	51	-30,1	21	30

Quelle: Bundesrechtsanwaltskammer, eigene Berechnungen

Rechtsanwaltskammer Celle

Tab. 2.1.11: Zahl der Rechtsanwälte im Bezirk der Rechtsanwaltskammer Celle von 1950 bis 2015 °

Jahr	Rechtsanwälte insgesamt	davon Frauen	Veränderung in %	Anteil an der Gesamt-anwaltschaft in %
1950	725			5,6
1955	1.041		43,6	6,2
1960	1.154		10,9	6,3
1965	1.179		2,2	6,0
1970	1.322	54	12,1	5,8
1975	1.452	--	9,8	5,4
1980	1.838	114	2,7	5,1
1985	2.451	280	5,8	5,2
1986	2.552	309	4,1	5,2
1987	2.622	328	2,7	5,2
1988	2.702	365	3,1	5,2
1989	2.803	397	3,7	5,2
1990	2.870	375	2,4	5,1
1991	2.967	473	3,4	5,0
1992	2.932	--	-1,2	4,6
1993	3.013	431	2,8	4,5
1994	3.136	568	4,1	4,5
1995	3.323	617	6,0	4,5
1996	3.529	598	6,2	4,5
1997	3.804	719	7,8	4,5
1998	3.672	732	-3,5	4,0
1999	3.904	933	6,3	4,0
2000	4.113	1.035	5,4	4,0
2001	4.298	953	4,5	3,9
2002	4.440	1.146	3,3	3,8
2003	4.566	1.090	2,8	3,8
2004	4.814	1.314	5,4	3,8
2005	5.012	1.395	4,1	3,8
2006	5.223	1.516	4,2	3,8
2007	5.354	1.454	2,5	3,7
2008	5.444	1.498	1,7	3,7
2009	5.538	1.652	1,7	3,7
2010	5.621	1.591	1,5	3,7
2011	5.710	1.749	1,6	3,7
2012	5.759	1.786	0,9	3,6
2013	5.824	1.846	1,1	3,6
2014	5.870	1.886	0,8	3,6
2015	5.905	1.917	1,6	3,6

Quelle: BRAK Mitgliederstatistik (ab 1981), Statistisches Jahrbuch der Bundesrepublik Deutschland (bis 1980)

Tab. 2.1.12: Zahl der Neuzulassungen im Bezirk der Rechtsanwaltskammer Celle von 2000 bis 2013

Jahr	Neuzulassungen insgesamt	Veränderung in %	davon Frauen	davon Männer
2000	256		82	174
2001	243	-5,1	101	142
2002	260	7,0	104	156
2003	298	14,6	118	180
2004	252	-15,4	106	145
2005	295	17,1	128	167
2006	202	-31,5	64	138
2007	194	-4,0	74	120
2008	206	6,2	89	117
2009	188	-8,7	71	117
2010	190	1,1	82	108
2011	155	-18,4	64	91
2012	152	-1,9	82	70
2013	137	-9,9	64	73

Quelle: Auskunft der Bundesrechtsanwaltskammer, eigene Berechnungen

Rechtsanwaltskammer Düsseldorf

Tab. 2.1.13: Zahl der Rechtsanwälte im Bezirk der Rechtsanwaltskammer Düsseldorf von 1950 bis 2015 °

Jahr	Rechtsanwälte insgesamt	davon Frauen	Veränderung in %	Anteil an der Gesamt- anwaltschaft in %
1950	866			6,7
1955	1.313		51,6	7,8
1960	1.622		23,5	8,8
1965	1.823		12,4	9,2
1970	2.109	91	15,7	9,2
1975	2.391	--	13,4	8,9
1980	2.934	152	1,5	8,1
1985	3.544	310	5,3	7,6
1986	3.668	342	3,5	7,5
1987	3.757	368	2,4	7,5
1988	3.885	428	3,4	7,5
1989	4.056	467	4,4	7,5
1990	4.267	539	5,2	7,5
1991	4.444	601	4,1	7,5
1992	4.608	--	3,7	7,2
1993	4.761	676	3,3	7,1
1994	4.979	731	4,6	7,1
1995	5.194	832	4,3	7,0
1996	5.406	933	4,1	6,9
1997	5.803	1.073	7,3	6,8
1998	6.332	1.242	9,1	6,9
1999	6.722	1.443	6,2	6,9
2000	7.236	1.634	7,6	7,0
2001	7.767	1.806	7,3	7,0
2002	8.226	2.008	5,9	7,1
2003	8.605	2.188	4,6	7,1
2004	9.063	2.399	5,3	7,1
2005	9.524	2.609	5,1	7,2
2006	9.963	2.823	4,6	7,2
2007	10.328	2.980	3,7	7,2
2008	10.691	3.185	3,5	7,3
2009	11.113	3.389	3,9	7,4
2010	11.309	3.511	1,8	7,4
2011	11.557	3.660	2,2	7,4
2012	11.812	3.788	2,2	7,5
2013	12.038	3.914	1,9	7,5
2014	12.208	4.048	1,4	7,5
2015	12.260	4.080	0,8	7,5

Quelle: BRAK Mitgliederstatistik (ab 1981), Statistisches Jahrbuch der Bundesrepublik Deutschland (bis 1980)

Tab. 2.1.14: Zahl der Neuzulassungen im Bezirk der Rechtsanwaltskammer Düsseldorf von 2000 bis 2013

Jahr	Neuzulassungen insgesamt	Veränderung in %	davon Frauen	davon Männer
2000	818		271	547
2001	864	5,6	314	550
2002	758	-12,3	298	457
2003	821	8,3	318	500
2004	862	5,0	327	531
2005	851	-1,3	334	517
2006	826	-2,9	329	497
2007	838	1,5	340	498
2008	646	-22,9	263	383
2009	448	-30,7	208	240
2010	464	3,6	207	257
2011	493	6,3	221	272
2012	469	-4,9	210	259
2013	426	-9,2	197	229

Quelle: Bundesrechtsanwaltskammer, eigene Berechnungen

Rechtsanwaltskammer Frankfurt

Tab. 2.1.15: Zahl der Rechtsanwälte im Bezirk der Rechtsanwaltskammer Frankfurt von 1950 bis 2015 °

Jahr	Rechtsanwälte insgesamt	davon Frauen	Veränderung in %	Anteil an der Gesamt- anwaltschaft in %
1950	964			7,5
1955	1.179		22,3	7,0
1960	1.423		20,7	7,8
1965	1.727		21,4	8,7
1970	2.551	67	47,7	11,1
1975	3.220	--	26,2	12,0
1980	4.490	352	4,3	12,4
1985	4.991	697	5,8	10,6
1986	5.136	763	2,9	10,6
1987	5.312	838	3,4	10,6
1988	5.511	904	3,7	10,6
1989	5.791	990	5,1	10,7
1990	6.027	993	4,1	10,6
1991	6.342	1.144	5,2	10,7
1992	6.622	--	4,4	10,3
1993	6.865	1.215	3,7	10,2
1994	7.038	1.387	2,5	10,0
1995	7.450	1.538	5,9	10,0
1996	7.799	1.673	4,7	9,9
1997	8.352	1.840	7,1	9,8
1998	8.988	2.113	7,6	9,8
1999	9.749	2.413	8,5	10,0
2000	10.398	2.687	6,7	10,0
2001	11.404	3.090	9,7	10,3
2002	12.318	3.499	8,0	10,6
2003	13.013	3.810	5,6	10,7
2004	13.611	4.107	4,6	10,7
2005	14.212	4.378	4,4	10,7
2006	14.766	4.631	3,9	10,7
2007	15.574	5.009	5,5	10,9
2008	16.323	5.270	4,8	11,1
2009	16.844	5.573	3,2	11,2
2010	17.018	5.803	1,0	11,1
2011	17.286	5.947	1,6	11,1
2012	17.541	6.125	1,5	11,1
2013	17.839	6.314	1,7	11,1
2014	18.061	6.330	1,2	11,1
2015	18.326	6.567	3,7	11,2

Quelle: BRAK Mitgliederstatistik (ab 1981), Statistisches Jahrbuch der Bundesrepublik Deutschland (bis 1980)

Tab. 2.1.16: Zahl der Neuzulassungen im Bezirk der Rechtsanwaltskammer Frankfurt von 2000 bis 2013

Jahr	Neuzulassungen insgesamt	Veränderung in %	davon Frauen	davon Männer
2000	1.105		425	680
2001	1.076	-2,6	454	622
2002	941	-12,5	390	549
2003	898	-4,6	376	517
2004	881	-1,9	371	503
2005	855	-3,0	381	474
2006	1.008	17,9	441	567
2007	991	-1,7	444	547
2008	809	-18,4	392	417
2009	681	-15,8	332	349
2010	693	1,8	304	389
2011	663	-4,3	333	330
2012	687	3,6	357	330
2013	607	-11,6	282	325

Quelle: Auskunft der Bundesrechtsanwaltskammer, eigene Berechnungen

Rechtsanwaltskamme Freiburg

Tab. 2.1.17: Zahl der Rechtsanwälte im Bezirk der Rechtsanwaltskammer Freiburg von 1950 bis 2015 °

Jahr	Rechtsanwälte insgesamt	davon Frauen	Veränderung in %	Anteil an der Gesamtan- waltschaft in %
1950	206			1,6
1955	271		31,5	1,6
1960	322		18,8	1,8
1965	391		21,4	1,9
1970	475	22	21,5	2,1
1975	622	--	30,9	2,3
1980	959	78	4,9	2,7
1985	1.371	179	4,8	2,9
1986	1.420	183	3,6	2,9
1987	1.480	204	4,2	2,9
1988	1.542	216	4,2	3,0
1989	1.581	234	2,5	2,9
1990	1.665	254	5,3	2,9
1991	1.732	283	4,0	2,9
1992	1.780	--	2,8	2,8
1993	1.800	318	1,1	2,7
1994	1.851	335	2,8	2,6
1995	1.954	375	5,6	2,6
1996	2.031	414	3,9	2,6
1997	2.161	462	6,4	2,5
1998	2.281	515	5,6	2,5
1999	2.403	570	5,3	2,5
2000	2.529	611	5,2	2,4
2001	2.620	651	3,6	2,4
2002	2.689	675	2,6	2,3
2003	2.801	725	4,2	2,3
2004	2.905	776	3,7	2,3
2005	3.042	857	4,7	2,3
2006	3.146	907	3,4	2,3
2007	3.233	944	2,8	2,3
2008	3.263	961	0,9	2,2
2009	3.290	978	0,8	2,2
2010	3.311	1.003	0,6	2,2
2011	3.369	1.048	1,8	2,2
2012	3.420	1.084	1,5	2,2
2013	3.459	1.102	1,1	2,2
2014	3.495	1.143	1,0	2,1
2015	3.511	1.158	1,3	2,1

Quelle: BRAK Mitgliederstatistik (ab 1981), Statistisches Jahrbuch der Bundesrepublik Deutschland (bis 1980)

Tab. 2.1.18: Zahl der neuzugelassenen Rechtsanwälte im Bezirk der Rechtsanwaltskammer Freiburg von 2000 bis 2013 °

Jahr	Neuzulassungen insgesamt	Veränderung in %	davon Frauen	davon Männer
2000	155		54	101
2001	118	-23,9	44	74
2002	139	17,8	55	83
2003	133	-4,3	50	81
2004	179	34,6	77	100
2005	163	-8,9	64	99
2006	132	-19,0	47	85
2007	104	-21,2	39	65
2008	92	-11,5	44	48
2009	99	7,6	43	56
2010	102	3,0	47	55
2011	107	4,9	48	59
2012	97	-9,3	42	55
2013	81	-16,5	40	41

Quelle: Auskunft der Bundesrechtsanwaltskammer, eigene Berechnungen

Hanseatische Rechtsanwaltskammer Hamburg

Tab. 2.1.19: Zahl der Rechtsanwälte im Bezirk der Rechtsanwaltskammer Hamburg von 1950 bis 2015 °

Jahr	Rechtsanwälte insgesamt	davon Frauen	Veränderung in %	Anteil an der Gesamt-anwaltschaft in %
1950	793			6,2
1955	1.170		47,5	7,0
1960	1.401		19,7	7,6
1965	1.463		4,4	7,4
1970	1.687	91	15,3	7,4
1975	2.017	--	19,6	7,5
1980	2.709	274	3,4	7,5
1985	3.369	503	4,0	7,2
1986	3.434	564	1,9	7,1
1987	3.589	597	4,5	7,1
1988	3.706	649	3,3	7,1
1989	3.866	707	4,3	7,1
1990	3.999	748	3,4	7,1
1991	4.120	817	3,0	6,9
1992	4.187	--	1,6	6,5
1993	4.297	886	2,6	6,4
1994	4.428	943	3,0	6,3
1995	4.540	996	2,5	6,1
1996	4.660	1.037	2,6	5,9
1997	4.830	1.096	3,6	5,7
1998	5.083	1.181	5,2	5,6
1999	5.355	1.272	5,4	5,5
2000	5.581	1.362	4,2	5,4
2001	5.908	1.479	5,9	5,4
2002	6.319	1.622	7,0	5,4
2003	6.663	1.762	5,4	5,5
2004	7.017	1.940	5,3	5,5
2005	7.418	2.129	5,7	5,6
2006	7.798	2.302	5,1	5,6
2007	8.072	2.425	3,5	5,7
2008	8.375	2.551	3,8	5,7
2009	8.711	2.688	4,0	5,8
2010	8.966	2.802	2,9	5,9
2011	9.209	2.919	2,7	5,9
2012	9.537	3.109	3,4	6,0
2013	9.768	3.241	2,4	6,1
2014	9.998	3.353	2,4	6,1
2015	10.140	3.434	2,4	6,2

Quelle: BRAK Mitgliederstatistik (ab 1981), Statistisches Jahrbuch der Bundesrepublik Deutschland (bis 1980)

Tab. 2.1.20: Zahl der neuzugelassenen Rechtsanwälte im Bezirk der Rechtsanwaltskammer Hamburg von 2000 bis 2013

Jahr	Neuzulassungen insgesamt	Veränderung in %	davon Frauen	davon Männer
2000	378		128	250
2001	452	19,6	150	302
2002	467	3,3	174	293
2003	496	6,2	215	278
2004	502	1,2	216	286
2005	550	9,6	219	331
2006	470	-14,5	207	263
2007	432	-8,1	184	248
2008	450	4,2	186	264
2009	393	-12,7	161	232
2010	387	-1,5	169	218
2011	441	14,0	220	221
2012	399	-9,5	182	217
2013	393	-1,5	175	218

Quelle: Auskunft der Bundesrechtsanwaltskammer, eigene Berechnungen

Rechtsanwaltskammer Hamm

Tab. 2.1.21: Zahl der Rechtsanwälte im Bezirk der Rechtsanwaltskammer Hamm von 1950 bis 2015 °

Jahr	Rechtsanwälte insgesamt	davon Frauen	Veränderung in %	Anteil an der Gesamt- anwaltschaft in %
1950	1.353			10,5
1955	1.883		39,2	11,2
1960	2.235		18,7	12,2
1965	2.420		8,3	12,2
1970	2.709	117	11,9	11,8
1975	3.013	--	11,2	11,2
1980	4.033	225	2,3	11,2
1985	5.265	489	6,0	11,2
1986	5.421	480	3,0	11,1
1987	5.620	587	3,7	11,2
1988	5.784	624	2,9	11,1
1989	6.049	685	4,6	11,2
1990	6.335	460	4,7	11,2
1991	6.588	839	4,0	11,1
1992	6.724	--	2,1	10,5
1993	6.846	983	1,8	10,2
1994	7.047	1.073	2,9	10,0
1995	7.335	1.202	4,1	9,9
1996	7.620	1.322	3,9	9,7
1997	8.277	1.543	8,6	9,7
1998	8.854	1.802	7,0	9,7
1999	9.352	1.973	5,6	9,6
2000	9.821	2.169	5,0	9,4
2001	10.243	2.354	4,3	9,3
2002	10.650	2.512	4,0	9,2
2003	11.029	2.659	3,6	9,1
2004	11.541	2.883	4,6	9,1
2005	12.026	3.105	4,2	9,1
2006	12.508	3.359	4,0	9,1
2007	12.822	3.536	2,5	9,0
2008	13.062	3.654	1,9	8,9
2009	13.225	3.746	1,2	8,8
2010	13.378	3.842	1,2	8,7
2011	13.531	3.952	1,1	8,7
2012	13.626	4.024	0,7	8,6
2013	13.742	4.098	0,8	8,5
2014	13.767	4.165	0,2	8,5
2015	13.771	4.211	1,1	8,4

Quelle: BRAK Mitgliederstatistik (ab 1981), Statistisches Jahrbuch der Bundesrepublik Deutschland (bis 1980)

Tab. 2.1.22: Zahl der neuzugelassenen Rechtsanwälte im Bezirk der Rechtsanwaltskammer Hamm von 2000 bis 2013

Jahr	Neuzulassungen insgesamt	Veränderung in %	davon Frauen	davon Männer
2000	672		243	429
2001	645	-4,0	240	405
2002	604	-6,4	223	379
2003	699	15,7	264	434
2004	692	-1,0	271	418
2005	712	2,9	299	413
2006	594	-16,6	251	343
2007	521	-12,3	202	319
2008	452	-13,2	198	254
2009	439	-2,9	177	262
2010	452	3,0	193	259
2011	383	-15,3	171	212
2012	367	-4,2	151	216
2013	337	-8,2	160	177

Quelle: Auskunft der Bundesrechtsanwaltskammer, eigene Berechnungen

Rechtsanwaltskammer Karlsruhe

Tab. 2.1.23: Zahl der Rechtsanwälte im Bezirk der Rechtsanwaltskammer Karlsruhe von 1950 bis 2015 °

Jahr	Rechtsanwälte insgesamt	davon Frauen	Veränderung in %	Anteil an der Gesamt- anwaltschaft in %
1950	377			2,9
1955	515		36,6	3,1
1960	644		25,1	3,5
1965				
1970	763	46	18,5	3,3
1975	928	--	21,6	3,5
1980	1.298	122	3,4	3,6
1985	1.738	231	5,0	3,7
1986	1.786	244	2,8	3,7
1987	1.841	259	3,1	3,7
1988	1.882	262	2,2	3,6
1989	1.950	288	3,6	3,6
1990	2.042	311	4,7	3,6
1991	2.117	343	3,7	3,6
1992	2.154	--	1,7	3,3
1993	2.213	404	2,7	3,3
1994	2.297	430	3,8	3,3
1995	2.403	438	4,6	3,2
1996	2.558	498	6,5	3,2
1997	2.708	546	5,9	3,2
1998	2.854	596	5,4	3,1
1999	3.092	663	8,3	3,2
2000	3.192	767	3,2	3,1
2001	3.343	829	4,7	3,0
2002	3.480	896	4,1	3,0
2003	3.584	942	3,0	3,0
2004	3.737	1.010	4,3	2,9
2005	3.918	1.107	4,8	3,0
2006	4.115	1.184	5,0	3,0
2007	4.235	1.245	2,9	3,0
2008	4.308	1.299	1,7	2,9
2009	4.367	1.330	1,4	2,9
2010	4.465	1.387	2,2	2,9
2011	4.526	1.425	1,4	2,9
2012	4.570	1.467	1,0	2,9
2013	4.599	1.494	0,6	2,9
2014	4.638	1.531	0,8	2,9
2015	4.637	1.544	0,8	2,8

Quelle: BRAK Mitgliederstatistik (ab 1981), Statistisches Jahrbuch der Bundesrepublik Deutschland (bis 1980)

Tab. 2.1.24: Zahl der neuzugelassenen Rechtsanwälte im Bezirk der Rechtsanwaltskammer Karlsruhe von 2000 bis 2013

Jahr	Neuzulassungen insgesamt	Veränderung in %	davon Frauen	davon Männer
2000	234		84	150
2001	218	-6,8	92	126
2002	168	-22,9	59	108
2003	182	8,3	68	113
2004	248	47,6	107	141
2005	234	-5,6	96	138
2006	199	-15,0	81	118
2007	186	-6,5	79	107
2008	168	-9,7	63	105
2009	159	-5,4	73	86
2010	158	-0,6	69	89
2011	118	-25,3	60	58
2012	147	24,6	73	74
2013	107	-27,2	53	54

Quelle: Auskunft der Bundesrechtsanwaltskammer, eigene Berechnungen

Rechtsanwaltskammer Kassel

Tab. 2.1.25: Zahl der Rechtsanwälte im Bezirk der Rechtsanwaltskammer Kassel von 1950 bis 2015 °

Jahr	Rechtsanwälte insgesamt	davon Frauen	Veränderung in %	Anteil an der Gesamt- anwaltschaft in %
1950	292			2,3
1955	313		7,2	1,9
1960	298		-4,8	1,6
1965	323		8,4	1,6
1970	350	17	8,4	1,5
1975	384	--	9,7	1,4
1980	599	35	15,1	1,7
1985	702	82	6,4	1,5
1986	735	97	4,7	1,5
1987	761	103	3,5	1,5
1988	782	106	2,8	1,5
1989	816	118	4,3	1,5
1990	853	141	4,5	1,5
1991	892	159	4,6	1,5
1992	879	--	-1,5	1,4
1993	890	153	1,3	1,3
1994	916	157	2,9	1,3
1995	958	175	4,6	1,3
1996	992	184	3,5	1,3
1997	1.057	200	6,6	1,2
1998	1.107	219	4,7	1,2
1999	1.186	257	7,1	1,2
2000	1.259	279	6,2	1,2
2001	1.308	306	3,9	1,2
2002	1.371	332	4,8	1,2
2003	1.412	337	3,0	1,2
2004	1.486	378	5,2	1,2
2005	1.533	420	3,2	1,2
2006	1.581	429	3,1	1,1
2007	1.618	444	2,3	1,1
2008	1.646	468	1,6	1,1
2009	1.692	497	2,8	1,1
2010	1.710	503	1,1	1,1
2011	1.720	515	0,6	1,1
2012	1.731	528	0,6	1,1
2013	1.743	530	0,7	1,1
2014	1.751	537	0,5	1,1
2015	1.751	544	0,5	1,1

Quelle: BRAK Mitgliederstatistik (ab 1981), Statistisches Jahrbuch der Bundesrepublik Deutschland (bis 1980)

Tab. 2.1.26: Zahl der neuzugelassenen Rechtsanwälte im Bezirk der Rechtsanwaltskammer Kassel von 2000 bis 2013

Jahr	Neuzulassungen insgesamt	Veränderung in %	davon Frauen	davon Männer
2000	81		35	46
2001	90	11,1	42	48
2002	81	-10,0	33	48
2003	94	16,0	37	57
2004	89	-5,3	38	51
2005	84	-5,6	30	54
2006	75	-10,7	25	50
2007	75	0.0	38	37
2008	78	4,0	36	42
2009	63	-19,2	30	33
2010	59	-6,3	32	27
2011	55	-6,8	23	32
2012	50	-9,1	16	34
2013	48	-4,0	22	26

Quelle: Auskunft der Bundesrechtsanwaltskammer, eigene Berechnungen

Rechtsanwaltskammer Koblenz

Tab. 2.1.27: Zahl der Rechtsanwälte im Bezirk der Rechtsanwaltskammer Koblenz von 1950 bis 2015 °

Jahr	Rechtsanwälte insgesamt	davon Frauen	Veränderung in %	Anteil an der Gesamtanwaltschaft in %
1950	264			2,1
1955	331		25,4	2,0
1960	374		13,0	2,0
1965	415		11,0	2,1
1970	446	20	7,5	1,9
1975	560	--	24,7	2,1
1980	806	51	5,4	2,2
1985	1.214	140	11,0	2,6
1986	1.255	160	3,4	2,6
1987	1.293	165	3,0	2,6
1988	1.307	173	1,1	2,5
1989	1.356	193	3,7	2,5
1990	1.433	217	5,7	2,5
1991	1.490	218	4,0	2,5
1992	1.521	--	2,1	2,4
1993	1.564	231	2,8	2,3
1994	1.611	243	3,0	2,3
1995	1.693	275	5,1	2,3
1996	1.784	302	5,4	2,3
1997	1.926	355	8,0	2,3
1998	2.024	412	5,1	2,2
1999	2.155	489	6,5	2,2
2000	2.339	567	8,5	2,2
2001	2.456	610	5,0	2,2
2002	2.527	635	2,9	2,2
2003	2.619	674	3,6	2,2
2004	2.779	733	6,1	2,2
2005	2.920	796	5,1	2,2
2006	3.023	826	3,5	2,2
2007	3.086	872	2,1	2,2
2008	3.163	914	2,5	2,2
2009	3.197	936	1,1	2,1
2010	3.281	961	2,6	2,1
2011	3.302	994	0,6	2,1
2012	3.343	1.046	1,2	2,1
2013	3.349	1.050	0,2	2,1
2014	3.358	1.070	0,3	2,7
2015	3.340	1.068	-0,2	2,0

Quelle: BRAK Mitgliederstatistik (ab 1981), Statistisches Jahrbuch der Bundesrepublik Deutschland (bis 1980)

Tab. 2.1.28: Zahl der neuzugelassenen Rechtsanwälte im Bezirk der Rechtsanwaltskammer Koblenz von 2000 bis 2013

Jahr	Neuzulassungen insgesamt	Veränderung in %	davon Frauen	davon Männer
2000	167		62	105
2001	131	-21,6	51	80
2002	132	0,8	48	84
2003	165	25,0	74	91
2004	163	-1,2	57	105
2005	150	-8,0	52	98
2006	120	-20,0	55	65
2007	133	10,8	54	79
2008	96	-27,8	46	50
2009	149	55,2	69	80
2010	113	-24,2	59	54
2011	92	-38,3	45	47
2012	103	12,0	44	59
2013	85	-17,5	44	41

Quelle: Auskunft der Bundesrechtsanwaltskammer, eigene Berechnungen

Rechtsanwaltskammer Köln

Tab. 2.1.29: Zahl der Rechtsanwälte im Bezirk der Rechtsanwaltskammer Köln von 1950 bis 2015 °

Jahr	Rechtsanwälte insgesamt	davon Frauen	Veränderung in %	Anteil an der Gesamt-anwaltschaft in %
1950	672			5,2
1955	918		36,6	5,5
1960	1.090		18,7	5,9
1965	1.316		20,7	6,6
1970	1.598	89	21,4	7,0
1975	1.890	--	18,3	7,0
1980	2.675	226	3,4	7,4
1981	2.828	252	5,7	7,6
1982	2.919	291	3,2	7,5
1983	3.111	309	6,6	7,5
1984	3.329	357	7,0	7,5
1985	3.565	430	7,1	7,6
1986	3.696	450	3,7	7,6
1987	3.838	493	3,8	7,6
1988	4.018	539	4,7	7,7
1989	4.209	598	4,8	7,8
1990	4.463	664	6,0	7,9
1991	4.678	705	4,8	7,9
1992	4.827	--	3,2	7,5
1993	4.967	799	2,9	7,4
1994	5.231	891	5,3	7,4
1995	5.502	986	5,2	7,4
1996	5.883	1.115	6,9	7,5
1997	6.400	1.307	8,8	7,5
1998	6.977	1.574	9,0	7,6
1999	7.605	1.781	9,0	7,8
2000	8.179	2.013	7,5	7,9
2001	8.688	2.213	6,2	7,9
2002	9.140	2.436	5,2	7,9
2003	9.609	2.640	5,1	7,9
2004	10.007	2.805	4,1	7,9
2005	10.479	3.015	4,7	7,9
2006	11.004	3.285	5,0	8,0
2007	11.359	3.449	3,2	8,0
2008	11.675	3.621	2,8	7,9
2009	11.876	3.742	1,7	7,9
2010	12.091	3.880	1,8	7,9
2011	12.206	3.970	1,0	7,8
2012	12.363	4.090	1,3	7,8
2013	12.526	4.194	1,3	7,8
2014	12.689	4.237	1,3	7,8
2015	12.724	4.301	1,5	7,8

Quelle: BRAK Mitgliederstatistik (ab 1981), Statistisches Jahrbuch der Bundesrepublik Deutschland (bis 1980)

Tab. 2.1.30: Zahl der neuzugelassenen Rechtsanwälte im Bezirk der Rechtsanwaltskammer Köln von 2000 bis 2013

Jahr	Neuzulassungen insgesamt	Veränderung in %	davon Frauen	davon Männer
2000	687		265	422
2001	693	0,9	281	412
2002	665	-4,0	274	389
2003	626	-5,9	244	282
2004	673	7,5	283	390
2005	655	-2,7	295	360
2006	595	-9,2	252	343
2007	572	-3,9	242	330
2008	484	-15,4	233	251
2009	452	-6,6	202	250
2010	405	-10,4	189	216
2011	380	-6,2	205	175
2012	400	5,3	194	206
2013	355	-11,3	164	191

Quelle: Auskunft der Bundesrechtsanwaltskammer, eigene Berechnungen

Rechtsanwaltskammer Mecklenburg-Vorpommern

Tab. 2.1.31: Zahl der Rechtsanwälte im Bezirk der Rechtsanwaltskammer Mecklenburg-Vorpommern von 1992 bis 2015

Jahr	Rechtsanwälte insgesamt	davon Frauen	Veränderung in %	Anteil an der Gesamt- anwaltschaft in %
1992	416	--		0,6
1993	521	129	25,2	0,8
1994	640	163	22,8	0,9
1995	740	184	15,6	1,0
1996	911	29	23,1	1,2
1997	1.039	273	14,1	1,2
1998	1.152	293	10,9	1,3
1999	1.221	299	6,0	1,2
2000	1.296	336	6,1	1,2
2001	1.359	369	4,9	1,2
2002	1.367	369	0,6	1,2
2003	1.387	377	1,5	1,1
2004	1.427	399	2,9	1,1
2005	1.479	433	3,6	1,1
2006	1.536	462	3,9	1,1
2007	1.583	488	3,1	1,1
2008	1.614	505	2,0	1,0
2009	1.607	507	-0,4	1,1
2010	1.600	511	-0,4	1,0
2011	1.586	509	-0,9	1,0
2012	1.603	515	1,1	1,0
2013	1.591	514	-0,8	1,0
2014	1.587	518	-0,3	1,0
2015	1.569	519	0,2	1,0

Quelle: BRAK Mitgliederstatistik

Tab. 2.1.32: Zahl der neuzugelassenen Rechtsanwälte im Bezirk der Rechtsanwaltskammer Mecklenburg-Vorpommern von 2000 bis 2013

Jahr	Neuzulassungen insgesamt	Veränderung in %	davon Frauen	davon Männer
2000	104		48	56
2001	108	3,8	32	76
2002	78	-27,8	26	52
2003	98	25,6	43	55
2004	106	8,2	56	49
2005	80	-24,5	35	45
2006	73	-8,8	36	37
2007	72	-1,4	31	41
2008	49	-31,9	15	34
2009	51	4,1	28	23
2010	34	-33,3	21	13
2011	43	26,5	25	18
2012	33	-23,3	14	19
2013	32	-3,0	17	15

Quelle: Auskunft der Bundesrechtsanwaltskammer, eigene Berechnungen

Rechtsanwaltskammer München

Tab. 2.1.33: Zahl der Rechtsanwälte im Bezirk der Rechtsanwaltskammer München von 1950 bis 2015 °

Jahr	Rechtsanwälte insgesamt	davon Frauen	Veränderung in %	Anteil an der Gesamtanwaltschaft in %
1950	1.367			10,6
1955	1.696		24,1	10,1
1960	2.077		22,5	11,3
1965	2.303		10,9	11,6
1970	2.765	155	20,1	12,1
1975	3.456	--	25,0	12,9
1980	4.652	397	2,6	12,9
1985	5.768	784	2,7	12,3
1986	5.939	751	3,0	12,2
1987	6.150	844	3,6	12,2
1988	6.358	900	3,4	12,2
1989	6.604	983	3,9	12,2
1990	7.018	1.110	6,3	12,4
1991	7.430	1.254	5,9	12,5
1992	7.738	--	4,1	12,0
1993	8.008	1.474	3,5	11,9
1994	8.309	1.570	3,8	11,8
1995	8.762	1.724	5,5	11,8
1996	9.117	1.901	4,1	11,6
1997	9.767	2.178	7,1	11,5
1998	10.429	2.484	6,8	11,4
1999	11.166	2.777	7,1	11,4
2000	11.944	3.106	7,0	11,5
2001	12.744	3.464	6,7	11,5
2002	13.704	3.899	7,5	11,8
2003	14.525	4.302	6,0	12,0
2004	15.154	4.608	4,3	12,0
2005	15.893	4.953	4,9	12,0
2006	16.568	5.257	4,2	12,0
2007	17.241	5.552	4,1	12,1
2008	17.828	5.881	3,4	12,1
2009	18.346	6.144	2,9	12,2
2010	18.990	6.450	3,5	12,4
2011	19.307	6.569	1,7	12,4
2012	19.834	6.827	2,7	12,5
2013	20.301	7.210	2,3	12,6
2014	20,748	7.343	2,2	12,8
2015	20.890	7.461	1,6	12,8

Quelle: BRAK Mitgliederstatistik (ab 1981), Statistisches Jahrbuch der Bundesrepublik Deutschland (bis 1980)

Tab. 2.1.34: Zahl der neuzugelassenen Rechtsanwälte im Bezirk der Rechtsanwaltskammer München von 2000 bis 2013

Jahr	Neuzulassungen insgesamt	Veränderung in %	davon Frauen	davon Männer
2000	907		358	549
2001	1.007	11,0	413	594
2002	954	-5,3	426	524
2003	895	-6,2	402	487
2004	877	-2,0	413	458
2005	824	-6,0	371	453
2006	753	-8,6	358	395
2007	751	-0,3	357	394
2008	693	-7,7	346	347
2009	742	7,1	322	420
2010	572	-22,9	267	305
2011	729	27,4	352	377
2012	686	-5,9	382	304
2013	679	-1,0	305	374

Quelle: Auskunft der Bundesrechtsanwaltskammer, eigene Berechnungen

Rechtsanwaltskammer Nürnberg

Tab. 2.1.35: Zahl der Rechtsanwälte im Bezirk der Rechtsanwaltskammer Nürnberg von 1950 bis 2015 °

Jahr	Rechtsanwälte insge-samt	davon Frauen	Veränd. in %	Anteil an der Gesamt-anwaltschaft in %
1950	517			4,0
1955	688		33,1	4,1
1960	741		7,7	4,0
1965	697		-5,9	3,5
1970	739	18	6,0	3,2
1975	813	--	10,0	3,0
1980	1.069	62	2,5	3,0
1985	1.363	148	6,4	2,9
1986	1.412	165	3,6	2,9
1987	1.469	185	4,0	2,9
1988	1.551	215	5,6	3,0
1989	1.628	245	5,0	3,0
1990	1.761	288	8,2	3,1
1991	1.857	325	5,5	3,1
1992	1.907	--	2,7	3,0
1993	1.960	370	2,8	2,9
1994	2.062	406	5,2	2,9
1995	2.185	451	6,0	2,9
1996	2.272	492	4,0	2,9
1997	2.418	550	6,4	2,8
1998	2.605	622	7,7	2,8
1999	2.781	703	6,8	2,8
2000	2.959	782	6,4	2,8
2001	3.136	846	6,0	2,8
2002	3.287	903	4,8	2,8
2003	3.433	975	4,4	2,8
2004	3.609	1.058	5,1	2,8
2005	3.791	1.140	5,0	2,9
2006	3.970	1.230	4,7	2,9
2007	4.117	1.312	3,7	2,9
2008	4.210	1.357	2,3	2,9
2009	4.265	1.398	1,3	2,8
2010	4.364	1.470	2,3	2,9
2011	4.434	1.502	1,6	2,8
2012	4.537	1.596	2,3	2,9
2013	4.638	1.630	2,2	2,9
2014	4.712	1.655	1,6	2,9
2015	4.719	1.678	1,4	2,9

Quelle: BRAK Mitgliederstatistik (ab 1981), Statistisches Jahrbuch der Bundesrepublik Deutschland (bis 1980)

Tab. 2.1.36: **Zahl der neuzugelassenen Rechtsanwälte im Bezirk der Rechtsanwaltskammer Nürnberg von 2000 bis 2013**

Jahr	Neuzulassungen insgesamt	Veränderung in %	davon Frauen	davon Männer
2000	228		79	149
2001	192	-15,8	78	114
2002	206	7,3	95	111
2003	240	16,5	99	141
2004	259	7,9	103	154
2005	234	-9,7	101	133
2006	206	-12,0	102	104
2007	176	-14,6	77	99
2008	153	-13,1	77	76
2009	172	12,4	87	85
2010	148	-14,0	68	80
2011	177	19,6	82	95
2012	155	-12,4	90	65
2013	152	-1,9	72	80

Quelle: Auskunft der Bundesrechtsanwaltskammer, eigene Berechnungen

Rechtsanwaltskammer Oldenburg

Tab. 2.1.37: Zahl der Rechtsanwälte im Bezirk der Rechtsanwaltskammer Oldenburg von 1950 bis 2015 °

Jahr	Rechtsanwälte insgesamt	davon Frauen	Veränderung in %	Anteil an der Gesamt- anwaltschaft in %
1950	311			2,4
1955	407		30,9	2,4
1960	424		4,2	2,3
1965	473		11,6	2,4
1970	514	10	8,7	2,2
1975	567	--	10,3	2,1
1980	767	39	5,8	2,1
1985	1.056	82	7,8	2,3
1986	1.098	118	4,0	2,3
1987	1.155	137	5,2	2,3
1988	1.194	155	3,4	2,3
1989	1.223	155	2,4	2,3
1990	1.246	166	1,9	2,2
1991	1.272	182	2,1	2,1
1992	1.265	--	-0,6	2,0
1993	1.306	210	3,2	1,9
1994	1.372	240	5,1	1,9
1995	1.416	251	3,2	1,9
1996	1.505	287	6,3	1,9
1997	1.640	349	9,0	1,9
1998	1.768	398	7,8	1,9
1999	1.872	429	5,9	1,9
2000	2.001	469	6,9	1,9
2001	2.060	491	2,9	1,9
2002	2.149	527	4,3	1,8
2003	2.203	539	2,5	1,8
2004	2.247	555	2,0	1,8
2005	2.342	602	4,2	1,8
2006	2.407	576	2,8	1,7
2007	2.460	601	2,2	1,7
2008	2.514	664	2,2	1,7
2009	2.550	694	1,4	1,7
2010	2.580	713	1,2	1,7
2011	2.628	737	1,9	1,7
2012	2.636	742	0,3	1,7
2013	2.667	762	1,2	1,7
2014	2.683	771	0,6	1,7
2015	2.700	789	2,3	1,7

Quelle: BRAK Mitgliederstatistik (ab 1981), Statistisches Jahrbuch der Bundesrepublik Deutschland (bis 1980)

Tab. 2.1.38: Zahl der neuzugelassenen Rechtsanwälte im Bezirk der Rechtsanwaltskammer Oldenburg von 2000 bis 2013

Jahr	Neuzulassungen insgesamt	Veränderung in %	davon Frauen	davon Männer
2000	*109		39	70
2001	120	10,1	44	76
2002	109	-9,2	36	72
2003	104	-4,6	40	63
2004	112	7,7	48	62
2005	97	-13,4	39	58
2006	83	-14,4	28	55
2007	92	10,8	34	58
2008	79	-14,1	41	38
2009	68	-13,9	28	40
2010	87	27,9	35	52
2011	67	-23,0	34	33
2012	75	11,9	32	43
2013	66	-12,0	21	45

Quelle: Auskunft der Bundesrechtsanwaltskammer, eigene Berechnungen

* inkl. ein Rechtsbeistand

Rechtsanwaltskammer des Saarlandes

Tab. 2.1.39: Zahl der Rechtsanwälte im Bezirk der Rechtsanwaltskammer des Saarlandes von 1950 bis 2015 °

Jahr	Rechtsanwälte insgesamt	davon Frauen	Veränderung in %	Anteil an der Gesamt- anwaltschaft in %
1950	98			0,8
1955	103		5,1	0,6
1960	108		4,9	0,6
1965	142		31,5	0,7
1970	211	6	48,6	0,9
1975	260	--	23,2	1,0
1980	390	33	3,2	1,1
1985	558	62	7,7	1,2
1986	580	68	3,9	1,2
1987	601	75	3,6	1,2
1988	629	82	4,7	1,2
1989	654	88	4,0	1,2
1990	697	100	6,6	1,2
1991	714	101	2,4	1,2
1992	715	--	0,1	1,1
1993	732	107	2,4	1,1
1994	776	123	6,0	1,1
1995	803	136	3,5	1,1
1996	864	162	7,6	1,1
1997	905	189	4,7	1,1
1998	953	198	5,3	1,0
1999	985	213	3,4	1,0
2000	1.039	237	5,5	1,0
2001	1.078	256	3,8	1,0
2002	1.124	279	4,3	1,0
2003	1.146	294	2,0	0,9
2004	1.194	316	4,2	0,9
2005	1.240	339	3,9	0,9
2006	1.298	369	4,7	0,9
2007	1.357	399	4,5	1,0
2008	1.363	404	0,4	0,9
2009	1.366	420	0,2	0,9
2010	1.397	432	2,3	0,9
2011	1.414	436	1,2	0,9
2012	1.431	453	1,2	0,9
2013	1.445	463	1,0	0,9
2014	1.447	474	0,1	0,9
2015	1.446	485	2,3	0,9

Quelle: BRAK Mitgliederstatistik (ab 1981), Statistisches Jahrbuch der Bundesrepublik Deutschland (bis 1980)

Tab. 2.1.40: Zahl der neuzugelassenen Rechtsanwälte im Bezirk der Rechtsanwaltskammer Saarland von 2000 bis 2013 °

Jahr	Neuzulassungen insgesamt	Veränderung in %	davon Frauen	davon Männer
2000	57		26	31
2001	66	15,8	25	41
2002	64	-3,0	28	36
2003	65	1,6	31	34
2004	61	-6,2	21	40
2005	75	23,0	35	40
2006	78	4,0	36	42
2007	44	-43,6	14	30
2008	50	13,6	30	20
2009	58	16,0	25	33
2010	54	-6,9	19	35
2011	54	0,0	24	30
2012	52	-3,7	23	29
2013	37	-28,8	23	14

Quelle: Auskunft der Bundesrechtsanwaltskammer, eigene Berechnungen

Rechtsanwaltskammer Sachsen

Tab. 2.1.41: Zahl der Rechtsanwälte im Bezirk der Rechtsanwaltskammer Sachsen von 1992 bis 2015 °

Jahr	Rechtsanwälte insgesamt	davon Frauen	Veränderung in %	Anteil an der Gesamt-anwaltschaft in %
1992	991	--		1,5
1993	1.557	371	57,1	2,3
1994	1.325	453	-14,9	1,9
1995	2.093	528	58,0	2,8
1996	2.425	623	15,9	3,1
1997	2.757	734	13,7	3,2
1998	3.001	820	8,9	3,3
1999	3.272	987	9,0	3,3
2000	3.481	1.006	6,4	3,3
2001	3.667	1.091	5,3	3,3
2002	3.748	1.157	2,2	3,2
2003	3.886	1.222	3,7	3,2
2004	4.025	1.289	3,6	3,2
2005	4.174	1.371	3,7	3,1
2006	4.279	1.433	2,5	3,1
2007	4.403	1.491	2,9	3,1
2008	4.532	1.565	2,9	3,1
2009	4.592	1.598	1,3	3,1
2010	4.635	1.622	0,9	3,0
2011	4.702	1.669	1,4	3,0
2012	4.744	1.703	0,9	3,0
2013	4.765	1.716	0,4	3,0
2014	4.774	1.726	0,2	3,0
2015	4.749	1.728	0,1	2,9

Quelle: BRAK Mitgliederstatistik (ab 1981)

Tab. 2.1.42: Zahl der neuzugelassenen Rechtsanwälte im Bezirk der Rechtsanwaltskammer Sachsen von 2000 bis 2013 °

Jahr	Neuzulassungen insgesamt	Veränderung in %	davon Frauen	davon Männer
2000	304		117	187
2001	264	-13,2	119	145
2002	278	5,3	111	156
2003	301	8,3	127	174
2004	61	-79,7	21	40
2005	222	263,9	113	109
2006	240	8,1	107	133
2007	213	-11,3	103	110
2008	182	-14,6	82	100
2009	167	-8,2	87	80
2010	174	4,2	85	89
2011	160	-8,0	73	87
2012	125	-21,9	67	58
2013	127	1,6	66	61

Quelle: Auskunft der Bundesrechtsanwaltskammer, eigene Berechnungen

Rechtsanwaltskammer Sachsen-Anhalt

Tab. 2.1.43: Zahl der Rechtsanwälte im Bezirk der Rechtsanwaltskammer Sachsen-Anhalt von 1992 bis 2015

Jahr	Rechtsanwälte insgesamt	davon Frauen	Veränderung in %	Anteil an der Gesamt- anwaltschaft in %
1992	512	--		0,8
1993	634	186	23,8	0,9
1994	807	236	27,3	1,1
1995	956	292	18,5	1,3
1996	1.124	338	17,6	1,4
1997	1.254	378	11,6	1,5
1998	1.356	409	8,1	1,5
1999	1.458	441	7,5	1,5
2000	1.521	461	4,3	1,5
2001	1.617	504	6,3	1,5
2002	1.645	508	1,7	1,4
2003	1.648	514	0,2	1,4
2004	1.698	534	3,0	1,3
2005	1.743	560	2,7	1,3
2006	1.747	547	0,2	1,3
2007	1.792	600	2,6	1,3
2008	1.806	610	0,8	1,2
2009	1.808	623	0,1	1,2
2010	1.806	626	-0,1	1,2
2011	1.788	622	-1,0	1,1
2012	1.814	632	1,4	1,1
2013	1.828	649	0,8	1,1
2014	1.808	644	-1,0	1,1
2015	1.802	648	0,6	1,1

Quelle: BRAK Mitgliederstatistik

Tab. 2.1.44: Zahl der neuzugelassenen Rechtsanwälte im Bezirk der Rechtsanwaltskammer Sachsen-Anhalt von 2000 bis 2013 °

Jahr	Neuzulassungen insgesamt	Veränderung in %	davon Frauen	davon Männer
2000	148		62	86
2001	98	-33,8	34	64
2002	107	9,2	51	54
2003	106	-0,9	45	61
2004	78	-26,4	31	47
2005	61	-21,8	32	29
2006	74	21,3	32	42
2007	50	-32,4	27	23
2008	45	-10,0	24	21
2009	46	2,2	22	24
2010	30	-34,8	15	15
2011	47	56,7	21	26
2012	40	-14,9	26	14
2013	34	-15,0	17	17

Quelle: Auskunft der Bundesrechtsanwaltskammer, eigene Berechnungen

Rechtsanwaltskammer Schleswig-Holstein

Tab. 2.1.45: Zahl der Rechtsanwälte im Bezirk der Rechtsanwaltskammer Schleswig-Holstein von 1950 bis 2015 °

Jahr	Rechtsanwälte insgesamt	davon Frauen	Veränderung in %	Anteil an der Gesamt-anwaltschaft in %
1950	461			3,6
1955	597		29,5	3,5
1960	601		0,7	3,3
1965	652		8,5	3,3
1970	759	25	16,4	3,3
1975	841	--	10,8	3,1
1980	1.226	87	2,3	3,4
1985	1.575	183	5,9	3,4
1986	1.624	191	3,1	3,3
1987	1.661	203	2,3	3,3
1988	1.705	224	2,6	3,3
1989	1.740	256	2,1	3,2
1990	1.790	271	2,9	3,2
1991	1.838	290	2,7	3,1
1992	1.860	--	1,2	2,9
1993	1.874	294	0,8	2,8
1994	1.926	320	2,8	2,7
1995	2.031	360	5,5	2,7
1996	2.130	329	4,9	2,7
1997	2.321	394	9,0	2,7
1998	2.462	458	6,1	2,7
1999	2.600	572	5,6	2,7
2000	2.782	643	7,0	2,7
2001	2.860	670	2,8	2,6
2002	2.956	614	3,4	2,5
2003	3.055	658	3,3	2,5
2004	3.158	700	3,4	2,5
2005	3.251	747	2,9	2,5
2006	3.360	832	3,4	2,4
2007	3.467	861	3,2	2,4
2008	3.560	899	2,7	2,4
2009	3.609	944	1,4	2,4
2010	3.653	1.059	1,2	2,4
2011	3.736	1.011	2,3	2,4
2012	3.780	1.126	1,2	2,4
2013	3.822	1.162	1,1	2,4
2014	3.870	1.188	1,3	2,4
2015	2.880	1.201	1,1	2,4

Quelle: BRAK Mitgliederstatistik (ab 1981), Statistisches Jahrbuch der Bundesrepublik Deutschland (bis 1980)

Tab. 2.1.46: Zahl der neuzugelassenen Rechtsanwälte im Bezirk der Rechtsanwaltskammer Schleswig-Holstein von 2000 bis 2013

Jahr	Neuzulassungen insgesamt	Veränderung in %	davon Frauen	davon Männer
2000	173		47	126
2001	163	-5,8	54	109
2002	145	-11,0	55	90
2003	160	10,3	48	112
2004	169	5,6	60	109
2005	151	-10,7	64	87
2006	165	9,3	59	106
2007	146	-11,5	58	88
2008	114	-21,9	51	63
2009	122	7,0	53	69
2010	144	18,0	54	90
2011	117	-18,8	53	64
2012	95	-18,8	52	43
2013	108	13,7	49	59

Quelle: Auskunft der Bundesrechtsanwaltskammer, eigene Berechnungen

Rechtsanwaltskammer Stuttgart

Tab. 2.1.47: Zahl der Rechtsanwälte im Bezirk der Rechtsanwaltskammer Stuttgart von 1950 bis 2015 °

Jahr	Rechtsanwälte insgesamt	davon Frauen	Veränderung in %	Anteil an der Gesamt-anwaltschaft in %
1950	586			4,6
1955	709		21,0	4,2
1960	863		21,7	4,7
1965	942		9,2	4,8
1970	1.132	51	31,1	4,9
1975	1.337	--	18,1	5,0
1980	1.751	133	2,5	4,9
1985	2.277	251	4,5	4,9
1986	2.368	355	4,0	4,9
1987	2.455	301	3,7	4,9
1988	2.561	330	4,3	4,9
1989	2.677	357	4,5	4,9
1990	2.780	394	3,8	4,9
1991	2.923	431	5,1	4,9
1992	3.018	--	3,3	4,7
1993	3.114	502	3,2	4,6
1994	3.209	530	3,1	4,6
1995	3.339	559	4,1	4,5
1996	3.586	640	7,4	4,6
1997	3.866	740	7,8	4,5
1998	4.110	820	6,3	4,5
1999	4.370	920	6,3	4,5
2000	4.615	1.008	5,6	4,4
2001	4.857	1.092	5,2	4,4
2002	5.127	1.200	5,6	4,4
2003	5.358	1.307	4,5	4,4
2004	5.583	1.408	4,2	4,4
2005	5.873	1.520	5,2	4,4
2006	6.139	1.636	4,5	4,4
2007	6.313	1.748	2,8	4,4
2008	6.472	1.819	2,5	4,4
2009	6.628	1.882	2,4	4,4
2010	6.836	2.000	3,1	4,5
2011	6.957	2.074	1,8	4,5
2012	7.074	2.126	1,7	4,5
2013	7.215	2.224	2,0	4,5
2014	7.299	2.255	1,2	4,5
2015	7.326	2.283	1,2	4,5

Quelle: BRAK Mitgliederstatistik (ab 1981), Statistisches Jahrbuch der Bundesrepublik Deutschland (bis 1980), RAK Stuttgart

Tab. 2.1.48: Zahl der neuzugelassenen Rechtsanwälte im Bezirk der Rechtsanwaltskammer Stuttgart von 2000 bis 2013

Jahr	Neuzulassungen insgesamt	Veränderung in %	davon Frauen	davon Männer
2000	318		99	219
2001	340	6,9	126	214
2002	321	-5,6	138	182
2003	291	-9,3	117	174
2004	360	23,7	138	220
2005	330	-8,3	131	199
2006	277	-16,1	131	146
2007	285	2,9	121	164
2008	164	-42,5	117	147
2009	294	79,3	136	158
2010	241	-18,0	114	127
2011	259	7,5	119	140
2012	235	-9,3	114	121
2013	204	-13,2	94	110

Quelle: Auskunft der Bundesrechtsanwaltskammer, eigene Berechnungen

Rechtsanwaltskammer Thüringen

Tab. 2.1.49: Zahl der Rechtsanwälte im Bezirk der Rechtsanwaltskammer Thüringen von 1992 bis 2015

Jahr	Rechtsanwälte insgesamt	davon Frauen	Veränderung in %	Anteil an der Gesamt- anwaltschaft in %
1992	470	--		0,7
1993	649	175	38,1	1,0
1994	750		15,6	1,1
1995	870	219	16,0	1,2
1996	1.107	280	27,2	1,4
1997	1.295	328	17,0	1,5
1998	1.396	357	7,8	1,5
1999	1.491	384	6,8	1,5
2000	1.561	417	4,7	1,5
2001	1.636	448	4,8	1,5
2002	1.705	467	4,2	1,5
2003	1.724	492	1,1	1,4
2004	1.772	524	2,8	1,4
2005	1.834	558	3,5	1,4
2006	1.889	586	3,0	1,4
2007	1.950	615	3,2	1,4
2008	1.967	633	0,9	1,3
2009	1.995	660	1,4	1,3
2010	2.012	678	0,8	1,3
2011	2.037	685	1,2	1,3
2012	2.059	713	1,1	1,3
2013	2.061	718	0,2	1,3
2014	2.052	715	-0,4	1,3
2015	2.049	712	-0,4	1,3

Quelle: BRAK Mitgliederstatistik

Tab. 2.1.50: Zahl der neuzugelassenen Rechtsanwälte im Bezirk der Rechtsanwaltskammer Thüringen von 2000 bis 2013

Jahr	Neuzulassungen insgesamt	Veränderung in %	davon Frauen	davon Männer
2000	146		62	84
2001	125	-14,4	40	85
2002	111	-11,2	42	56
2003	110	-0,9	45	64
2004	127	15,5	55	71
2005	93	-26,8	47	46
2006	104	11,8	51	53
2007	77	-26,0	39	38
2008	74	-3,9	33	41
2009	60	-18,9	31	29
2010	64	6,7	36	28
2011	71	10,9	37	34
2012	55	-22,5	28	27
2013	54	-1,8	23	31

Quelle: Auskunft der Bundesrechtsanwaltskammer, eigene Berechnungen

Rechtsanwaltskammer Tübingen

Tab. 2.1.51: Zahl der Rechtsanwälte im Bezirk der Rechtsanwaltskammer Tübingen von 1950 bis 2015 °

Jahr	Rechtsanwälte insgesamt	davon Frauen	Veränderung in %	Anteil an der Gesamt-anwaltschaft in %
1950	181			1,4
1955	201		17,7	1,3
1960	254		19,2	1,4
1965	260		3,5	1,3
1970	311	7	24,7	1,4
1975	385	18	23,8	1,5
1980	552	33	8,3	1,7
1985	835	84	3,7	1,8
1986	889	87	6,5	1,8
1987	895	92	0,7	1,8
1988	936	99	4,6	1,8
1989	967	105	3,3	1,8
1990	1.015	117	5,0	1,8
1991	1.045	138	3,0	1,8
1992	1.052	--	0,7	1,6
1993	1.062	161	1,0	1,6
1994	1.120	187	5,5	1,6
1995	1.176	210	5,0	1,6
1996	1.259	228	7,1	1,6
1997	1.298	239	3,1	1,5
1998	1.363	259	5,0	1,5
1999	1.414	275	3,7	1,4
2000	1.495	306	5,7	1,4
2001	1.555	331	4,0	1,4
2002	1.601	362	3,0	1,4
2003	1.666	374	4,1	1,4
2004	1.736	402	4,2	1,4
2005	1.796	425	3,5	1,4
2006	1.870	458	4,1	1,4
2007	1.918	447	2,6	1,3
2008	1.948	508	1,6	1,3
2009	1.980	520	1,6	1,3
2010	2.024	507	2,2	1,3
2011	2.031	577	0,3	1,3
2012	2.056	594	1,2	1,3
2013	2.103	612	2,2	1,3
2014	2.080	604	-1,0	1,3
2015	2.075	613	1,5	1,3

Quelle: BRAK Mitgliederstatistik (ab 1981), Statistisches Jahrbuch der Bundesrepublik Deutschland (bis 1980)

Tab. 2.1.52: Zahl der neuzugelassenen Rechtsanwälte im Bezirk der Rechtsanwaltskammer Tübingen von 2000 bis 2013

Jahr	Neuzulassungen insgesamt	Veränderung in %	davon Frauen	davon Männer
2000	88		38	50
2001	87	-1,1	42	45
2002	92	5,7	28	64
2003	104	13,0	37	66
2004	93	-10,6	28	65
2005	107	15,1	41	66
2006	76	-29,0	35	41
2007	77	1,3	35	42
2008	63	-18,2	32	31
2009	73	15,9	34	39
2010	62	-15,1	30	32
2011	53	-14,5	19	34
2012	59	11,3	25	34
2013	40	-32,2	19	21

Quelle: Auskunft der Bundesrechtsanwaltskammer, eigene Berechnungen

Pfälzische Rechtsanwaltskammer Zweibrücken

Tab. 2.1.53: Zahl der Rechtsanwälte im Bezirk der Rechtsanwaltskammer Zweibrücken von 1950 bis 2015 °

Jahr	Rechtsanwälte insgesamt	davon Frauen	Veränderung in %	Anteil an der Gesamt- anwaltschaft in %
1950	118			0,9
1955	208		76,3	1,2
1960	269		29,3	1,5
1965	253		-5,9	1,3
1970	257	7	1,6	1,1
1975	305	--	18,7	1,1
1980	430	25	2,4	1,2
1985	619	63	6,4	1,3
1986	661	75	6,8	1,4
1987	672	70	1,7	1,3
1988	695	79	3,4	1,3
1989	733	88	5,5	1,4
1990	756	92	3,1	1,3
1991	804	106	6,3	1,4
1992	817	--	1,6	1,3
1993	835	122	2,2	1,2
1994	855	126	2,4	1,2
1995	883	140	3,3	1,2
1996	916	173	3,7	1,2
1997	974	193	6,3	1,1
1998	1.055	222	8,3	1,2
1999	1.114	205	5,6	1,1
2000	1.152	251	3,4	1,1
2001	1.200	282	4,2	1,1
2002	1.236	297	3,0	1,1
2003	1.249	303	1,1	1,0
2004	1.266	308	1,4	1,0
2005	1.295	329	2,3	1,0
2006	1.349	371	4,2	1,0
2007	1.386	391	2,7	1,0
2008	1.389	390	0,2	0,9
2009	1.397	398	0,6	0,9
2010	1.420	415	1,7	0,9
2011	1.433	424	0,9	0,9
2012	1.443	433	0,7	0,9
2013	1.443	442	0,0	0,9
2014	1.453	450	0,7	0,9
2015	1.447	449	-0,2	0,9

Quelle: BRAK Mitgliederstatistik (ab 1981), Statistisches Jahrbuch der Bundesrepublik Deutschland (bis 1980)

Tab. 2.1.54: Zahl der neuzugelassenen Rechtsanwälte im Bezirk der Rechtsanwaltskammer Zweibrücken von 2000 bis 2013 °

Jahr	Neuzulassungen insgesamt	Veränderung in %	davon Frauen	davon Männer
2000	70		25	45
2001	41	-41,4	15	26
2002	45	9,8	17	28
2003	44	-2,2	16	26
2004	55	25,0	17	38
2005	60	9,1	28	32
2006	45	-25,0	23	22
2007	33	-26,7	15	18
2008	38	15,2	17	21
2009	33	-13,2	15	18
2010	40	21,2	15	25
2011	41	2,5	13	28
2012	29	-29,3	11	18
2013	31	6,9	15	16

Quelle: Auskunft der Bundesrechtsanwaltskammer, eigene Berechnungen

Tab. 2.1.55: Zahl der Rechtsanwälte auf dem Gebiet der heutigen Bundesrepublik Deutschland nach Kammerbezirken von 1885 bis 1905 *

Anwaltskammerbezirk	1885	1887	1889	1891	1893	1895	1897	1899	1901	1903	1905
Augsburg	76	65	60	64	66	82	104	117	106	111	116
Bamberg	83	78	77	76	76	81	122	147	134	130	141
Berlin	415	509	594	675	760	848	909	984	1.032	1.096	1.187
Braunschweig	50	47	43	43	39	41	54	66	69	83	83
Celle	225	230	244	254	257	259	260	267	260	266	288
Darmstadt	123	130	127	123	126	121	120	140	145	152	173
Dresden	515	509	499	483	494	510	538	584	647	698	775
Frankfurt	131	142	169	182	199	203	209	222	225	239	258
Hamburg	187	189	204	218	227	237	243	259	278	292	316
Hamm	217	232	270	281	289	293	311	316	338	383	439
Jena	146	144	151	156	150	152	150	152	154	163	164
Karlsruhe	131	134	139	146	158	170	184	210	224	249	278
Kassel	85	83	83	83	84	83	81	79	83	82	86
Kiel	88	96	105	113	125	128	134	146	145	161	167
Köln	298	320	355	372	395	426	457	487	539	570	603
München	203	193	186	193	218	259	331	379	361	391	437
Naumburg	208	227	252	270	279	285	297	314	318	320	334
Nürnberg	84	84	80	81	87	109	131	161	146	158	162
Oldenburg	16	16	16	12	12	11	13	14	16	20	17
Rostock	200	187	175	165	154	142	132	136	129	141	147
Stuttgart	162	162	166	180	185	194	188	217	230	248	277
Zweibrücken	41	46	44	48	50	55	63	68	71	86	98

* Die Rechtsanwaltskammer Düsseldorf wurde 1906 gegründet, die Rechtsanwaltskammer Potsdam 1911, die Rechtsanwaltskammer des Saargebiets 1920. Die Rechtsanwaltskammern Koblenz, Tübingen, Freiburg und Bremen wurden nach dem Zweiten Weltkrieg gegründet.

Quelle: AnwBl. / Statistisches Jahrbuch des Deutschen Reiches (Stichtag jeweils 1.1. des betreffenden Jahres)

Tab. 2.1.56: Zahl der Rechtsanwälte auf dem Gebiet der heutigen Bundesrepublik Deutschland nach Kammerbezirken von 1907 bis 1924 *

Anwaltskammerbezirk	1907	1909	1911	1913	1915	1917	1919	1921	1923	1924
Augsburg	121	137	169	189	205	175	165	151	153	155
Bamberg	153	174	214	260	269	237	218	199	206	201
Berlin	1.327	1.499	1.751	2.025	2.216	2.162	2.128	2.501	2.698	2.398
Braunschweig	81	83	90	100	98	87	85	92	94	92
Celle	296	331	368	429	466	445	436	514	547	550
Darmstadt	195	220	246	263	272	252	242	256	251	220
Dresden	880	992	1.121	1226	1234	1172	1143	1098	1.093	1.082
Düsseldorf[1]	304	356	415	483	523	505	497	554	576	570
Frankfurt	278	294	338	366	399	384	374	414	410	431
Hamburg	344	385	421	463	491	483	454	483	572	578
Hamm	430	507	575	691	745	711	702	758	779	769
Jena	176	188	199	210	208	189	179	187	178	186
Karlsruhe	325	372	412	464	482	458	443	454	455	453
Kassel	94	93	110	134	145	132	131	148	156	150
Kiel	188	210	243	269	300	288	271	285	312	311
Köln	423	478	512	604	670	653	638	722	737	663
München	460	514	615	705	748	691	680	636	696	686
Naumburg	362	376	422	453	465	450	429	499	504	493
Nürnberg	179	216	260	306	327	302	284	277	269	276
Oldenburg	16	16	22	25	33	31	31	26	32	32
Potsdam[2]	—	—								305
Rostock	163	174	177	173	169	156	148	142	137	134
Saargebiet	—	—	—	—	—	—	—			
Stuttgart	328	362	380	435	426	398	359	358	366	369
Zweibrücken	111	130	162	181	187	172	168	149	148	125

* Die Rechtsanwaltskammer Düsseldorf wurde 1906 gegründet, die Rechtsanwaltskammer Potsdam 1911. Die Rechtsanwaltskammer des Saargebiets wurde 1920 gegründet, Zahlen liegen erst ab 1928 vor. Die Rechtsanwaltskammern Koblenz, Tübingen, Freiburg und Bremen wurden nach dem Zweiten Weltkrieg gegründet.

1 bis 1906 in den Kammerbezirken Köln und Hamm mit erfasst

2 bis 1923 im Kammerbezirk Berlin miterfasst

Quelle: Statistisches Jahrbuch des Deutschen Reiches (Stichtag jeweils 1.1. des betreffenden Jahres)

Tab. 2.1.57: Zahl der Rechtsanwälte auf dem Gebiet der heutigen Bundesrepublik Deutschland nach Kammerbezirken von 1925 bis 1932 *

Anwaltskammerbezirk	1925	1926	1927	1928	1929	1930	1931	1932	1933
Augsburg	157	167	171	170	173	197	214	233	245
Bamberg	236	235	245	250	269	282	305	247	380
Berlin	2.594	2.732	2.860	2.955	3.017	3.096	3.197	3.251	3.400
Braunschweig	102	114	127	132	144	152	157	160	169
Celle	585	609	630	654	681	700	734	770	818
Darmstadt	222	226	237	244	252	251	264	303	329
Dresden	1.204	1.297	1.334	1.372	1.435	1.500	1.571	1.650	1.785
Düsseldorf	587	609	651	665	691	713	756	789	844
Frankfurt	438	455	480	491	489	504	527	543	578
Hamburg	648	690	719	745	771	812	859	885	928
Hamm	818	845	876	897	933	978	1.011	1.080	1.198
Jena	203	222	239	258	256	265	287	297	331
Karlsruhe	498	524	545	553	574	582	596	615	643
Kassel	154	168	179	188	181	185	191	208	228
Kiel	340	354	378	390	411	425	443	472	501
Köln	694	726	753	757	769	783	812	855	901
München	730	763	797	811	824	885	933	998	1.032
Naumburg	536	565	582	613	636	653	698	733	787
Nürnberg	318	329	332	339	362	390	432	472	532
Oldenburg	34	40	39	42	46	47	55	63	71
Potsdam	318	333	343	352	383	387	399	412	441
Rostock	148	165	178	190	204	208	214	222	233
Saargebiet				74	75	84	89	95	
Stuttgart	409	456	461	467	491	502	520	571	620
Zweibrücken	149	154	149	185	168	188	201	206	242

* Die Rechtsanwaltskammern Koblenz, Tübingen, Freiburg und Bremen wurden nach dem Zweiten Weltkrieg gegründet.

Quelle: Statistisches Jahrbuch des Deutschen Reiches, AnwBl. 1929-1932, BRAK (Stichtag jeweils 1.1. des betreffenden Jahres)

Tab. 2.1.58: Zahl der Rechtsanwälte auf dem Gebiet der heutigen Bundesrepublik Deutschland nach Kammerbezirken von 1935 bis 1949 *

Anwaltskammerbezirk	1935	1936	1937	1938	1939	1940	1941	1942	1949
Augsburg	234	221	210	205	192	180	175	169	
Bamberg	354	336	310	298	267	250	247	241	
Berlin	2.931	3.007	2.858	2.718	1.971	2.089	2.110	2.136	
Braunschweig	163	165	157	152	141	137	138	134	178
Celle	834	857	831	772	704	687	669	656	704
Darmstadt	316	309	291	268	225	221	215	211	
Dresden	1.772	1.716	1.678	1.613	1.508	1.454	1.409	1.393	
Düsseldorf	874	901	879	849	778	767	767	758	859
Frankfurt	483	478	451	435	331	328	330	337	
Hamburg	906	922	885	902	801	791	788	765	706
Hamm	1275	1.335	1.295	1.259	1.163	1.146	1.131	1.121	1.312
Jena	316	325	311	304	289	281	276	266	
Karlsruhe	609	588	556	537	446	443	446	438	
Kassel	280	281	219	215	190	185	182	180	
Kiel	489	473	453	392	364	352	344	333	441
Köln	972	1.003	1.076	1.039	881	858	842	825	650
München	1.010	963	908	880	751	732	732	727	
Naumburg	795	791	763	736	693	684	670	660	
Nürnberg	458	439	423	400	332	318	310	309	
Oldenburg	74	76	75	82	81	77	73	74	
Potsdam[1]	421	421	409	392	358	347	358	323	
Rostock	227	236	227	224	213	209	206	196	
Saargebiet[2]	118	105	-	-	-	-	-	-	
Stuttgart	625	621	584	551	493	491	489	483	
Zweibrücken	241	237	207	195	262	246	243	239	

* Die Rechtsanwaltskammern Koblenz, Tübingen, Freiburg und Bremen wurden nach dem Zweiten Weltkrieg gegründet.

1 bis 1921 in Kammerbezirk Berlin miterfasst

2 ab 1937 im Kammerbezirk Köln miterfasst

Quelle: Mitteilungen der Reichs-Rechtsanwaltskammer (1935-1942); BRAK (Stichtag jeweils 1.1. des betreffenden Jahres)

2.2 Rechtsanwälte in den Kammerbezirken

Tab. 2.2.1: Zahl der Anwälte und der Anwaltsdichte nach Bundesländern im Jahr 2015

Bundesland	Rechtsanwälte (Stand 1.1.2015)	Bevölkerungszahl in Tsd. (Stand 31.12.2014)	Einwohner pro Anwalt
Baden-Württemberg	17.549	10.717	611
Bayern	28.316	12.692	448
Berlin	13.774	3.470	252
Brandenburg	2.358	2.458	1.042
Bremen	1.930	662	343
Hamburg	10.140	1.763	174
Hessen	20.077	6.094	304
Mecklenburg-Vorpommern	1.569	1.599	1.019
Niedersachsen	10.286	7.827	761
Nordrhein-Westfalen	38.755	17.638	455
Rheinland-Pfalz	4.787	4.012	838
Saarland	1.446	989	684
Sachsen	4.749	4.055	854
Sachsen-Anhalt	1.802	2.236	1.240
Schleswig-Holstein	3.880	2.831	730
Thüringen	2.049	2.157	1.228
Gesamt	***163.513**	**81.198**	**497**

* ohne 43 Mitglieder der Rechtsanwaltskammer beim BGH

Quellen: Zahl der Rechtsanwälte (BRAK Mitgliederstatistik); Bevölkerungszahl (Statistisches Bundesamt), eigene Berechnungen

2.3 Altersstruktur in den Kammerbezirken

Tab. 2.3.1: Altersdurchschnitt und -struktur nach Rechtsanwaltskammern im Jahr 2012

Kammerbezirk	⊘ Alter	bis 30 Jahre (%)	>30-40 Jahre (%)	>40-50 Jahre (%)	>50-60 Jahre (%)	>60-70 Jahre (%)	> 70 Jahre (%)
Bamberg	47,8	2,9	26,9	31,7	23,8	10,6	4,1
Berlin	46,0	1,9	35,5	33,6	17,4	8,3	3,2
Brandenburg	47,1	1,0	29,7	36,0	21,4	9,7	2,2
Braunschweig	48,3	1,7	27,3	31,4	24,3	12,3	2,9
Bremen	49,6	1,2	25,2	31,0	22,9	13,9	5,8
Celle	49,3	1,2	24,2	33,5	23,8	12,5	4,9
Düsseldorf	46,8	2,4	33,7	31,4	18,7	8,8	5,0
Frankfurt	46,7	2,7	33,0	31,9	19,0	9,4	4,0
Freiburg	49,4	2,2	24,1	29,8	26,0	12,9	5,0
Hamburg	46,9	2,1	34,2	30,8	18,1	10,1	4,6
Hamm	48,8	1,5	25,9	32,2	24,4	11,8	4,2
Karlsruhe	48,4	2,4	28,3	29,9	22,6	12,0	4,8
Kassel	49,1	2,2	25,3	29,9	24,5	14,2	3,9
Koblenz	49,3	2,0	25,4	30,1	24,3	12,4	5,7
Köln	47,7	1,5	29,9	33,2	20,6	9,9	4,8
Mecklenburg-V.	47,2	0,7	29,8	34,3	24,5	8,4	2,3
München	47,2	2,7	32,3	32,1	17,5	9,8	5,6
Nürnberg	46,7	3,7	31,9	30,9	20,4	9,8	3,3
Oldenburg	49,3	1,3	23,5	33,1	24,4	13,9	3,8
Saarland	49,6	2,4	24,2	27,9	26,7	13,4	5,3
Sachsen	45,1	3,0	36,9	32,1	19,2	7,1	1,6
Sachsen-Anhalt	47,3	1,3	30,4	32,0	24,8	9,8	1,8
Schleswig-Holstein	49,3	1,4	23,2	34,1	22,5	14,6	4,2
Stuttgart	47,7	2,8	30,9	28,9	22,3	10,0	5,1
Thüringen	46,2	2,1	33,6	31,1	23,2	8,5	1,5
Tübingen	49,0	2,3	26,1	28,4	26,1	13,0	2,3
Zweibrücken	50,0	2,0	21,4	30,4	28,4	13,5	4,3
BGH	61,5	0,0	0,0	18,9	24,3	37,8	18,9
Bundesgebiet	**47,5**	**2,0**	**21,4**	**30,4**	**28,4**	**13,5**	**4,3**

Quelle: BRAK

3

Innere Differenzierung der Anwaltschaft

- BGH-Anwälte
- Fachanwaltschaften
- Anwaltsnotare
- Doppelbänder

3 Innere Differenzierung der Anwaltschaft

3.1 BGH-Anwälte

Die beim Bundesgerichtshof (BGH) zugelassenen Rechtsanwälte nehmen eine Sonderposition in der deutschen Anwaltschaft ein. Der Bundesgerichtshof ist das einzige Bundesgericht, vor dem nicht jeder Rechtsanwalt postulationsfähig ist, sondern – in Zivilsachen – nur ein beim Bundesgerichtshof zugelassener Rechtsanwalt. Zum Rechtsanwalt beim Bundesgerichtshof wird nach § 164 BRAO nur zugelassen, wer vom Wahlausschuss für Rechtsanwälte beim Bundesgerichtshof gewählt und nachfolgend vom Bundesminister der Justiz ernannt wird. Die beim Bundesgerichtshof zugelassenen Rechtsanwälte bilden eine eigene Rechtsanwaltskammer, ihre Zahl wird in der jährlichen Mitgliederstatistik der Bundesrechtsanwaltskammer gesondert ausgewiesen. **Tab. 3.1.1** zeigt, dass zu Beginn des Jahres 2015 46 Rechtsanwälte beim Bundesgerichtshof zugelassen waren, darunter acht Frauen. Die Zahl der BGH-Anwälte ist traditionell niedrig, sie hat mit dem Größenwachstum der Gesamtanwaltschaft nicht annähernd Schritt gehalten. Bemerkenswert ist, dass bereits vor 120 Jahren die Zahl der Rechtsanwälte beim Reichsgericht 19 betrug. Sie stieg bis 1930 auf 23 an, eine Zahl, die die Anwaltschaft beim Bundesgerichtshof erst 1994 erreichte. Die erste Rechtsanwältin wurde 1985 Mitglied der Rechtsanwaltschaft beim Bundesgerichtshof. Der Anteil der Frauen liegt mit 17% deutlich unter ihrem Anteil an der Gesamtanwaltschaft.

3.2 Fachanwaltschaften

Die innere Differenzierung zwischen Spezialisten und Generalisten ist neben dem kontinuierlichen Größenwachstum und dem geschlechtsspezifischen Wandel des Berufsstandes eine weitere deutliche Entwicklungslinie des Anwaltsberufs. Immer mehr Rechtsanwälte versuchen, sich durch eine Spezialisierung auf ein bestimmtes Fachgebiet bzw. durch den Erwerb eines Fachanwaltstitels auf diesem Gebiet von ihren Kollegen zu unterscheiden.

Die Idee der Fachanwaltschaften entstand in den 1920er Jahren. Das Führen einer Fachanwaltsbezeichnung wurde seinerzeit als rein standesrechtliches Problem des sog. „Spezialistentums" angesehen. Der Anwaltstag 1929 fasste einen Beschluss zur grundsätzlichen Zulässigkeit der Fachanwaltschaft und ihrer Kundbarmachung, 1930 wurden Richtlinien für die Einführung erster Fachanwaltschaften ausgearbeitet. Seinerzeit wurden die Fachanwaltschaften für Steuerrecht, Urheber- und Verlagsrecht, Gewerblichen Rechtschutz, Staats- und Verwaltungsrecht, Auslandsrecht, Arbeitsrecht und Sozialversicherungsrecht eingeführt. Die Bezeichnung durfte frühestens drei (anfänglich: fünf) Jahre nach Zulassung aufgrund einer Unbedenklichkeitsbescheinigung der zuständigen Rechtsanwaltskammer geführt werden. Die Nachfrage war recht verhalten, 1932 führten 150 Anwälte im Deutschen Reich die Bezeichnung Fachanwalt. Nach der Machtergreifung der Nationalsozialisten wurden die Fachanwaltschaften im Jahr 1935 aus ideologischem und auch rassepolitischem Impetus abgeschafft. Von 1937 bis 1941 wurde das Führen des Fachanwaltstitels für Steuerrecht wieder erlaubt; dieser wurde auch nach dem Zweiten Weltkrieg in allen Bundesländern eingeführt. Im Gebiet der seinerzeitigen britischen Besatzungszone waren zudem Fachanwaltstitel für Verwaltungsrecht verliehen worden.

Trotz lebhafter Diskussionen in der Anwaltschaft kam es erst 1986 zur Einführung neuer Fachanwaltschaften durch die Bundesrechtsanwaltskammer, nachdem sich der Gesetzgeber zuvor nicht zu einer gesetzlichen Regelung hatte entschließen können. Die neuen Fachanwaltsbezeichnungen für Arbeits-, Sozial- und Verwaltungsrecht orientierten sich an den neben der ordentlichen Gerichtsbarkeit in Deutschland existierenden Gerichtsbarkeiten. Das Konzept der Ausrichtung der Fachanwaltsgebiete an den Gerichtsbarkeiten wurde 1997 erstmals durchbrochen, als durch die Satzungsversammlung die Fachanwaltschaften für Straf- und Familienrecht eingeführt wurden. In den folgenden elf Jahren wurden 14 weitere Fachanwaltschaften verabschiedet, so dass ihre Zahl seit 2008 20 beträgt. Während in den Jahren 2009 bis 2013 keine weiteren Fachanwaltsgebiete geschaffen wurden, hat die Satzungsversammlung in den darauffolgenden Jahren auf die gestiegene Nachfrage an rechtlicher Beratung in den Gebieten Internationales Wirtschaftsrecht und Vergaberecht reagiert und 2014 bzw. 2015 dementsprechende Fachanwaltschaften geschaffen. Aufgrund der aktuellen weltpolitischen Lage und den daraus resultierenden Flüchtlingszahlen in der Bundesrepublik Deutschland wurde zudem der Fachanwaltstitel für Migrationsrecht verabschiedet, der voraussichtlich ab dem 1.3.2016 erworben werden kann. Damit wird sich die Zahl der Fachanwaltschaften künftig auf 23 belaufen. **Tab. 3.5.1** zeigt die Genese der Fachanwaltsgebiete auf.

Die Bedeutung der (gegenwärtig noch) 22 Fachanwaltschaften ist nicht ausgeglichen (**Tab. 3.2.1**): Fast die Hälfte aller verliehenen Fachanwaltstitel verteilt sich auf nur drei Fachanwaltsgebiete, das Arbeits-, das Familien- und das Steuerrecht. Einen Anteil von über 6% erreichen neben diesen drei Gebieten nur noch das Verkehrs-, Straf- und das Miet- und Wohnungseigentumsrecht. Diese Unterschiede sind nicht allein mit dem unterschiedlichen Zeitpunkt der Schaffung der verschiedenen Fachanwaltschaften zu erklären: So entfallen auch auf die traditionsreichen Fachanwaltschaften für Verwaltungs- und Sozialrecht jeweils weniger als 4% der Fachanwaltstitel.

Die regionale und geschlechtsspezifische Verteilung der Fachanwaltstitel ist **Tab. 3.2.2** bis **Tab. 3.2.8** zu entnehmen. Hierbei zeigen sich erhebliche Unterschiede zwischen den Kammern: In einigen Kammern liegt der Anteil der Fachanwaltstitel im Verhältnis zur Zahl der Kammermitglieder bei unter 25% oder weniger (Berlin, Düsseldorf, München, Frankfurt, Hamburg), in anderen Kammerbezirken erreicht die Quote mehr als 51% (Oldenburg). Auch der Anteil der an Frauen verliehenen Fachanwaltstitel variiert im Vergleich der Kammern, wenngleich nicht in ähnlich starkem Maße (zwischen 23,8% in Mecklenburg-Vorpommern und 35,3% in Brandenburg).

Voraussetzung für die Verleihung des Fachanwaltstitels ist der Nachweis besonderer theoretischer Kenntnisse und praktischer Erfahrungen nach mindestens dreijähriger Berufszugehörigkeit. Die jährlich aktualisierte Fachanwaltsstatistik der Bundesrechtsanwaltskammer zeigt, dass die Zahl der verliehenen Fachanwaltstitel seit 1990 stark angestiegen ist und sich insgesamt fast verfünfzehntfacht hat. Zu Beginn des Jahres 2015 waren insgesamt 50.840 Fachanwaltstitel verliehen (s. **Tab. 3.2.9**). Diese Zahl entspricht nicht der Zahl der Fachanwälte, da ein Rechtsanwalt bis zu drei Fachanwaltstitel gleichzeitig führen kann. Die Zahl der „Zwei- oder Dreifach-Fachanwälte" ist in **Tab. 3.2.3** dokumentiert. Die bundesweite Erfassung von Mehrfachtiteln ist nach wie vor problematisch und fehlerbehaftet, so dass die

Zahlen dieser Statistik nicht mit der Gesamtzahl der verliehenen Fachanwaltstitel in Deckung sind.

Tab. 3.2.2 bis **Tab. 3.2.8** zeigen die regionale Verteilung der Fachanwälte, **Tab. 3.2.9** bis **Tab. 3.2.14** die Entwicklung der verschiedenen Fachanwaltschaften seit 1960. Besonderer Beliebtheit erfreuen sich die Fachanwaltsgebiete Arbeits- und Familienrecht, in denen es inzwischen mehr als bzw. fast 10.000 Fachanwältinnen und -anwälte gibt. Insgesamt hat sich das Wachstum der Fachanwaltschaften in den letzten Jahren – nicht unerwartet – stark abgeflacht, da starke Wachstumsschübe in Folge von Nachholeffekten bei der Einführung neuer Fachanwaltschaften nicht mehr zu verzeichnen sind.

Von den insgesamt 50.840 Fachanwaltstiteln in Deutschland entfallen 14.436 auf Rechtsanwältinnen (**Tab. 3.2.2**), was einem Anteil von mehr als einem Viertel entspricht (28,4%). Seit dem Jahr 2005 hat sich die Zahl der Fachanwältinnen fast verdreifacht, obwohl ihr Anteil an der Gesamtfachanwaltschaft stabil geblieben ist (von 2004 bis 2015 ist der Anteil der Fachanwältinnen an der gesamten Fachanwaltschaft nur unwesentlich gewachsen). Auffällig ist der stark überdurchschnittliche Anteil der Fachanwältinnen auf den zwei Rechtsgebieten Familienrecht (56,5%) und Sozialrecht (41,5%) (s. **Tab. 3.2.16**).

3.3 Anwaltsnotare

Rechtsanwälte in Berlin, Bremen, Hessen, Niedersachen, Schleswig-Holstein und Teilen von Nordrhein-Westfalen und Baden-Württemberg können neben dem Anwaltsberuf als sog. Anwaltsnotar das Notaramt ausüben. Das Anwaltsnotariat erstreckt sich über rund ein Drittel des Bundesgebietes. Im übrigen Bundesgebiet sind hauptamtliche Notare tätig, denen die Ausübung eines weiteren Berufs, insbesondere jenes des Rechtsanwalts, untersagt ist (zu deren Zahl **Tab. 10.1.1**). Baden-Württemberg kennt zudem beamtete Anwaltsnotare. Diese unterschiedlichen Ausprägungen des Notaramts sind historisch bedingt. In den Regionen mit Anwaltsnotariat bietet die Bestellung zum Anwaltsnotar eine weitere Möglichkeit, sich von den zahlreichen Kolleginnen und Kollegen im Anwaltsberuf zu differenzieren. Die Notartätigkeit von Anwaltsnotaren ist an die Fortdauer der Ausübung der anwaltlichen Berufstätigkeit geknüpft. Eine Erfolg versprechende Bewerbung auf eine freie Notarstelle ist an mehrere Voraussetzungen gebunden (z.B. Höchstalter, Dauer der Berufszugehörigkeit, persönliche und fachliche Eignung sowie – seit 2009 – das Bestehen einer Fachprüfung etc.).

Wie die in **Tab. 3.3.1** wiedergegebene jährliche Notarstatistik der Bundesnotarkammer (BNotK) zeigt, ist zwar die Zahl der Anwaltsnotare über 50 Jahre insgesamt leicht gestiegen, ihr Anteil an der Gesamtanwaltschaft ist jedoch von über 25% auf 3,5% gesunken. Seit Erreichen eines Spitzenwertes von mehr als 9.000 Anwaltsnotaren im Jahr 1998 sind die Zahlen stark rückläufig und haben um über 3.000 abgenommen. Dies beruht auf einer restriktiven Bestellungspraxis der Landesjustizverwaltungen, die im Interesse der Qualitätssicherung das Beurkundungsaufkommen der Anwaltsnotare verbessern wollen. Am 1. Januar 2015 waren in der Bundesrepublik noch 5.650 Anwaltsnotare zugelassen. Die Zahl liegt damit ungefähr auf dem Niveau des Zeitraums zu Beginn der 1970er Jahre.

Bei einer geschlechtsspezifischen Betrachtung zeigt sich, dass das Anwaltsnotariat ein deutlich stärker männlich dominiertes Tätigkeitsfeld ist als die Anwaltschaft: Der Frauenanteil im Anwaltsnotariat liegt mit 12,7% gut 20 Prozentpunkte unter dem Anteil der Frauen in der Anwaltschaft.

3.4 Doppelbänder

Tab. 3.4.1 schlüsselt die Zahl der sog. Doppelbänder auf. Unter einem Doppelbänder versteht man in der Sprachfindung des Berufsrechts einen Rechtsanwalt, der zusätzlich zur Zulassung zum Rechtsanwalt über eine zweite Berufszulassung zu einem verwandten verkammerten Beratungsberuf verfügt. Anwaltliche Doppelbänder können als vereidigte Buchprüfer, Wirtschaftsprüfer oder Steuerberater zugelassen sein. Verfügen sie über mehr als zwei Zulassungen – etwa als „Rechtsanwalt, Steuerberater und Wirtschaftsprüfer" – spricht man von einem sog. „Mehrfachbänder". Insbesondere wirtschaftsberatend tätige Rechtsanwälte streben in zunehmendem Maße eine Zweifach- oder Dreifachqualifikation an. Besonderer Beliebtheit erfreut sich traditionell der Steuerberatertitel, der es Rechtsanwälten gestattet, sich von Fachanwälten für Steuerrecht abzuheben. Der Anteil der vereidigten Buchprüfer wird in Zukunft kontinuierlich abnehmen, da dieser Beruf im Jahr 2005 vom Gesetzgeber geschlossen worden ist. Sein Tätigkeitsfeld wird vom Beruf des Wirtschaftsprüfers abgedeckt, bereits bestehende Zulassungen als vereidigter Buchprüfer bleiben allerdings erhalten. Die Zahlen der Steuerberater, Wirtschaftsprüfer und vereidigten Buchprüfer, die nicht zugleich als Rechtsanwalt tätig sind, finden sich separat aufgeführt in Kapitel 10.

3.1 BGH-Anwälte

Tab. 3.1.1: Zahl der BGH-Anwälte von 1950 bis 2015 °

Jahr	BGH-Anwälte	davon weiblich
1950	9	0
1955	17	0
1960	20	0
1965	23	0
1970	19	0
1975	20	0
1980	16	0
1981	20	0
1982	19	0
1983	19	0
1984	23	0
1985	21	1
1986	25	2
1987	25	2
1988	22	2
1989	22	2
1990	26	3
1991	26	3
1992	25	3
1993	24	3
1994	23	3
1995	22	3
1996	29	4
1997	29	4
1998	29	4
1999	28	4
2000	27	4
2001	32	4
2002	32	4
2003	32	4
2004	31	4
2005	31	4
2006	31	4
2007	31	4
2008	41	7
2009	41	7
2010	41	7
2011	39	7
2012	37	7
2013	37	7
2014	43	8
2015	46	8

Quelle: BRAK-Mitgliederstatistiken (Stichtag jeweils 1.1. des betreffenden Jahres)

3.2 Fachanwaltschaften

Tab. 3.2.1: Jahr der Einführung der einzelnen Fachanwaltschaften

Jahr	Fachanwaltschaften
1937	Steuerrecht
1986	Arbeitsrecht Sozialrecht Verwaltungsrecht
1997	Familienrecht Strafrecht
1999	Insolvenzrecht
2003	Versicherungsrecht
2004	Medizinrecht Miet- und Wohnungseigentumsrecht Verkehrsrecht Bau- und Architektenrecht Erbrecht Transport- und Speditionsrecht
2005	Gewerblicher Rechtsschutz Handels- und Gesellschaftsrecht
2006	Informationstechnologierecht (IT-Recht) Urheber- und Medienrecht
2007	Bank- und Kapitalmarktrecht
2008	Agrarrecht
2014	Internationales Wirtschaftsrecht
2015	Vergaberecht
2016	Migrationsrecht

Abb. 3.2.1: Relative Größe der Fachanwaltschaften* im Jahr 2014

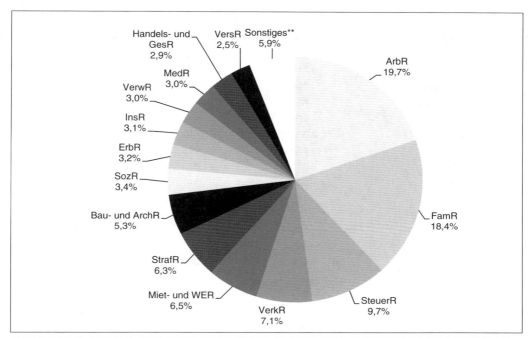

* Abkürzungen: Steuerrecht (SteuerR), Verwaltungsrecht (VerwR), Arbeitsrecht (ArbR), Sozialrecht (SozR), Familienrecht (FamR), Strafrecht (StrafR), Insolvenzrecht (InsR), Versicherungsrecht (VersR), Medizinrecht (MedR), Miet- und Wohnungseigentumsrecht (Miet- u. WER), Verkehrsrecht (VerkR), Bau- und Architektenrecht (Bau- u. ArchR), Erbrecht (ErbR)

** Die Kategorie „Sonstiges" fasst die Größe folgender Fachanwaltschaften zusammen: Transport- und Speditionsrecht, Gewerblicher Rechtsschutz, Informationstechnologierecht, Urheber- und Medienrecht, Bank- und Kapitalmarktrecht, Argarrecht sowie Internationales Wirtschaftsrecht.

Quelle: BRAK Fachanwaltsstatistik (Stichtag jeweils 1.1. des betreffenden Jahres)

Tab. 3.2.2: Regionale Verteilung der verliehenen Fachanwaltstitel im Jahr 2015

Kammer	Fachanwaltstitel	davon an Frauen verliehene Fachanwaltstitel	Anteil (in %)	Anteil der Fach- anwaltstitel an allen RAen der jeweiligen Kammer (in %)
Bamberg	1.062	309	29,1	39,2
Berlin	3.241	1.006	31,0	23,5
Brandenburg	791	280	35,3	33,5
Braunschweig	704	188	26,7	41,9
Bremen	696	182	26,1	36,1
Celle	2.322	616	26,5	39,3
Düsseldorf	3.237	851	26,3	26,5
Frankfurt	4.091	1.239	30,3	22,3
Freiburg	1.322	346	26,1	37,7
Hamburg	2.137	595	27,8	21,1
Hamm	5.799	1.478	25,5	42,1
Karlsruhe	1.556	434	27,9	33,6
Kassel	733	194	26,5	41,9
Koblenz	1.429	374	26,2	42,8
Köln	3.408	941	27,6	26,8
Mecklenburg-V.*	650	155	23,8	41,4
München	5.335	1.690	31,7	25,5
Nürnberg	1.752	535	30,5	37,1
Oldenburg	1.391	361	26,0	51,5
Saarbrücken	523	164	31,4	36,2
Sachsen	1.787	597	33,4	37,6
Sachsen-A.*	685	222	32,4	38,0
Schleswig	1.495	385	25,8	38,5
Stuttgart	2.351	659	28,0	32,1
Thüringen	787	225	28,6	38,4
Tübingen	894	220	24,6	43,1
Zweibrücken	653	190	29,1	45,1
BGH	9	--	0,0	19,6
GESAMT	**50.840**	**14.436**	**28,4**	**31,1**

* Abkürzungen: Mecklenburg-Vorpommern (Mecklenburg-V.), Sachsen-Anhalt (Sachsen-A.)

Quelle: BRAK-Fachanwaltsstatistik (Stichtag jeweils 1.1. des betreffenden Jahres)

Tab. 3.2.3: Zahl der Fachanwälte mit mehreren Fachanwaltstiteln im Jahr 2015

Kammer	FA mit 1 Titel	FA mit 2 Titeln	w	Anteil (in %)	FA mit 3 Titeln	w	Anteil (in %)
Bamberg	659	185	42	22,7	11	3	27,3
Berlin	2.408	373	102	27,4	29	7	24,1
Brandenburg	456	145	47	32,4	15	2	13,3
Braunschweig	415	122	27	22,1	15	2	13,3
Bremen	336	116	27	23,3	3	1	33,3
Celle	1.352	434	88	20,3	34	6	17,6
Düsseldorf	2.101	484	98	20,2	56	10	17,9
Frankfurt	2.819	572	139	24,3	42	2	4,8
Freiburg	825	229	42	18,3	13	2	15,4
Hamburg	1.669	219	43	19,6	10	1	10,0
Hamm	3.025	1.247	238	19,1	140	18	12,9
Karlsruhe	1.043	231	50	21,6	17	1	5,9
Kassel	404	141	24	17,0	16	5	31,3
Koblenz	760	279	56	20,1	34	6	17,6
Köln	2.302	491	110	22,4	38	3	7,9
Mecklenburg-V.*	349	134	23	17,2	11	1	9,1
München	3.814	696	186	26,7	43	6	14,0
Nürnberg	1.066	316	81	25,6	18	3	16,6
Oldenburg	713	291	65	22,3	32	3	9,4
Saarbrücken	304	96	23	24,0	9	2	22,2
Sachsen	1.160	285	73	25,6	19	4	21,1
Sachsen-A.*	414	125	36	28,8	7	2	28,6
Schleswig	873	284	53	18,7	18	-	0,0
Stuttgart	1.549	365	81	22,2	24	3	12,5
Thüringen	482	136	43	31,6	11	1	9,1
Tübingen	502	174	35	20,1	15	1	6,7
Zweibrücken	370	123	31	25,2	13	3	23,1
BGH	3	3	-	0,0	-	-	0,0
GESAMT	**32.183**	**8.296**	**1.863**	**22,5**	**693**	**98**	**14,1**

* Abkürzungen: Mecklenburg-Vorpommern (Mecklenburg-V.), Sachsen-Anhalt (Sachsen-A.) ** Gesamtzahl der verliehenen Titel

Quelle: BRAK-Fachanwaltsstatistik (Stichtag 1.1.); eigene Berechnungen

Tab. 3.2.4: Regionale Verteilung der einzelnen Fachanwaltschaften* im Jahr 2015 – Teil 1

Kammerbezirk	SteuerR		VerwR		ArbR		SozR		FamR	
	insg.	w	insg.	w	insg.	W	insg.	w	insg.	w
Bamberg	89	14	19	5	191	50	34	14	258	135
Berlin	276	59	141	32	588	167	157	76	364	248
Brandenburg	53	11	27	5	160	54	46	26	160	100
Braunschweig	59	9	19	3	128	20	17	7	159	95
Bremen	72	8	23	4	133	28	21	8	104	65
Celle	198	19	69	13	467	93	92	41	504	289
Düsseldorf	341	50	66	4	712	188	91	29	552	279
Frankfurt	584	103	104	19	998	306	94	43	643	372
Freiburg	145	21	44	6	211	52	41	13	295	151
Hamburg	245	40	53	7	441	104	48	15	262	165
Hamm	532	79	188	30	1.206	230	271	94	1.186	635
Karlsruhe	172	28	33	4	285	70	36	18	260	167
Kassel	45	12	22	5	139	21	34	14	168	84
Koblenz	142	26	44	7	237	44	50	17	293	141
Köln	365	63	103	18	670	171	103	34	570	314
Mecklenburg-V.**	36	1	33	6	127	34	45	19	112	34
München	690	143	147	22	1.010	328	77	26	904	550
Nürnberg	156	32	42	8	311	90	39	18	361	210
Oldenburg	116	17	49	6	280	45	54	24	302	170
Saarbrücken	45	8	11	2	76	23	19	9	119	67
Sachsen	100	18	73	15	355	128	96	53	285	184
Sachsen-Anhalt	34	5	25	4	140	37	54	29	136	85
Schleswig	97	19	65	6	243	43	65	25	391	199
Stuttgart	167	32	66	14	466	115	66	26	461	256
Thüringen	47	6	23	4	164	35	46	24	151	89
Tübingen	67	10	21	1	156	25	28	12	200	101
Zweibrücken	48	8	14	2	115	28	22	11	167	88

* Abkürzungen: Steuerrecht (SteuerR), Verwaltungsrecht (VerwR), Sozialrecht (SozR), Familienrecht (FamR), Arbeitsrecht (ArbR)

** Abkürzungen: Mecklenburg-Vorpommern (Mecklenburg-V.)

Quelle: BRAK Fachanwaltsstatistik (Stichtag 1.1.2015)

Tab. 3.2.5: Regionale Verteilung der einzelnen Fachanwaltschaften* im Jahr 2015 – Teil 2

Kammerbezirk	StrafR		InsR		VersR		MedR		Miet- u. WER	
	insg.	w	insg.	w	insg.	W	insg.	w	insg.	w
Bamberg	66	9	49	11	33	5	26	7	52	13
Berlin	225	59	57	15	141	32	147	54	358	104
Brandenburg	72	12	19	4	20	3	15	4	41	18
Braunschweig	46	5	21	1	13	1	25	10	52	12
Bremen	53	12	33	4	18	4	20	2	34	11
Celle	130	21	73	11	54	5	74	29	148	33
Düsseldorf	213	48	107	19	76	15	89	29	221	51
Frankfurt	233	69	111	21	83	12	113	53	228	69
Freiburg	63	12	35	11	25	2	35	7	90	17
Hamburg	126	33	93	19	62	14	71	30	128	37
Hamm	366	63	138	24	147	19	166	58	312	63
Karlsruhe	86	23	62	12	32	4	48	14	112	22
Kassel	45	9	35	6	24	3	28	12	36	9
Koblenz	89	16	69	15	39	9	46	21	87	17
Köln	257	64	72	11	132	29	129	44	226	52
Mecklenburg-V.**	51	7	30	5	21	2	20	4	29	3
München	332	60	141	25	87	23	153	61	323	117
Nürnberg	106	14	60	13	70	11	43	14	118	39
Oldenburg	69	12	52	7	47	6	35	8	61	19
Saarbrücken	30	4	28	6	13	-	17	4	27	8
Sachsen	118	27	85	15	33	5	43	11	124	47
Sachsen-Anhalt	58	8	12	2	17	3	12	5	48	14
Schleswig	84	12	45	13	29	2	34	8	120	30
Stuttgart	162	28	87	10	55	6	59	21	156	50
Thüringen	58	10	27	4	16	1	21	7	41	11
Tübingen	41	4	22	4	18	4	17	6	63	19
Zweibrücken	36	5	14	3	16	4	19	8	49	11

* Abkürzungen: Strafrecht (StrafR), Insolvenzrecht (InsR), Versicherungsrecht (VersR), Medizinrecht (MedR), Miet- und Wohnungs- eigentumsrecht (Miet- u. WER)

** Abkürzungen: Mecklenburg-Vorpommern (Mecklenburg-V.)

Quelle: BRAK Fachanwaltsstatistik (Stichtag 1.1.2015)

Tab. 3.2.6: Regionale Verteilung der einzelnen Fachanwaltschaften* im Jahr 2015 – Teil 3

Kammerbezirk	VerkR		Bau- u. ArchR		ErbR		TranspR u. SpedR		gewerblicher Rechtsschutz	
	insg.	w	insg.	w	insg.	w	insg.	w	insg.	w
Bamberg	85	5	52	9	41	12	1	-	5	2
Berlin	177	32	205	38	70	18	6	1	97	13
Brandenburg	84	20	41	7	25	12	5	1	4	1
Braunschweig	61	4	31	5	31	10	-	-	8	-
Bremen	39	7	32	6	20	4	11	3	17	4
Celle	182	17	104	10	74	16	-	-	17	2
Düsseldorf	204	35	159	26	91	17	25	5	88	23
Frankfurt	201	28	187	29	119	28	12	-	89	21
Freiburg	84	9	81	8	66	16	2	-	14	6
Hamburg	86	22	94	12	40	19	42	9	110	28
Hamm	479	67	247	21	202	38	10	1	69	16
Karlsruhe	73	15	96	10	71	24	3	-	32	6
Kassel	59	4	37	-	26	7	2	-	1	-
Koblenz	113	13	74	15	56	15	3	-	19	6
Köln	215	33	154	15	100	29	19	4	94	28
Mecklenburg-V.**	57	8	48	2	17	5	-	-	2	-
München	328	117	300	46	193	56	20	5	218	75
Nürnberg	136	22	111	16	62	22	7	2	22	5
Oldenburg	121	23	68	5	48	3	4	1	15	3
Saarbrücken	49	10	29	8	18	5	3	1	7	2
Sachsen	178	32	138	20	27	10	2	1	18	4
Sachsen-Anhalt	78	14	34	4	16	9	-	-	1	-
Schleswig	115	10	70	1	56	12	2	1	32	1
Stuttgart	157	25	137	19	85	24	4	1	44	8
Thüringen	84	15	52	6	8	5	1	-	7	2
Tübingen	76	10	70	5	36	7	2	-	5	3
Zweibrücken	70	12	26	2	31	6	-	-	3	-

* Abkürzungen: Verkehrsrecht (VerkR), Bau- und Architektenrecht (Bau- u. ArchR), Erbrecht (ErbR), Transport- und Speditionsrecht (TranspR u. SpedR)

** Abkürzungen: Mecklenburg-Vorpommern (Mecklenburg-V.)

Quelle: BRAK Fachanwaltsstatistik (Stichtag 1.1.2015)

Tab. 3.2.7: Regionale Verteilung der einzelnen Fachanwaltschaften* im Jahr 2015 – Teil 4

Kammerbezirk	HGR		IT-R		UrhR		BKR		AgrarR	
	insg.	W	insg.	W	insg.	W	insg.	W	insg.	W
Bamberg	28	5	10	2	1	1	20	4	2	-
Berlin	94	20	43	9	63	14	76	25	5	1
Brandenburg	11	1	1	-	-	-	5	1	2	-
Braunschweig	12	-	5	2	3	2	9	2	5	-
Bremen	34	8	6	-	4	1	21	3	-	-
Celle	66	5	16	3	6	1	24	4	24	4
Düsseldorf	86	12	30	1	11	2	67	18	4	1
Frankfurt	121	29	42	5	25	6	98	26	3	-
Freiburg	50	6	6	-	-	-	29	7	2	-
Hamburg	119	19	37	6	38	9	40	7	1	-
Hamm	148	13	35	5	13	3	66	15	16	4
Karlsruhe	68	7	27	3	4	-	52	6	-	-
Kassel	14	2	4	1	3	1	11	4	-	-
Koblenz	34	4	13	4	5	1	15	3	1	-
Köln	74	10	40	4	22	3	56	12	7	3
Mecklenburg-V.**	11	-	1	-	2	1	2	-	6	-
München	173	31	61	14	55	11	112	30	10	1
Nürnberg	60	11	16	2	4	-	24	6	4	-
Oldenburg	37	6	7	1	3	1	8	1	16	3
Saarbrücken	10	2	6	2	1	1	14	2	1	-
Sachsen	61	12	11	4	7	1	31	9	3	-
Sachsen-Anhalt	10	1	-	-	2	-	2	-	6	2
Schleswig	32	1	9	1	2	-	9	1	12	-
Stuttgart	65	5	31	2	13	3	68	14	1	-
Thüringen	24	4	4	1	3	-	9	1	1	-
Tübingen	31	3	11	1	2	1	25	3	2	-
Zweibrücken	9	-	8	2	-	-	5	-	1	-

* Abkürzungen: Handels- und Gesellschaftsrecht (HGR), IT-Recht (IT-R), Urheber- und Medienrecht (UrhR), Bank- und Kapitalmarktrecht (BKR), Agrarrecht (AgrarR)

** Abkürzungen: Mecklenburg-Vorpommern (Mecklenburg-V.)

Quelle: BRAK Fachanwaltsstatistik (Stichtag 1.1.2015)

Tab. 3.2.8: Regionale Verteilung der einzelnen Fachanwaltschaften* im Jahr 2015 – Teil 5

Kammerbezirk	IntWR		VergR	
	insg.	w	insg.	w
Bamberg	-	-	-	-
Berlin	-	-	-	-
Brandenburg	-	-	-	-
Braunschweig	-	-	-	-
Bremen	1	-	-	-
Celle	-	-	-	-
Düsseldorf	4	-	-	-
Frankfurt	3	-	-	-
Freiburg	4	2	-	-
Hamburg	1	-	-	-
Hamm	2	-	-	-
Karlsruhe	1	1	-	-
Kassel	-	-	-	-
Koblenz	-	-	-	-
Köln	-	-	-	-
Mecklenburg-V.**	-	-	-	-
München	1	-	-	-
Nürnberg	-	-	-	-
Oldenburg	-	-	-	-
Saarbrücken	-	-	-	-
Sachsen	1	1	-	-
Sachsen-Anhalt	-	-	-	-
Schleswig	-	-	-	-
Stuttgart	1	-	-	-
Thüringen	-	-	-	-
Tübingen	1	1	-	-
Zweibrücken	-	-	-	-

* Abkürzungen: Internationales Wirtschaftsrecht (Int WR), Vergaberecht (VergR)

** Abkürzungen: Mecklenburg-Vorpommern (Mecklenburg-V.)

Quelle: BRAK Fachanwaltsstatistik (Stichtag 1.1.2015)

Tab. 3.2.9: Zahl der Fachanwaltstitel / Rechtsanwälte insgesamt von 1960 bis 2015

Jahr	Fachanwaltstitel insgesamt	Rechtsanwälte insgesamt	Anteil an RAen insgesamt (in %)
1960	911	18.347	5,0
1970	1.348	22.882	5,9
1975	1.508	26.854	5,6
1980	1.641	36.077	4,6
1981	1.722	37.314	4,6
1982	1.763	39.036	4,5
1983	1.819	41.489	4,4
1984	1.882	44.626	4,2
1985	1.916	46.933	4,1
1986	1.961	48.658	4,0
1987	2.049	50.247	4,1
1988	2.754	51.952	5,3
1989	3.193	54.108	5,9
1990	3.553	56.638	6,3
1991	3.601	59.455	6,1
1993*	3.835	67.120	5,7
1994	4.307	70.438	6,1
1995	4.690	74.291	6,3
1996	5.033	78.810	6,4
1997	5.580	85.105	6,6
1998	7.567	91.517	8,3
1999	9.426	97.791	9,6
2000	11.080	104.067	10,7
2001	13.016	110.367	11,8
2002	15.042	116.305	12,9
2003	16.933	121.420	14,0
2004	18.424	126.793	14,6
2005	19.879	132.569	15,0
2006	22.841	138.104	16,5
2007	27.953	142.830	19,6
2008	32.747	146.910	22,3
2009	35.919	150.377	23,9
2010	38.745	153.251	25,3
2011	41.569	155.679	26,7
2012	44.340	158.426	28,0
2013	46.823	160.880	29,1
2014	49.069	162.695	30,2
2015	50.840	163.513	31,1

* Zu 1992 sind keine Angaben vorhanden

Quellen: BRAK Fachanwaltsstatistiken (Stichtag jeweils 1.1. des betreffenden Jahres)

Tab. 3.2.10: Entwicklung der einzelnen Fachanwaltschaften von 1960 bis 2015 * – Teil 1 °

Jahr	SteuerR	Veränd. (in %)	VerwR	Veränd. (in %)	ArbR	Veränd. (in %)	SozR	Veränd. (in %)	FamR	Veränd. (in %)
1960	836		75							
1970	1.296	55,0	52	-30,7						
1975	1.464	1,4	44	-15,4						
1976	1.477	0,9	41	-6,8						
1977	1.460	-1,2	38	-7,3						
1978	1.491	2,1	37	-2,6						
1979	1.532	2,7	35	-5,4						
1980	1.609	5,0	32	-8,6						
1981	1.696	5,4	26	-18,7						
1982	1.742	2,7	21	-19,2						
1983	1.798	3,2	21							
1984	1.864	3,7	18	-16,3						
1985	1.899	1,9	17	-15,6						
1986	1.949	2,6	12	-29,4						
1987	2.038	4,6	11	-8,7						
1988	2.115	3,8	168	1.428	381		90			
1989	2.097	-0,9	259	54,2	692	81,6	145	61,1		
1990	2.145	2,3	307	18,5	911	31,6	190	31,0		
1991	2.137	-0,4	316	2,9	952	4,5	196	3,2		
1993**	2.170	1,5	355	12,3	1.060	11,3	250	27,6		
1994	2.260	4,1	413	16,3	1.340	26,4	294	17,6		
1995	2.350	4,0	464	12,3	1.557	16,2	319	8,5		
1996	2.415	2,8	520	12,1	1.749	12,3	349	9,4		
1997	2.507	3,8	579	11,3	2.110	20,6	384	10,0		
1998	2.674	6,7	643	11,1	2.487	17,9	409	6,5	1.160	
1999	2.769	3,6	706	9,8	2.843	14,3	432	5,6	2.238	92,9
2000	2.792	0,8	785	11,2	3.315	16,6	459	6,3	2.997	33,9
2001	2.939	5,3	866	10,3	3.827	15,4	542	18,1	3.789	26,4
2002	3.151	7,2	966	11,5	4.414	15,3	612	12,9	4.502	18,8
2003	3.391	7,6	1.044	8,1	5.000	13,3	673	10,0	5.126	13,9
2004	3.570	5,3	1.111	6,4	5.446	8,9	733	8,9	5.648	10,2
2005	3.688	3,3	1.145	3,1	5.948	9,2	787	7,3	5.943	5,2
2006	3.901	5,8	1.178	2,9	6.457	8,7	845	7,4	6.353	6,9
2007	4.042	3,6	1.244	5,6	7.047	9,1	930	10,1	6.935	9,2
2008	4.313	6,7	1.299	4,4	7.669	8,8	1.065	14,5	7.474	7,8
2009	4.431	2,7	1.329	2,3	8.038	4,8	1.155	8,5	7.749	3,7
2010	4.463	0,7	1.372	3,2	8.368	4,2	1.252	8,4	8.098	4,5
2011	4.615	3,4	1.416	3,2	8.701	4,0	1.346	7,5	8.373	3,4
2012	4.728	2,4	1.456	2,8	9.101	4,6	1.453	7,9	8.716	4,1
2013	4.795	1,4	1.473	1,2	9.425	3,6	1.567	7,9	8.967	2,9
2014	4.864	1,4	1.501	1,9	9.713	3,1	1.658	5,8	9.181	2,4
2015	4.923	1,2	1.524	1,5	10.010	3,1	1.745	5,2	9.367	2,0

* Abkürz.: Steuerrecht (SteuerR), Verwaltungsrecht (VerwR), Sozialrecht (SozR), Familienrecht (FamR), Arbeitsrecht (ArbR)

** Zu 1992 sind keine Angaben vorhanden. Die Veränderungen in Prozent wurden hier zum Jahr 1991 berechnet.

Quelle: BRAK Fachanwaltsstatistiken bis 2013 (Stichtag jeweils 1.1. des betreffenden Jahres)

Tab. 3.2.11: Entwicklung der einzelnen Fachanwaltschaften von 1960 bis 2015 * – Teil 2

Jahr	StrafR	Veränd. (in %)	InsR	Veränd. (in %)	VersR	Veränd. (in %)	MedR	Veränd. (in %)	Miet- u. WER	Veränd. (in %)
1998	194									
1999	438	125,8								
2000	702	60,3	30							
2001	912	29,9	141	370,0						
2002	1.129	23,8	268	90,1						
2003	1.326	17,4	373	39,2						
2004	1.456	9,8	446	19,6	14					
2005	1.585	8,9	561	25,8	222	1485,7				
2006	1.730	9,1	631	12,8	395	77,9	125		276	
2007	1.865	7,8	755	19,7	588	48,9	401	320,8	1.007	265
2008	2.096	12,4	931	23,3	726	23,5	628	56,6	1.540	52,9
2009	2.276	8,59	1.060	13,9	818	12,7	777	23,7	1.887	22,5
2010	2.414	6,1	1.147	8,2	883	8,0	916	17,9	2.181	15,6
2011	2.596	7,5	1.261	9,9	967	9,5	1.052	14,8	2.441	11,9
2012	2.755	6,1	1.367	8,4	1.052	8,8	1.182	12,4	2.726	11,7
2013	2.931	6,4	1.446	5,8	1.122	6,7	1.310	10,8	2.950	8,2
2014	3.087	5,3	1.525	5,5	1.211	7,9	1.412	7,8	3.126	6,0
2015	3.125	1,2	1.580	3,6	1.272	5,0	1.506	6,7	3.284	5,1

* Abkürzungen: Strafrecht (StrafR), Insolvenzrecht (InsR), Versicherungsrecht (VersR), Medizinrecht (MedR), Miet- und Wohnungseigentumsrecht (Miet- u. WER)

Quelle: BRAK Fachanwaltsstatistiken bis 2015 (Stichtag jeweils 1.1. des betreffenden Jahres)

Tab. 3.2.12: Entwicklung der einzelnen Fachanwaltschaften von 1960 bis 2015 * – Teil 3

Jahr	VerkR	Veränd. (in %)	Bau- u. ArchR	Veränd. (in %)	ErbR	Veränd. (in %)	TranspR u. SpedR	Veränd. (in %)
2006	396		360		173		21	
2007	1.156	192,0	1.192	231,1	540	212,1	60	185,7
2008	1.762	52,4	1.610	35,1	793	46,9	98	63,3
2009	2.104	19,4	1.845	14,6	942	18,8	120	22,5
2010	2.420	15,0	2.013	9,1	1.076	14,2	134	11,7
2011	2.744	13,4	2.163	7,5	1.205	12,0	150	11,9
2012	2.981	8,6	2.310	6,8	1.320	9,5	156	4,0
2013	3.210	7,7	2.421	4,8	1.444	9,4	166	6,4
2014	3.410	6,2	2.560	5,7	1.548	7,2	178	7,2
2015	3.591	5,3	2.678	4,6	1.629	5,2	186	4,5

* Abkürzungen: Verkehrsrecht (VerkR), Bau- und Architektenrecht (Bau- u. ArchR), Erbrecht (ErbR), Transport- und Speditionsrecht (TranspR u. SpedR)

Quelle: BRAK Fachanwaltsstatistik bis 2015 (Stichtag jeweils 1.1. des betreffenden Jahres)

Tab. 3.2.13: Entwicklung der einzelnen Fachanwaltschaften von 1960 bis 2015 * – Teil 4

Jahr	GewR	Veränd. (in %)	HGR	Veränd. (in %)	ITR	Veränd. (in %)	UrhR	Veränd. (in %)	AgrarR	Veränd. (in %)
2006										
2007	67		104		9		11			
2008	255	280,6	372	257,7	71	688,9	41	272,7		
2009	411	61,2	539	44,9	135	90,1	85	107,3		
2010	543	32,1	734	36,2	190	40,7	121	42,4	48	--
2011	652	20,1	891	21,4	244	28,4	154	27,3	83	72,9
2012	773	18,6	1.033	15,9	290	18,9	193	25,3	106	27,7
2013	855	10,6	1.211	17,2	354	22,1	226	17,1	118	11,3
2014	959	12,2	1.339	10,6	402	13,6	254	12,4	130	10,1
2015	1.019	6,3	1.483	10,8	490	21,9	292	15,0	135	3,8

* Abkürzungen: Gewerblicher Rechtsschutz (GewR), Handels- und Gesellschaftsrecht (HGR), IT-Recht (ITR), Urheber- und Medienrecht (UrhR), Agrarrecht (AgrarR)

Quelle: BRAK Fachanwaltsstatistik bis 2015 (Stichtag jeweils 1.1. des betreffenden Jahres)

Tab. 3.2.14: Entwicklung der einzelnen Fachanwaltschaften von 1960 bis 2015 * – Teil 5

Jahr	IntWR	Veränd. (in %)
2015	20	--

* Abkürzungen: Internationales Wirtschaftsrecht (IntWR)

Quelle: BRAK Fachanwaltsstatistik bis 2015 (Stichtag jeweils 1.1. des betreffenden Jahres)

Tab. 3.2.15: Anteil der an Rechtsanwältinnen verliehenen Fachanwaltstitel von 2004 bis 2015– Teil 1

Jahr	Fachanwälte			Steuerrecht			Verwaltungsrecht		
	Insg.	w	Anteil (in %)	Insg.	w	Anteil (in %)	Insg.	w	Anteil (in %)
2004	18.424	5.073	27,5	3.570	370	10,4	1.111	139	12,5
2005	19.879	5.437	27,4	3.688	422	11,4	1.145	150	13,1
2006	22.841	6.119	26,8	3.901	478	12,3	1.178	141	12,0
2007	27.953	7.241	25,9	4.042	514	12,7	1.244	159	12,8
2008	32.747	8.437	25,8	4.313	585	13,6	1.299	166	12,8
2009	35.919	9.411	26,2	4.431	634	14,3	1.329	180	13,5
2010	38.745	10.124	26,1	4.463	672	15,1	1.372	192	14,0
2011	41.569	11.152	26,8	4.615	717	15,5	1.416	196	13,8
2012	44.340	12.056	27,2	.4.728	758	16,0	1.456	213	14,6
2013	46.723	12.866	27,5	4.795	793	16,5	1.473	225	15,3
2014	49.069	13.721	28,0	4.864	821	16,9	1.501	237	15,8
2015	50.840	14.436	28,4	4.923	841	17,1	1.524	252	16,5

Quelle: BRAK Mitgliederstatistik und Fachanwaltsstatistik von 2004 bis 2015 (Stichtag jeweils 1.1. des betreffenden Jahres)

Tab. 3.2.16: Anteil der an Rechtsanwältinnen verliehenen Fachanwaltstitel von 2004 bis 2015 – Teil 2

Jahr	Arbeitsrecht			Sozialrecht			Familienrecht		
	Insg.	w	Anteil (in %)	Insg.	w	Anteil (in %)	Insg.	w	Anteil (in %)
2004	5.948	1.164	19,6	733	205	28,0	5.648	2.925	51,8
2005	5.446	1.033	19,0	787	237	30,1	5.943	3.137	52,8
2006	6.457	1.305	20,9	846	264	31,2	6.353	3.593	51,8
2007	7.047	1.475	20,2	930	295	31,7	6.935	3.368	53,0
2008	7.669	1.638	21,4	1.065	356	33,4	7.474	3.934	52,6
2009	8.038	1.784	22,2	1.155	408	35,3	7.749	4.138	53,4
2010	8.368	1.904	22,8	1.252	460	36,7	8.098	4.343	53,6
2011	8.701	2.028	23,3	1.346	514	38,2	8.373	4.543	54,3
2012	9.101	2.168	23,8	1.453	567	39,0	8.716	4.791	55.0
2013	9.425	2.286	24,3	1.567	617	39,4	8.967	4.983	55,6
2014	9.713	2.417	24,9	1.658	670	40,4	9.181	5.139	56,0
2015	10.010	2.529	25,3	1.746	724	41,5	9.367	5.297	56,5

Quelle: BRAK Mitgliederstatistik und Fachanwaltsstatistik von 2004 bis 2015 (Stichtag jeweils 1.1. des betreffenden Jahres)

Tab. 3.2.17: Anteil der an Rechtsanwältinnen verliehenen Fachanwaltstitel von 2004 bis 2015– Teil 3

Jahr	Strafrecht			Insolvenzrecht			Versicherungsrecht		
	Insg.	w	Anteil (in %)	Insg.	w	Anteil (in %)	Insg.	W	Anteil (in %)
2004	1.456	234	16,1	446	36	8,1	14	-	-
2005	1.585	257	16,2	561	56	10,0	222	14	6,3
2006	1.730	286	16,5	631	69	10,9	395	35	8,9
2007	1.865	319	17,1	755	98	13,0	588	66	11,2
2008	2.096	367	17,5	931	129	13,9	726	84	11,6
2009	2.276	409	18,0	1.060	156	14,7	818	105	12,8
2010	2.414	435	18,0	1.147	180	15,7	883	124	14,0
2011	2.596	485	18,7	1.261	207	16,4	967	148	15,3
2012	2.755	521	18,9	1.367	234	17,1	1.052	165	15,7
2013	2.931	566	19,3	1.446	251	17,4	1.122	184	16,4
2014	3.087	616	20,0	1.525	273	17,9	1.211	200	16,5
2015	3.215	646	20,1	1.580	291	18,4	1.272	213	16,8

Quelle: BRAK Mitgliederstatistik und Fachanwaltsstatistik von 2004 bis 2015 (Stichtag jeweils 1.1. des betreffenden Jahres)

Tab. 3.2.18: Anteil der an Rechtsanwältinnen verliehenen Fachanwaltstitel von 2005 bis 2015– Teil 4

Jahr	Medizinrecht			Miet- und Wohnungs-eigentumsrecht			Verkehrsrecht		
	Insg.	w	Anteil (in %)	Insg.	w	Anteil (in %)	Insg.	W	Anteil (in %)
2005									
2006	125	29	23,2	276	57	20,7	396	28	7,1
2007	401	100	24,9	1.007	223	22,1	1.156	118	10,2
2008	628	173	27,5	1.540	361	23,4	1.762	206	11,7
2009	777	237	30,5	1.887	454	24,1	2.104	263	12,5
2010	916	289	31,6	2.181	536	24,6	2.420	307	12,7
2011	1.052	340	32,3	2.441	625	25,6	2.744	360	13,1
2012	1.182	395	33,4	2.726	701	25,7	2.981	404	13,6
2013	1.310	437	33,4	2.950	776	26,3	3.210	458	14,3
2014	1.412	494	35,0	3.126	845	27,0	3.410	512	15,0
2015	1.506	531	35,3	3.284	896	27,3	3.591	564	15,7

Quelle: BRAK Mitgliederstatistik und Fachanwaltsstatistik von 2005 bis 2015 (Stichtag jeweils 1.1. des betreffenden Jahres)

Tab. 3.2.19: Anteil der an Rechtsanwältinnen verliehenen Fachanwaltstitel von 2005 bis 2015 – Teil 5

Jahr	Bau- und Architekturrecht			Erbrecht			Transport- und Speditionsrecht		
	Insg.	w	Anteil (in %)	Insg.	w	Anteil (in %)	Insg.	W	Anteil (in %)
2005									
2006	360	22	6,1	173	36	20,8	21	1	4,8
2007	1.192	120	10,1	540	104	19,3	60	7	11,7
2008	1.610	169	10,5	793	158	19,9	98	14	14,3
2009	1.845	207	11,2	942	199	21,1	120	18	15,0
2010	2.013	230	11,4	1.076	237	22,0	134	24	17,9
2011	2.163	256	11,8	1.205	284	23,6	150	27	18,0
2012	2.310	268	11,6	1.320	321	24,3	156	28	17,9
2013	2.421	289	11,9	1.444	359	24,9	166	31	18,7
2014	2.560	322	12,6	1.548	389	25,1	178	34	19,1
2015	2.678	345	12,9	1.629	429	26,3	186	36	19,4

Quelle: BRAK Mitgliederstatistik und Fachanwaltsstatistik von 2005 bis 2015 (Stichtag jeweils 1.1. des betreffenden Jahres)

Tab. 3.2.20: Anteil der an Rechtsanwältinnen verliehenen Fachanwaltstitel von 2005 bis 2015 – Teil 6

Jahr	Gewerblicher Rechtsschutz			Handels- und Gesellschaftsrecht			Urheber- und Medienrecht		
	Insg.	w	Anteil (in %)	Insg.	w	Anteil (in %)	Insg.	w	Anteil (in %)
2005									
2006									
2007	67	8	11,9	104	6	5,8	9	-	-
2008	255	50	19,6	372	32	8,6	41	10	24,4
2009	411	84	20,4	539	52	9,6	85	16	18,8
2010	543	117	21,6	734	81	11,0	121	27	22,3
2011	652	144	22,1	891	106	11,9	154	32	20,8
2012	773	175	22,6	1.033	126	12,2	193	41	21,2
2013	855	197	23,0	1.211	154	12,7	226	45	19,9
2014	1.150	234	20,3	1.339	198	14,8	254	55	21,7
2015	1.019	259	25,4	1.483	217	14,6	292	63	21,6

Quelle: BRAK Mitgliederstatistik und Fachanwaltsstatistik von 2005 bis 2015 (Stichtag jeweils 1.1. des betreffenden Jahres)

Tab. 3.2.21: Anteil der an Rechtsanwältinnen verliehenen Fachanwaltstitel von 2005 bis 2015 – Teil 7

	Informationstechnologierecht			Bank- und Kapitalmarktrecht			Agrarrecht		
Jahr	Insg.	w	Anteil (in %)	Insg.	w	Anteil (in %)	Insg.	W	Anteil (in %)
2005									
2006									
2007	11	-	-						
2008	71	5	7,0	4	-	-			
2009	135	15	11,1	218	29	13,3			
2010	190	24	12,6	372	66	17,7	48	4	8,3
2011	244	30	12,3	515	104	20,0	83	6	7,2
2012	290	38	13,1	642	133	20,7	106	10	9,4
2013	354	50	14,1	732	153	20,9	118	12	10,2
2014	402	64	14,1	732	153	20,9	118	12	10,2
2015	480	75	15,6	900	204	22,6	135	19	14,1

Quelle: BRAK Mitgliederstatistik und Fachanwaltsstatistik von 2005 bis 2015 (Stichtag jeweils 1.1. des betreffenden Jahres)

Tab. 3.2.22: Anteil der an Rechtsanwältinnen verliehenen Fachanwaltstitel von 2005 bis 2015 – Teil 8

	Internationales Wirtschaftsrecht		
Jahr	Insg.	W	Anteil (in %)
2015	20	5	25,0

Quelle: BRAK Mitgliederstatistik und Fachanwaltsstatistik 2015 (Stichtag 1.1. des Jahres)

3.3 Anwaltsnotare

Tab. 3.3.1: Zahl der Anwaltsnotare von 1960 bis 2015 °

Jahr	Anwaltsnotare	davon Frauen	Veränderung der Gesamtzahl (in %)	Anteil an der Gesamtanwalt-schaft (in %)
1960	4.914			26,8
1965	4.966		1,1	25,1
1970	5.244	106	5,6	22,9
1975	5.994	211	14,3	22,3
1980	6.636	250	4,5	18,4
1985	7.174	317	2,5	15,3
1986	7.345	355	2,4	15,1
1987	7.520	349	2,4	15,0
1988	7.636	378	1,5	14,7
1989	7.710	389	1,0	14,2
1990	7.877	412	2,2	13,9
1991	8.180	448	3,8	13,8
1992	8.657	k.A.	5,8	13,5
1993	8.616	562	-0,5	12,8
1994	8.660	592	0,5	12,3
1995	8.715	612	0,6	11,7
1996	8.801	650	1,0	11,2
1997	9.031	708	2,6	10,6
1998	9.045	728	0,2	9,9
1999	8.925	736	-1,3	9,1
2000	8.838	747	-1,0	8,5
2001	8.897	765	0,7	8,1
2002	8.765	767	-1,5	7,5
2003	8.370	749	-4,5	6,9
2004	7.728	720	-7,7	6,1
2005	7.548	716	-2,3	5,7
2006	7.282	706	-3,5	5,3
2007	7.055	681	-3,1	4,9
2008	6.920	828	-1,9	4,7
2009	6.755	689	-2,4	4,5
2010	6.575	694	-2,7	4,3
2011	6.373	688	-3,3	4,1
2012	6.187	701	-2,7	3,9
2013	6.036	711	-2,4	3,8
2014	5.814	713	-3,7	3,6
2015	5.650	720	-2,8	3,5

Quelle: Bundesrechtsanwaltskammer, Notarstatistik der Bundesnotarkammer (BNotK), Statistisches Jahrbuch, Anwaltsblatt (Stichtag jeweils 1.1. des betreffenden Jahres)

3.4 Doppelbänder

Tab. 3.4.1: Zahl der vereidigten Buchprüfer/ Steuerberater/ Wirtschaftsprüfer (Doppelbänder) von 1991 bis 2015

Jahr	Vereidigte Buchprüfer	Veränd. (in %)	Steuerberater*	Veränd. (in %)	Wirtschaftsprüfer*	Veränd. (in %)
1991	200					
1992	209	4,5				
1993	242	15,8				
1994	287	18,6				
1995	297	3,5				
1996	322	8,4				
1997	331	2,8				
1998	327	1,9				
1999	356	8,9				
2000	378	6,2	894		302	
2001	358	9,5	926	3,6	292	-3,3
2002	451	26,0	1.208	30,5	481	64,7
2003	484	7,3	1.408	16,6	537	11,6
2004	495	2,3	1.495	6,2	538	0,2
2005	498	0,6	1.582	5,8	555	3,2
2006	501	0,6	1.652	4,4	618	11,4
2007	547	9,1	1.808	9,4	680	10,0
2008	537	-1,8	1.987	9,9	712	4,7
2009	521	-3,0	2.012	1,3	690	-3,1
2010	515	-1,2	2.077	3,2	722	4,6
2011	497	-3,5	2.166	4,3	713	-1,2
2012	472	-5,0	2.139	-1,2	678	-4,9
2013	513	8,7	2.134	-0,2	662	-2,4
2014	453	-11,7	2.173	1,8	617	-6,8
2015	434	-4,2	2.204	1,4	620	0,5

* Zahlen nachgewiesen seit 2000

Quelle: BRAK-Mitgliederstatistiken (Stichtag jeweils 1.1. des betreffenden Jahres)

4

Organisationsformen der Berufsausübung der Anwaltschaft

- Unternehmen
- Sozietäten
- Partnerschaftsgesellschaften
- Rechtsanwaltsgesellschaften

4 Organisationsformen der Berufsausübung der Anwaltschaft

4.1 Unternehmen in der Rechtsberatung, Steuerberatung, Wirtschafts- und Buchführung

Die „Strukturerhebung im Dienstleistungsbereich" des Statistischen Bundesamtes erhebt seit dem Berichtsjahr 2000 Daten aus verschiedenen Wirtschaftszweigen des Dienstleistungsbereichs. Ziel ist die Darstellung der Entwicklung verschiedener Unternehmen und Einrichtungen zur Ausübung einer freiberuflichen Tätigkeit, deren wirtschaftlicher Schwerpunkt nach Wirtschaftszweigklassifikation (WZ) als „Erbringung von Dienstleistungen überwiegend für Unternehmen" bezeichnet wird. Die Darstellung beginnt mit dem Berichtsjahr 2002, da zu diesem Zeitpunkt der Wirtschaftszweig Rechtsberatung erstmals als unabhängige Kategorie ausgewiesen wurde. Die Ergebnisse des Statistischen Bundesamtes folgen allerdings nicht aus einer Totalerhebung, sondern aus einer geschichteten Zufallsstichprobe auskunftspflichtiger Erhebungseinheiten aus der Gesamtheit aller am Markt tätigen Unternehmen. Ihre Angaben wurden auf die vorliegenden Totalwerte hochgerechnet. Das hier aufgeführte Datenmaterial ermöglicht zum einen die Nachverfolgung der Entwicklung der im Dienstleistungsbereich Rechtsberatung tätigen Unternehmen seit 2002, zum anderen eine nach Rechtsformen und Umsatzhöhe differenzierte Darstellung.

Die Ergebnisse verdeutlichen, dass der Wirtschaftszweig Rechtsberatung, zu dem vom Statistischen Bundesamt Rechtsanwaltskanzleien mit Notariat, Rechtsanwaltskanzleien ohne Notariat, Notariate, Patentanwaltskanzleien und sonstige Rechtsberatungseinrichtungen gerechnet, aber nicht einzeln ausgewiesen werden, nicht nur von einem stetigen Anwachsen der Gesamtzahl der Unternehmen gekennzeichnet ist, sondern auch eindeutig strukturiert ist (s. **Tab. 4.1.1 und Tab. 4.1.2**). Dominiert wird dieser Wirtschaftszweig von Einzelunternehmen: Im Jahr 2012 hatten mehr als drei Viertel aller Unternehmen diese Organisationsform. Die zweithäufigste Organisationsform ist die der Personengesellschaft (rund ein Fünftel der Unternehmen), während eine geringe Zahl der Unternehmen als Kapitalgesellschaft oder sonstige Rechtsform organisiert ist. Ihr Anteil an allen Unternehmen in der Rechtsberatung wurde für das Jahr 2013 auf 4,7% berechnet und verzeichnet damit ein leichtes Wachstum.

Im Jahr 2013 waren insgesamt 256.285 Personen in den in der Rechtsberatung tätigen Unternehmen beschäftigt (s. **Tab. 4.1.3**). Knapp zwei Drittel (64%) von ihnen arbeiteten in Unternehmen mit einem Mindestjahresumsatz von 250.000 €, was die Tatsache widerspiegelt, dass Unternehmen mit mehr Mitarbeitern auch höhere Umsätze erzielen können. Als tätige Personen gelten dabei tätige Inhaber, Mitinhaber und unbezahlt mithelfende Familienangehörige sowie alle voll- und teilzeitbeschäftigten Angestellten, Arbeiter, Auszubildende, Studenten, Praktikanten und Volontäre. Zu den tätigen Personen zählen neben geringfügig Beschäftigten auch vorübergehend abwesende Personen (z.B. Erkrankte, Urlauber, Frauen im Mutterschutz etc.) sowie Personen in Altersteilzeit, im Außendienst tätige Personen etc. Nicht erfasst werden Leiharbeitnehmer, freie Mitarbeiter sowie Personen, die ein Jahr oder länger in Elternzeit sind. Die Zahl der nicht-anwaltlichen Berufsträger, die in den am Rechtsberatungsmarkt tätigen Unternehmen arbeiten, wird vom Statistischen Bundesamt nicht gesondert ausgewiesen.

4.2 Sozietäten

Bis Mitte der 1990er Jahre war es Rechtsanwälten, die ihren Beruf gemeinsam mit Angehörigen sozietätsfähiger Berufe ausüben wollten, nur möglich, sich in einer Gesellschaft bürgerlichen Rechts, allgemein als Sozietät bezeichnet, zusammenzuschließen. Gesicherte empirische Erkenntnisse zu dieser Rechtsform der Berufsausübung liegen bereits deshalb nicht vor, weil die Gesellschaft bürgerlichen Rechts weder handelsrechtlich noch berufsrechtlich einer Registerpflicht unterliegt. Statistisches Material zur Zahl und Größe von Sozietäten wurde nur gelegentlich publiziert, so in den Jahren 1968 (AnwBl. 1968, 109), 1973 (AnwBl. 1973, 68), 1981 (BRAK-Mitt. 1981, 3) und 1993 (BRAK-Mitt.1993, 185). Es beruhte zumeist auf der Auszählung von Anwaltsverzeichnissen. Aktuelles Zahlenmaterial existiert vor diesem Hintergrund nur für Großkanzleien mit mehr als 50 Rechtsanwälten. **Tab. 4.2.1** und **Tab. 4.2.2** geben die vom Branchenanalysten JUVE ermittelte Zahl der in den größten Wirtschaftskanzleien Deutschlands tätigen Rechtsanwälte wieder und führen die nach Beschäftigten zehn größten Wirtschaftskanzleien der letzten zehn Jahre auf. Hier wird deutlich, dass sich die Zahl der in Großkanzleien tätigen Wirtschaftsanwälte seit Beginn des Jahrtausends zwar deutlich vergrößert hat, aber längst nicht mehr so dynamisch wächst wie Ende der 1990er Jahre.

4.3 Partnerschaftsgesellschaften

Seit 1995 ist es Angehörigen freier Berufe möglich, sich anstatt in einer Gesellschaft bürgerlichen Rechts in einer Partnerschaftsgesellschaft (PartG) zu organisieren. Die Intention des Gesetzgebers war es, den Freiberuflern „eine besondere, auf ihre Bedürfnisse zugeschnittene Organisationsform zur Verfügung [zu stellen...], die einerseits dem hergebrachten Berufsbild des freien Berufs entspricht und andererseits eine moderne und flexible Organisationsform bietet." (BT-Drs. 12/6152, S. 7.) Nach der Einführung der ausschließlichen Haftung des handelnden Berufsträgers neben der Gesellschaft im Jahr 1998 (Neufassung des § 8 PartGG) hat, dies belegt **Tab. 4.3.1**, die Beliebtheit der PartG zugenommen. Am 1. Januar 2015 waren laut Mitgliederstatistik der Bundesrechtsanwaltskammer 3.716 Partnerschaftsgesellschaften unter Beteiligung von Rechtsanwälten im Partnerschaftsregister eingetragen. Die Partnerschaftsgesellschaft mit beschränkter Berufshaftung (PartG mbB) als besondere Spielart der PartG wurde erst im Laufe des Jahres 2013 verfügbar. Sie wird bislang in den offiziellen Statistiken der BRAK nicht gesondert ausgewiesen, sodass Rückschlüsse auf ihre Beliebtheit nicht möglich sind.

4.4 Rechtsanwaltsgesellschaften

Die GmbH können Rechtsanwälte seit 1994 zur Berufsausübung nutzen, seit 1999 in Form der einem berufsrechtlichen Zulassungsverfahren (§§ 59c ff. BRAO) unterworfenen Rechtsanwaltsgesellschaft mbH. Terminologisch wird die von der Rechtsprechung entwickelte, berufsrechtlich nicht als Berufsrechtssubjekt anerkannte Gesellschaft als „Anwalts-GmbH" bezeichnet, während die Gesellschaft, die ein Zulassungsverfahren bei der Rechtsanwaltskammer durchlaufen hat, als Rechtsanwaltsgesellschaft mbH bekannt ist. Ein Wahlrecht besteht nicht, seit Inkrafttreten der §§ 59c ff. BRAO muss sich eine der anwaltlichen Berufsausübung dienende GmbH dem Zulassungsverfahren unterziehen. An dessen Ende stehen die Zulassung der Gesellschaft und die hierdurch bewirkte Mitgliedschaft der Gesellschaft in der Rechtsanwaltskammer als juristische Person. Wie **Tab. 4.3.1** und **Tab. 4.4.1** zeigen, wird die GmbH bislang deutlich seltener als die PartG als Organisationsform gewählt. Am 1. Januar 2015 lag ihre Zahl bei 694.

Erst seit 2005 ist höchstrichterlich geklärt, dass auch die Aktiengesellschaft eine zulässige Organisationsform ist. Sie wird aufgrund des höheren Gründungsaufwands und des strengeren Binnenrechts nur sehr vereinzelt als Rechtsform gewählt. Gesetzliche Regeln, nach denen sie sich einem Zulassungsverfahren unterziehen könnte, existieren bislang nicht. Ihre Zahl belief sich Anfang 2015 auf 26.

4.1   Unternehmen in der Rechtsberatung, Steuerberatung, Wirtschafts- und Buchführung

Tab. 4.1.1: Zahl der in der Rechtsberatung tätigen Unternehmen nach Rechtsform von 2007 bis 2013

	2008	2009	2010	2011	2012	2013
Einzelunternehmen	35.244	36.713	36.963	39.304	39.132	39.471
Personengesellschaften	10.449	10.622	10.498	10.066	10.643	10.474
Kapitalgesellschaften	571	508	523	522	560	745
sonstige Rechtsformen	316	484	679	791	1.741	2.472
gesamt	**46.580**	**48.327**	**48.663**	**50.683**	**52.075**	**53.162**

Quelle: Statistisches Bundesamt, Strukturerhebungen im Dienstleistungsbereich, Unternehmen oder Einrichtungen mit einem Gesamtumsatz von 17.500 € und mehr, Fachserie 9, Reihe 4.4 (Stichtag jeweils 30.9. des betreffenden Jahres)

Tab. 4.1.2: Im Dienstleistungsbereich „Rechtsberatung" tätige Personen nach Umsatzstärke der Unternehmen von 2002 bis 2013

Jahr	in Unternehmen mit Jahresumsatz von mind. 17.500 € €	in Unternehmen mit Jahresumsatz von mind. 250.000 €	insgesamt
2002	80.548	158.506	239.054
2003	78.253	135.256	213.509
2004	81.355	141.411	222.766
2005	82.454	143.993	226.447
2006	87.529	150.434	237.963
2007	87.869	153.431	241.300
2008	87.035	153.699	240.734
2009	89.785	155.532	245.317
2010	91.046	152.163	243.209
2011	91.379	155.292	246.671
2012	91.946	159.630	251.576
2013	92.049	164.236	256.285

Quelle: Statistisches Bundesamt, Strukturerhebungen im Dienstleistungsbereich, Unternehmen oder Einrichtungen mit einem Gesamtumsatz von 17.500 € und mehr, Fachserie 9, Reihe 4.4 (Stichtag jeweils 30.9. des betreffenden Jahres)

4.2 Sozietäten

Tab. 4.2.1: **Zahl der zugelassenen Rechtsanwälte in den 30 größten Kanzleien Deutschlands von 1998 bis 2015**

Jahr	Anwälte	Veränd. (in %)	Anteil an der Gesamt- anwaltschaft (in %)	Berufsträger (insg.)	Veränd. (in %)	*Partner	Veränd. (in %)
1998	3.257		3,6	3.507		1.387	
1999	3.517	8,0	3,6	k.A.		1.463	5,5
2000	4.208	19,6	4,0	4.416	25,9	1.622	10,9
2001	4.716	12,1	4,3	5.131	16,2	1.732	6,8
2002	5.170	9,6	4,4	5.676	10,6	1.867	7,8
2003	5.214	0,9	4,2	5.668	-0,2	1.977	5,9
2004	5.178	-0,7	4,1	5.703	0,6	2.028	2,6
2005	5.176	0,0	3,9	5.752	0,9	1.949	-3,9
2006	5.447	5,2	3,9	6.000	4,3	2.039	4,6
2007	5.756	5,7	4,0	6.237	3,9	2.122	4,1
2008	6.155	6,9	4,2	6.682	7,1	2.200	3,7
2009	6.295	2,3	4,2	6.885	3,0	2.389	8,6
2010	6.245	-0,8	4,1	8.745	27,0	2.309	-3,3
2011	6.346	1,6	4,1	6.955	-20,5	2.765	19,8
2012	6.703	5,6	4,2	7.394	6,3	2.417	-12,6
2013	7.051	5,2	4,4	7.743	4,7	2.520	4,3
2014	7.245	2,8	4,4	7.922	2,3	2.592	2,9
2015	7.323	1,1	4,5	8.040	1,5	2.539	-2,1

* ohne Unterscheidung Equity-/Salary-Partner   Quelle: JUVE Handbuch Wirtschaftskanzleien 1998-2015 / eigene Berechnungen

Tab. 4.2.2: Die zehn größten Kanzleien Deutschlands 2005, 2010, 2015
- nach Zahl der anwaltlichen Berufsträger °

	2005	RAe	2010	RAe	2015	RAe
1.	Freshfields Bruckhaus Deringer	551	CMS Hasche Sigle	509	CMS Hasche Sigle	655
2.	CMS Hasche Sigle	417	Freshfields Bruckhaus Deringer	499	Freshfields Bruckhaus Deringer	526
3.	Clifford Chance	323	Clifford Chance	363	Noerr	340
4.	Linklaters Oppenhoff & Rädler	302	Taylor Wessing	335	Taylor Wessing	332
5.	Lovells	237	Hogan Lovells	321	Hogan Lovells	330
6.	Luther	233	Gleiss Lutz	282	Luther	311
7.	Taylor Wessing	231	Linklaters	280	Clifford Chance	307
8.	Beiten Burkhardt	230	Noerr	279	Gleiss Lutz	307
9.	White & Case	209	White & Case	264	Heuking Kühn Lüer Wojtek	305
10.	Nörr Stiefenhofer Lutz	191	Luther	257	Linklaters	278

Quelle: JUVE Handbuch Wirtschaftskanzleien 2005/06, 2010/11,,2015/16

4.3 Partnerschaftsgesellschaften

Tab. 4.3.1: Zahl der Partnerschaftsgesellschaften von 1996 bis 2015

Jahr	PartG	Veränderung (in %)
1996	12	
1997	78	650,0
1998	288	269,2
1999	392	36,1
2000	568	44,9
2001	661	16,4
2002	746	12,9
2003	900	20,6
2004	1.061	17,9
2005	1.286	21,2
2006	1.545	20,1
2007	1.725	11,7
2008	2.061	19,5
2009	2.378	15,4
2010	2.703	13,7
2011	2.789	3,2
2012	3.029	8,6
2013	3.224	6,4
2014	3.364	4,3
2015	3.716	10,5

Quelle: BRAK Mitgliederstatistik (Stichtag jeweils 1.1. des betreffenden Jahres)

4.4 Rechtsanwaltsgesellschaften

Tab. 4.4.1: Zahl der Rechtsanwaltsgesellschaften von 1996 bis 2015

Jahr	Gesellschaft mbH	Veränderung (in %)	Aktiengesellschaft	Veränderung (in %)
1996	7	-	-	-
1997	11	57,1	-	-
1998	49	345,4	-	-
1999	78	59,1	-	-
2000	34	-43,6	-	-
2001	75	120,6	-	-
2002	122	62,7	-	-
2003	159	30,3	-	-
2004	168	5,7	-	-
2005	179	6,5	-	-
2006	217	21,2	-	-
2007	260	19,8	5	-
2008	297	14,2	8	60,0
2009	324	9,1	16	100,0
2010	401	23,8	20	25,0
2011	463	15,5	22	10,0
2012	535	15,5	23	4,5
2013	586	9,5	25	8,7
2014	654	11,6	26	4
2015	694	6,1	26	0,0

Quelle: BRAK Mitgliederstatistik (Stichtag jeweils 1.1. des betreffenden Jahres)

5

Wirtschaftliche Situation der deutschen Rechtsanwälte

- Jahresumsätze
- Investitionen und Aufwendungen
- Einstiegsgehälter

5 Wirtschaftliche Situation der deutschen Rechtsanwälte

5.1 Jahresumsätze steuerpflichtiger Rechtsanwaltskanzleien und Rechtsanwälte

Die Anzahl steuerpflichtiger Unternehmen mit jährlichen Umsätzen über 16.617 € bzw. seit 2004 mit jährlichen Umsätzen über 17.500 € in der Rechtsberatung ist in den Jahren von 1997 bis 2011 kontinuierlich gestiegen. Diese Entwicklung geht aus der seit dem Jahr 1996 vom Statistischen Bundesamt jährlich erhobenen Umsatzsteuerstatistik hervor, scheint sich aber angesichts der in den beiden darauffolgenden Jahren wieder sinkenden Zahlen nicht fortzusetzen. In der Umsatzsteuerstatistik werden die Anzahl der registrierten umsatzsteuerpflichtigen Unternehmen sowie deren jährliche Umsatzsteuervorauszahlungen differenziert nach Wirtschaftszweigen dargelegt. **Tab. 5.1.1** zeigt die Anzahl steuerpflichtiger Rechtsanwaltskanzleien mit und ohne Notariat sowie die Anzahl sonstiger steuerpflichtiger Rechtsberatungen von 1997 bis 2013 auf. So waren im Jahr 2013 46.682 Rechtsanwaltskanzleien ohne Notariat als steuerpflichtige Unternehmen registriert; das entspricht einem Wachstum von 0,6% gegenüber dem Vorjahr und einem Wachstum um 23,2% im Vergleich zum Jahr 2003 (37.896 Rechtsanwaltskanzleien ohne Notariat). Aus **Tab. 5.1.2** geht die Entwicklung des Umsatzes (ohne Umsatzsteuer) von steuerpflichtigen Unternehmen in der Rechtsberatung von 1997 bis 2013 hervor. Dabei stellt die Kategorie der steuerpflichtigen Rechtsanwaltskanzleien ohne Notariat über die Jahre hinweg im Vergleich zu den steuerpflichtigen Rechtsanwaltskanzleien mit Notariat sowie den sonstigen Rechtsberatungen das umsatzstärkste Rechtsberatungssegment dar. Dies ist allerdings darauf zurückzuführen, dass die Anzahl der steuerpflichtigen Rechtsanwaltskanzleien ohne Notariat mit 46.682 Kanzleien (im Jahr 2013) deutlich über der Anzahl steuerpflichtiger Rechtsanwaltskanzleien mit Notariat (2013: 6.938 Kanzleien) und sonstiger Rechtsberatungsunternehmen (2013: 5.125) liegt. Von 2003 bis 2013 ist der Umsatz von steuerpflichtigen Rechtsanwaltskanzleien ohne Notariat von 9,0 Mrd. € um etwa 41% auf 12,7 Mrd. € gestiegen.

Wird der im Bereich der Rechtsanwaltskanzleien mit und ohne Notariat erzielte Gesamtumsatz durch die Anzahl der anwaltlichen Berufsträger dividiert, so ergibt sich der durchschnittliche Umsatz pro Rechtsanwalt in €. Aus **Tab. 5.1.3** geht hervor, dass der ermittelte Umsatz pro Rechtsanwalt innerhalb der Jahre 1994 bis 2004 kontinuierlich rückläufig war. Zwischen 2005 und 2008 waren wieder steigende Umsätze zu verzeichnen, bevor es 2009 zu einem relativ starken Rückgang kam. Die Umsätze pro Rechtsanwalt sind allerdings nur unter Vorbehalt zu interpretieren: In die hier vorgenommene Berechnung durchschnittlicher Umsätze pro Rechtsanwalt gehen <u>keine</u> Leistungen aus Kanzleien mit ein, deren Umsätze unterhalb der Schwelle von 16.617 € bzw. seit 2004 unterhalb der Schwelle von 17.500 € liegen (hierbei ist vor allem an neu gegründete Kanzleien zu denken oder auch an Syndikusanwälte). Dies ist darauf zurückzuführen, dass mit der Umsatzsteuerstatistik nur die Umsätze von Unternehmen erfasst werden, deren jährliche Umsätze über der genannten Schwelle liegen und die somit steuerpflichtig sind. Im Ergebnis führt die Nichtberücksichtigung der Umsätze von umsatzschwächeren Kanzleien zu einer systematischen Verzerrung in Richtung eines „zu niedrigen" durchschnittlichen Umsatzes pro Rechtsanwalt.

Der Indikator „durchschnittlicher Umsatz pro Rechtsanwalt" wird zudem in Richtung einer zu niedrigen

Maßzahl verzerrt, weil Rechtsanwälte in die Berechnung einbezogen werden, die aus anwaltlicher Tätigkeit überhaupt keine Umsätze verzeichnen, wie z.B. ein Teil der Syndikusanwälte. Diese arbeiten in Unternehmen oder Verbänden als angestellte Volljuristen mit Anwaltszulassung, erwirtschaften aber keine Umsätze aus anwaltlicher Tätigkeit.

Darüber hinaus gibt die Angabe durchschnittlicher Umsätze pro Rechtsanwalt keine Aufschlüsse über strukturelle Veränderungen in der Anwaltschaft, wie z.B. ein Anstieg an Teilzeittätigkeiten von Anwältinnen und Anwälten, einen höheren Grad an Spezialisierungen, eine Zunahme an angestellten Anwälten etc. Derartige strukturelle Veränderungen beeinflussen die Maßzahl des durchschnittlichen Umsatzes pro Rechtsanwalt. So führt beispielsweise eine vermehrte Anzahl an teilzeitbeschäftigten Anwältinnen und Anwälten zu einer niedrigeren Maßzahl, während eine höhere Effektivität und Effizienz von Spezialisten den durchschnittlichen Umsatz pro Rechtsanwalt positiv verändert.

Schließlich kann die Umsatzsteuerstatistik definitionsgemäß keine Rückschlüsse über die Ertragslage der Kanzleien geben. Würde man allerdings relativ konstante Relationen zwischen Umsätzen und Erträgen bei Kanzleien unterstellen, so würde sich mit steigenden Umsätzen auch die Ertragslage verbessern. Entsprechend würde sich die Ertragslage pro Kanzlei bei steigender Anzahl von Rechtsanwaltskanzleien, aber gleich bleibendem Gesamtumsatz, verschlechtern.

5.2 Investitionen und Aufwendungen in der Rechtsberatung

In der „Strukturerhebung im Dienstleistungsbereich" werden u.a. die getätigten Investitionen umsatzsteuerpflichtiger Rechtsberatungen erfasst. Die Umsatzsteuerpflicht beginnt seit dem Jahr 2004 bei einem Jahresumsatz von mehr als 17.500 €; zuvor waren es 16.617 €. Zu den Investitionen zählen die Werte erworbener Sachanlagen und immaterieller Vermögensgegenstände sowie der Wert selbst erstellter Sachanlagen.

Aus **Tab. 5.2.1** geht hervor, dass in den Jahren 2002 bis 2013 kontinuierlich mehr als zwei Drittel der Gesamtinvestitionen in der Rechtsberatung auf die Unternehmen mit einem Jahresumsatz von mindestens 250.000 € entfallen. Allerdings sind die Investitionen dieser Unternehmen seit 2002 relativ stetig zurückgegangen, wenngleich für 2008 ein Anstieg in der Investitionstätigkeit zu verzeichnen war. Insgesamt wurden 2013 in der Rechtsberatung Investitionen in Höhe von rund 297 Mio. € getätigt.

In **Tab. 5.2.2** ist der Personal- und Sachaufwand aus dem Dienstleistungsbereich „Rechtsberatung" in Mrd. € in den Jahren von 2002 bis 2013 dargestellt. Waren die Ausgaben im Jahr 2003 im Vergleich zum Vorjahr sowohl für den Personal- als auch für den Sachaufwand rückläufig, so sind diese jeweils in den folgenden Jahren wieder angestiegen. Insgesamt hat sich das Volumen an Aufwendungen in der Rechtsberatung von 7,7 Mrd. € im Jahr 2004 auf 10,1 Mrd. € im Jahr 2013 erhöht; das entspricht einem Wachstum von 31,2%. Auch der Anteil des Personalaufwands an den gesamten Aufwendungen ist nach einem deutlichen Rückgang seit 2007 wieder über das Niveau von 2002 gestiegen. Er liegt damit mittlerweile sogar über dem Anteil des Sachaufwands.

5.3 Gehälter

Im Rahmen vom Soldan Institut durchgeführter Studien zur Berufssituation junger Rechtsanwältinnen und Rechtsanwälte wurden 2005 und 2012 u.a. die Einstiegsgehälter junger Juristen untersucht. In den Tabellen zu den Einstiegsgehältern werden Höhe und Determinanten der Jahresbruttoeinkünfte von angestellten Anwälten aufgezeigt. Aus Gründen der Vergleichbarkeit gehen in die Analyse nur Angaben der vollzeittätigen Anwälte ein. Vollzeittätige Junganwältinnen und Junganwälte im Angestelltenverhältnis erhalten im Durchschnitt ein jährliches Bruttoeinkommen in Höhe von 43.000 € (enthält sowohl das Basis-Jahresbruttogehalt bzw. -honorar als auch zusätzliche betriebliche Leistungen wie Erfolgsbeteiligung / Provision, 13. / 14. Gehalt, Urlaubsgeld, Fahrkostenzuschüsse / Geschäftswagen, betriebliche Altersvorsorge und vermögenswirksame Leistungen). Erhebliche Einkommensunterschiede bei Junganwälten werden in **Tab. 5.3.1** offen gelegt, in der das durchschnittliche Einkommen junger Anwälte differenziert nach der Kanzleiform dargestellt wird. So erzielen angestellte Anwälte in Sozietäten bei Vollzeittätigkeit mit 45.200 € die höchsten jährlichen Bruttoeinkünfte. Das Einkommen ihrer Kollegen in Einzelkanzleien beläuft sich demgegenüber durchschnittlich auf 28.300 €. **Tab. 5.3.2** weist die Einkommensunterschiede zwischen angestellten Rechtsanwälten und Rechtsanwältinnen nach. Der in allen Berufen festzustellende „gender pay gap" manifestiert sich auch bei Rechtsanwältinnen: 34% der Rechtsanwältinnen verdienen unter 30.000 €, hingegen nur 21% der Rechtsanwälte. 46% der Rechtsanwälte verdienen 40.000 € oder mehr, hingegen nur 35% der Rechtsanwältinnen. **Tab. 5.3.3** zeigt die Gehaltsentwicklung angestellter Rechtsanwältinnen und Rechtsanwälte in Abhängigkeit von der Dauer der Berufszugehörigkeit. Das Gehalt steigt nach dem Berufseinstig bis zum siebten Berufsjahr kontinuierlich und sinkt danach wieder. Dies ist Ausdruck der Tatsache, dass viele beruflich erfolgreiche Rechtsanwälte spätestens zu diesem Zeitpunkt vom Angestelltenverhältnis in das Unternehmertum wechseln und (Mit-)Eigentümer einer Kanzlei werden.

5.4 Insolvenzen

Tab. 5.4.1 dokumentiert die Zahl der Insolvenzverfahren, von denen Rechtsanwaltskanzleien mit und ohne Notariat seit 2001 betroffen waren. Es zeigt sich bei einer Langzeitbetrachtung eine Zunahme der Insolvenzen bis zum Jahr 2006. Seitdem schwankt die Zahl jährlich eröffneten Insolvenzverfahren zwischen 47 und 69 auf einem niedrigen Niveau.

5.1 Jahresumsätze steuerpflichtiger Rechtsanwaltskanzleien und Rechtsanwälte

Tab. 5.1.1: Steuerpflichtige Unternehmen mit jährlichen Umsätzen über 16.617 € in der Rechtsberatung von 1998 bis 2013 (ab 2004 über 17.500 €)

Jahr	RA-Kanzleien mit Notariat	Veränd. (in %)	RA-Kanzleien ohne Notariat	Veränd. (in %)	sonstige Rechtsberatung	Veränd. (in %)
1997	5.357	3,3	32.617	4,5	2.684	18,5
1998	5.502	2,7	34.319	5,2	3.061	14,0
1999	5.529	0,5	34.706	1,1	3.123	2,0
2000	5.556	0,5	35.553	2,4	3.296	5,5
2001	5.574	0,3	36.417	2,4	3.374	2,4
2002	5.766	3,4	37.210	2,2	3.590	6,4
2003	5.897	2,3	37.896	1,8	3.601	0,3
2004	6.245	5,9	39.054	3,1	4.000	11,1
2005	6.579	5,3	40.727	4,3	4.382	9,6
2006	6.871	4,4	41.877	2,8	4.730	7,9
2007	7.053	2,6	42.590	1,7	4.965	5,0
2008	7.190	1,9	43.142	1,3	5.137	3,5
2009	6.955	-3,3	44.589	3,3	5.226	1,7
2010	6.976	0,3	45.373	1,8	5.227	0,0
2011	7.043	1,0	45.974	1,3	5.372	2,8
2012	6.956	-1,2	46.418	1,0	5.350	-0,4
2013	6.938	-0,3	46.682	0,6	5.125	-4,2

Quelle: Umsatzsteuerstatistik des Statistischen Bundesamtes, Fachserie 14 Reihe 8.1; eigene Berechnungen

Tab. 5.1.2: Umsatz (ohne Umsatzsteuer) in Tausend € von steuerpflichtigen Unternehmen in der Rechtsberatung von 1997 bis 2013

Jahr	RA-Kanzleien mit Notariat	Veränd. (in %)	RA-Kanzleien ohne Notariat	Veränd. (in %)	sonstige Rechtsberatung	Veränd. (in %)
1997	2.002.123	0,9	7.372.824	2,9	463.158	6,4
1998	2.045.617	2,2	7.774.570	5,4	514.261	11,0
1999	2.116.012	3,4	7.932.928	2,0	538.757	4,8
2000	2.264.388	7,0	8.080.247	1,9	616.011	14,3
2001	2.345.373	3,6	8.578.481	6,2	722.876	17,3
2002	2.410.008	2,8	8.870.273	3,4	685.587	-5,2
2003	2.487.277	3,2	9.036.221	1,9	708.582	3,4
2004	2.471.415	-0,6	9.396.779	4,0	746.044	5,3
2005	2.606.786	5,5	10.182.913	8,4	794.695	6,5
2006	2.741.223	5,2	10.629.007	4,4	899.094	13,1
2007	3.023.682	10,3	11.022.289	3,7	997.597	11,0
2008	3.339.838	10,5	11.381.442	3,3	1.003.261	0,6
2009	2.883.062	-13,7	11.537.432	1,4	1.054.699	5,1
2010	2.915.783	1,1	11.754.349	1,9	1.107.668	5,0
2011	2.999.398	2,8	12.101.789	3,0	1.099.821	-0,8
2012	3.063.436	2,1	12.394.392	2,4	1.148.271	4,4
2013	3.124.973	2,0	12.708.436	2,5	1.153.117	0,4

Quelle: Umsatzsteuerstatistik des Statistischen Bundesamtes, eigene Berechnungen

Tab. 5.1.3: Durchschnittlicher Umsatz pro Rechtsanwalt von 1994 bis 2013

Jahr	Umsatz pro Rechtsanwalt in €	Veränderung (in %)	Index (Basisjahr: 1994)
1994	116.311		100
1996	116.121	-0,2	99,8
1997	110.157	-5,1	94,7
1998	107.305	-2,6	92,3
1999	102.759	-4,3	88,3
2000	99.404	-3,3	85,5
2001	98.978	-0,4	85,1
2002	96.990	-2,0	83,4
2003	94.906	-2,1	81,6
2004	93.603	-1,4	80,5
2005	96.476	3,1	82,9
2006	96.813	0,4	83,2
2007	98.340	1,6	84,5
2008	100.207	1,9	86,2
2009	95.896	-4,3	82,4
2010	94.233	-1,7	81,0
2011	95.320	1,2	82,0
2012	100.163	1,1	86,1
2013	97.320	-2,8	83,7

Quelle: Umsatzsteuerstatistik des Statistischen Bundesamtes, BRAK-Mitgliederstatistik, eigene Berechnungen

5.2 Investitionen und Aufwendungen in der Rechtsberatung

Tab. 5.2.1: Investitionen in der Rechtsberatung in Tausend € von 2002 bis 2013

Jahr	in Unternehmen mit einem Jahresumsatz von 17.501 € - bis 250.000 €	in Unternehmen mit einem Jahresumsatz von mindestens 250.000 €	Gesamt	Veränd (in %)
2002	102.729	279.947	382.676	
2003	97.302	227.710	325.012	-15,1
2004	89.063	225.326	314.389	-3,3
2005	97.083	221.447	318.530	1,3
2006	82.899	227.076	309.975	-2,7
2007	84.439	213.597	298.035	-3,9
2008*	109.199	277.775	386.930	29,8
2009	95.630	231.743	327.373	-15,4
2010	88.359	206.176	294.535	-10,0
2011	86.475	231.816	318.291	8,1
2012	67.040	227.177	294.217	-7,6
2013	70.645	225.927	296.572	0,8

* ab 2008 weist die Statistik die sog. Bruttoanlageinvestition aus

Quelle: Statistisches Bundesamt – Strukturerhebungen im Dienstleistungsbereich, Fachserie 9, Reihe 2 (bis 2011); Reihe 4.4 (ab 2012), eigene Berechnungen

Tab. 5.2.2: Aufwendungen in der Rechtsberatung in Mrd. € von 2002 bis 2013

Jahr	Personalaufwand	Sachaufwand	Gesamt	Veränderung (in %)
2002	4,2	3,7	7,9	
2003	3,6	3,5	7,1	-10,1
2004	3,8	3,9	7,7	8,5
2005	3,9	4,2	8,1	5,2
2006	4,1	4,6	8,7	7,4
2007	4,4	4,7	9,1	4,6
2008	4,4	5,0	9,4	3,3
2009	4,5	4,8	9,3	-1,1
2010	4,5	4,8	9,3	0,0
2011	4,9	4,9	9,8	5,3
2012	4,9	4,9	9,8	0
2013	5,2	4,9	10,1	3,1

Quelle: Statistisches Bundesamt – Strukturerhebungen im Dienstleistungsbereich, Fachserie 9, Reihe 2 (bis 2008); Reihe 4.4. (ab 2009)

5.3 Gehälter angestellter Rechtsanwälte

Tab. 5.3.1: Durchschnittliches Einstiegsbruttojahresgehalt bei Vollzeittätigkeit 2005 und 2012

Kanzleiform	Jahresbruttogehalt 2005	Jahresbruttogehalt 2012
angestellte Rechtsanwälte insgesamt	46.000 €	43.000 €
angestellte Rechtsanwälte in Einzelkanzleien	28.800 €	28.300 €
angestellte Rechtsanwälte in Sozietäten	47.900 €	45.200 €

p<=0,05
Quelle: Erhebungen des Soldan Instituts 2006, 2012

Tab. 5.3.2: Durchschnittliches Einstiegsbruttojahresgehalt 2012 bei Vollzeittätigkeit nach Geschlecht

Durchschnittliche Jahresbruttogehalt	Rechtsanwalt	Rechtsanwältin	Gesamt
unter 20.000 €	7 %	14 %	10 %
20.000 € bis unter 30.000 €	14 %	20 %	16 %
30.000 € bis unter 40.000 €	33 %	31 %	32 %
40.000 € bis unter 50.000 €	13 %	14 %	13 %
50.000 € und mehr	33 %	21 %	28 %

p<=0,05
Quelle: Erhebung des Soldan Instituts 2012

Tab. 5.3.3: Durchschnittliches Bruttojahresgehalt 2012 bei Vollzeittätigkeit nach Berufserfahrung

Berufserfahrung	Jahresbruttogehalt
Berufseinstieg	43.000 €
2./3. Berufsjahr	53.700 €
3./4. Berufsjahr	53.800 €
4./5. Berufsjahr	61.100 €
5./6. Berufsjahr	61.800 €
6./7. Berufsjahr	63.300 €
7./8. Berufsjahr	66.400 €
8./9. Berufsjahr	60.700 €

p<=0,05
Quelle: Erhebung des Soldan Instituts 2012

5.4 Insolvenzen

Tab. 5.4.1: Insolvenzverfahren Rechtsanwaltskanzleien von 2001 bis 2014

Jahr	Rechtsanwalts-kanzlei...	Gesamtzahl Verfahren	eröffnete Verfahren	mangels Masse abgewiesene Verfahren
2001	mit Notariat	11		
	ohne Notariat	18		
2002	mit Notariat	8	4	4
	ohne Notariat	28	23	5
2003	mit Notariat	12	9	3
	ohne Notariat	29	22	7
2004	mit Notariat	26	19	7
	ohne Notariat	45	28	17
2005	mit Notariat	16	14	2
	ohne Notariat	38	25	13
2006	mit Notariat	24	16	8
	ohne Notariat	64	51	13
2007	mit Notariat	19	18	1
	ohne Notariat	51	38	7
2008	mit Notariat	19	17	2
	ohne Notariat	57	50	7
2009	mit Notariat	11	9	2
	ohne Notariat	59	43	16
2010	mit Notariat	12	11	1
	ohne Notariat	66	56	10
2011	mit Notariat	11	11	0
	ohne Notariat	63	51	12
2012	mit Notariat	11	11	0
	ohne Notariat	54	47	7
2013	mit Notariat	13	6	7
	ohne Notariat	43	41	2
2014	mit Notariat	12	9	3
	ohne Notariat	46	40	6

Quelle: Statistisches Bundesamt – Unternehmen und Arbeitsstätten, Fachserie 2, Reihe 4.1, 2001 bis 2014

6

Ausbildung, Berufseinstieg und Arbeitslosigkeit von Juristen

- Studium
- Vorbereitungsdienst
- Juristische Promotionen und Habilitationen
- Universitäten und Hochschulpersonal
- Arbeitslosigkeit
- Ausbildung und Qualifizierung von Fachpersonal

6 Ausbildung, Berufseinstieg und Arbeitslosigkeit von Juristen

6.1 Studium der Rechtswissenschaft

Kap. 6.1 enthält Informationen zum Studium der Rechtswissenschaft. Die Anzahl der Studierenden für die Fächergruppe Rechtswissenschaften, die aus den Fächern Rechtswissenschaft und Wirtschaftsrecht besteht, wird vom Statistischen Bundesamt halbjährlich im Rahmen der Fachserie „Bildung und Kultur" für das jeweilige Winter- bzw. Sommersemester erhoben (wobei im Sommersemester nur die Studienanfänger erfasst werden). Die Zahlen werden seit dem WS 1992 / 1993 auf Basis von Verwaltungsunterlagen der Hochschulen zusammengestellt. Demnach hängt die Qualität (Vollständigkeit, Genauigkeit) dieser Statistik wesentlich von den Datenlieferungen der Hochschulverwaltungen ab. In die Statistik fließen sowohl die Studierendenzahlen der Universitäten als auch Fachhochschulen ein. Ein verbreitetes Missverständnis ist daher, dass die Studierendenstatistiken ein Abbild der Zahl der Volljuristen und damit auch der Rechtsanwälte in spe sind. Tatsächlich nimmt der Anteil dieser Teilgruppe – Studierende des Fachs Rechtswissenschaften an einer Universität – kontinuierlich ab, da sich das Studium der Rechtswissenschaften an Fachhochschulen, aber auch das Fach Wirtschaftsrecht an Universitäten wachsender Beliebtheit erfreut. Allerdings ist das „klassische" Jurastudium weiterhin der mit Abstand bedeutendste Studiengang in der Fächergruppe Rechtswissenschaften.

In **Tab. 6.1.1** werden die Studierenden im Fach Rechtswissenschaft insgesamt sowie differenziert nach Geschlecht und Herkunft dargestellt (unter Studierenden werden hier wie auch in allen anderen Tabellen die in einem Fachstudium eingeschriebenen Personen verstanden; beurlaubte Personen, Studienkollegiate und Gasthörer werden nicht berücksichtigt). Die Zahlen bis zur Jahrtausendwende enthalten hierbei auch die Studierenden im Fach Wirtschaftsrecht, die erst seitdem – mit der zunehmenden Popularität solcher Studiengänge – vom Statistischen Bundesamt getrennt ausgewiesen werden. Enthalten sind in der Zahl auch Studierende an Fachhochschulen, auch wenn das Fach Rechtswissenschaft dort, im Gegensatz zum Fach Wirtschaftsrecht, keinen größeren Zuspruch erfährt. Mit Blick auf die Zahlen seit der Jahrtausendwende gilt demnach: Die dokumentierten Zahlen sind nicht die Zahlen aller Jurastudierenden in Deutschland, sondern die Zahlen für das populärere der beiden Fächer aus der Fächergruppe Rechtswissenschaften. Zur besseren Übersicht und Vergleichbarkeit der Daten wurden jeweils die Zahlen aus den Wintersemestern ausgewählt. War im Zeitraum von der Mitte der 1990er Jahre bis zum WS 2007 / 2008 noch ein Rückgang um rund 30.000 Studierende zu verzeichnen, stieg die Anzahl der eingeschriebenen Studierenden bis zum WS 2014 / 2015 wieder um rund 24.000 auf 99.225 an. Der Anteil der deutschen Studentinnen an den gesamten deutschen Rechtswissenschaftsstudenten ist kontinuierlich gestiegen: Betrug der Anteil im WS 1975 / 1976 25,2%, so waren es im WS 2014 / 2015 54%. Rund 10% der Studierenden besitzen nicht die deutsche Staatsangehörigkeit.

Tab. 6.1.2 ermöglicht einen historischen Überblick über die Entwicklung der Studierendenzahlen in der Bundesrepublik sowie in der DDR in den Jahren von 1950 bis 1989. In der für die DDR mitgeteilten Gesamtzahl enthalten sind auch Studierende, die ein Fernstudium absolvierten, das sich in der DDR einer gewissen Beliebtheit erfreute.

Tab. 6.1.3 stellt die Entwicklung der Zahl der Studierenden in den Rechtswissenschaften an Universitäten von 1990 bis 2014 nach deren jeweils angestrebtem Abschluss dar (ausgeklammert sind also die Studierenden in den Rechtswissenschaft an Fachhochschulen). Als Studierende weist diese Tabelle die Studierenden der Fächer Rechtswissenschaft und Wirtschaftsrecht gemeinsam aus. Sie differenziert zwischen den Studierenden insgesamt und denjenigen, die keine Promotion, einen Master, einen Bachelor oder eine Lehramtsprüfung anstreben. Aus dieser Betrachtung ergibt sich, dass im Wintersemester 2014/2015 rund 90.000 der 113.341 der Studierenden an Universitäten den „klassischen" Abschluss der Ersten Juristischen Prüfung anstrebten. Das entspricht einem Anteil von 79,5%.

Tab. 6.1.4 stellt die Entwicklung der Zahl der Studierenden im Fach Rechtswissenschaft der Anzahl der Rechtsanwälte in der Bundesrepublik in den Jahren von 1950 bis 2014 gegenüber. Überstiegen die Studierendenzahlen in den Jahren von 1950 bis 1999 die Rechtsanwaltszahlen – zeitweilig um fast das Doppelte –, so hat sich dieses Verhältnis zur Jahrtausendwende umgekehrt. Im Jahr 2014 kommen auf 79 Studierende der Rechtswissenschaften 100 Rechtsanwälte. In den Jahren 2007 bis 2009 war die Quote mit 59 zu 100 so niedrig wie nie zuvor seit Gründung der Bundesrepublik. Im Vergleich zum Vorjahr stieg sie 2014 jedoch wieder.

Tab. 6.1.5 enthält Informationen über Studienanfänger in den Rechtswissenschaften von 1952 bis 2014. Es ist ein kontinuierliches Wachstum der Studienanfänger zu verzeichnen. Waren es 1960 noch um die 3.000 Studienanfänger, hatte sich diese Zahl 30 Jahre später bereits fast vervierfacht und war 1990 auf 15.953 Studienanfänger gestiegen. Im Jahr 2014 nahmen 26.074 Studentinnen und Studenten das Studium der Rechtswissenschaften auf. Die relativ starke Zunahme der Zahl der Studienanfänger in den Jahren 2011 bis 2013 beruht nicht auf einer gestiegenen Popularität des Studiums der Rechtswissenschaften, sondern auf der Tatsache, dass es in diesen Jahren in den großen Bundesländern doppelte Abiturjahrgänge gab. **Tab. 6.1.6** gibt Aufschluss über die Entwicklung der Zahlen der Studienanfänger im Fach Rechtswissenschaften und der Absolventen mit Hochschulreife in den Jahren von 1952 bis 2014. Die Zahlen der Studienanfänger belegen, dass sich das Studium der Rechtswissenschaften wechselhafter Beliebtheit erfreut und in Zehn-Jahres-Zyklen jeweils erhebliche Schwankungen auftreten. Auffällig ist, dass es jeweils zu Beginn der 1970er, 1980er und 1990er Jahre sowie nach der Jahrtausendwende zu Spitzenwerten kam und danach die Zahl der Studienanfänger jeweils wieder abnahm. In den letzten Jahren gab es freilich keine kontinuierliche Auf- und Abwärtsbewegung. Im Vergleich zu anderen Studiengängen hat das Studium der Rechtswissenschaften bei Abiturienten an Beliebtheit abgenommen: Lag der Anteil der Studienanfänger im Fach Rechtswissenschaften an allen Abiturienten im Jahr 1952 noch bei 10,4%, so sind es 2014 unter 8%. Dies dürfte allerdings in erheblichem Maße auch in der Erweiterung des Studienangebots der Universitäten begründet sein.

In **Tab. 6.1.7** und **6.1.8** wird die Anzahl der Rechtswissenschaftsstudenten und -absolventen an den juristischen Fakultäten der deutschen Universitäten dargestellt, unterteilt nach der Gesamtzahl der Studenten und der Studienanfänger. Die Daten wurden bis 2010 vom Deutschen Juristen-Fakultätentag publiziert, der seitdem auf eine Veröffentlichung der von ihm ermittelten Zahlen verzichtet. Aus diesem Grund werden im Statistischen Jahrbuch nunmehr die vom Statistischen Bundesamt erhobenen Daten dokumentiert. Berücksichtigt wurden nur jene Universitäten, die einen Studiengang anbieten, der das Ablegen der Ersten Juristischen Prüfung ermöglicht. Deshalb bleiben Universitäten unerwähnt, in denen das Juristische Studium auf einen Master- oder Bachelorabschluss zielt (z.B. in Mannheim, Dresden oder Oldenburg). Die Universitäten Münster und Köln wiesen mit 5.264 und 5.136 Studentinnen und Studenten im WS 2014/2015 die höchste Zahl an Rechtswissenschaftsstudenten (unabhängig vom Abschluss) auf.

Tab. 6.1.9 veranschaulicht die Entwicklung der Zahl der Studierenden in den Rechtswissenschaften an Fachhochschulen von 2003 bis 2014. Das kontinuierliche Wachstum der Zahlen bewirkte im vergangenen Jahrzehnt eine Steigerung um rund 160%. Vergleichsweise gleichbleibend ist hingegen die jährliche prozentuale Verteilung der Studierenden an Fachhochschulen auf die beiden Studienfächer Rechtwissenschaft und Wirtschaftsrecht. Im Verhältnis von rund 9 : 1 dominiert an Fachhochschulen das Studium im Fach Wirtschaftsrecht.

An den deutschen Universitäten lehrten im Jahr 2014 insgesamt 1.428 Professoren das Studienfach Rechtswissenschaft; dies wird aus den Daten zum Personal an Hochschulen aus der Fachserie „Bildung und Kultur" des Statistischen Bundesamtes ersichtlich (s. **Tab. 6.1.10**). 18% aller Rechtswissenschaftsprofessoren sind weiblichen Geschlechts; im Jahr 1982 lag der Anteil der Professorinnen an allen Rechtsprofessoren noch bei einem Prozent. Eine Aufschlüsselung der Anzahl der Professoren nach Fakultäten konnte in dieser Ausgabe mangels entsprechender Daten nicht mehr erfolgen. Ebenfalls vom Statistischen Bundesamt wird im Rahmen der Fachserie „Bildung und Kultur" die sog. Student-Professor-Relation erhoben (s. **Tab. 6.1.11**). Diese Zahl weist die Anzahl der Studierenden pro Professor bzw. Professorin aus. Bundesweit kommen in Deutschland aktuell auf einen Professor 69 Studentinnen und Studenten. Seit 2007 hat sich das Betreuungsverhältnis nach einem historischen Bestwert wieder etwas verschlechtert. Aus **Tab. 6.1.12** ergibt sich die Entwicklung des haupt- und nebenberuflichen Hochschulpersonals seit dem Jahr 2003. Die festzustellende Zunahme der Zahl der hauptberuflichen Mitarbeiter beruht vor allem auf der Beschäftigung von mehr wissenschaftlichen Mitarbeitern, während die Zahl der Rechtsprofessoren eher moderat gewachsen und zuletzt sogar wieder gesunken ist.

Aus der jährlich veröffentlichten Ausbildungsstatistik des Bundesministeriums der Justiz (BMJ) geht hervor, dass ein Jurastudium in den Jahren von 2000 bis 2013 durchschnittlich etwa 10 Semester dauerte (s. **Tab. 6.1.13**). Auffällig ist, dass sich die durchschnittliche Studiendauer von 1995 bis 2005 in den meisten Bundesländern leicht erhöht hat, dann kurzzeitig aufgrund der Effekte einer Reform der Juristenausbildung rückläufig war und nun wieder zunimmt. Da die Statistik des BMJ für 2014 nicht vor Redaktionsschluss dieser Ausgabe des Statistischen Jahrbuchs erschienen ist, konnten die Daten nicht wie gewohnt um zwei Jahre, sondern lediglich um das Jahr 2013 ergänzt werden.

Die Entwicklung der Zahl der Studienabschlüsse in der Bundesrepublik und in der DDR von 1952 bis 1989 ist in **Tab. 6.1.14** dargestellt. Während in der Bundesrepublik als Studienabschluss das bestandene Staatsexamen bzw. die Erste Juristische Prüfung gilt (und erst seit einigen Jahren von den Universitäten ergänzend ein Diplom verliehen wird), mündete das Studium in der DDR grundsätzlich im Abschluss des Diplom-Juristen. Ab dem Jahr 2007 weist die Prüfungsstatistik sowohl die Zahl der Ersten Juristischen Staatsprüfungen nach altem Recht als auch die der Staatlichen Pflichtfachprüfungen nach neuem Recht aus. Als Folge der Reform der Juristenausbildung im Jahr 2003 ist die traditionsreiche

Erste Juristische Staatsprüfung durch die Erste Juristische Prüfung ersetzt worden, die sich in einen staatlichen und einen universitären Teil untergliedert. Die Erste Juristische Staatsprüfung betrifft mittlerweile nur noch eine geringe Zahl von „Altfällen". Das Statistische Jahrbuch trägt der Umstellung des Prüfungssystems seit der Ausgabe 2011 / 2012 Rechnung und weist die zentralen Kennziffern des Prüfungsgangs für beide Prüfungsmodelle nach.

Die Anzahl der bestandenen ersten juristischen Staatsprüfungen im Bundesgebiet sind seit 1996 kontinuierlich rückläufig (s. **Tab. 6.1.15**). Im Jahr 2006 war erstmals wieder ein vergleichsweise deutlicher Anstieg der bestandenen ersten Staatsprüfungen zu verzeichnen, bevor ab 2008 die Prüfungen aufgrund der immer geringer werdenden Zahl der nach altem Recht Studierenden einbrachen. Spiegelbildlich haben seit 2007 die Staatlichen Pflichtfachprüfungen – d.h. der von den Justizprüfungsämtern verantwortete Teil der Ersten Juristischen Prüfung nach neuem Recht – stark zugenommen. In der Summe beider Prüfungsformen erreichte die Gesamtzahl der Prüfungen 2012 einen historischen Tiefstwert seit der Wiedervereinigung und sank erstmals unter 8.000. Im Jahr 2013 erholten sich die Prüfungszahlen leicht auf 8.324.

Werden die bestandenen ersten juristischen Staatsprüfungen aus den Jahren 1995 bis 2013 differenziert nach Noten betrachtet, so ergibt sich eine relativ konstante Notenverteilung (s. **Tab. 6.1.16**): Etwa 33% aller geprüften Kandidaten der Rechtswissenschaftsstudenten bestanden jährlich ihr erstes Staatsexamen mit der Note „ausreichend". Ein „befriedigendes" Staatsexamen wiesen etwa 24% auf. Der Anteil der geprüften Rechtswissenschaftsstudenten, die ihr erstes Staatsexamen mit der Prädikatsnote „voll befriedigend" abschließen, lag jährlich bei etwa 9%. „Gute" erste Staatsexamina erzielten in dem genannten Zeitraum pro Jahr durchschnittlich 1,9%; „sehr gute" etwa 0,1% aller geprüften Kandidaten. Die deutliche Verschlechterung der Prüfungsergebnisse ab 2008 erklärt sich aus der Tatsache, dass in diesen Jahren nach altem Recht nur noch „Langzeitstudenten" geprüft wurden. Da sich ganz allgemein mit zunehmender Studiendauer die Prüfungsleistungen verschlechtern, war diese Entwicklung zwangsläufig. Spiegelbildlich hierfür steht, dass sich die Prüfungsergebnisse in der staatlichen Pflichtfachprüfung der Ersten Juristischen Prüfung, die ab 2007 nachgewiesen sind (s. **Tab. 6.1.22**), seit 2007 kontinuierlich verschlechtert haben, da anfänglich ausschließlich Prüflinge mit niedriger Semesterzahl, die im Mittel überdurchschnittliche Prüfungsleistungen erzielen, zur Prüfung angetreten sind. Ein Vergleich der Prüfungsergebnisse der Ersten Juristischen Staatsprüfung nach altem Recht und der Staatlichen Pflichtfachprüfung nach neuem Recht zeigt nur geringe Änderungen in der Benotungspraxis: Der Anteil „befriedigender" Prüfungen hat sich um 5 Prozentpunkte erhöht, der Anteil „ausreichender" Ergebnisse ein wenig verringert. Der Anteil der Prädikatsnoten ist um 4 Prozentpunkte gestiegen.

Die Gesamtnoten in der Ersten Juristischen Prüfung haben sich im Vergleich zu den Noten in der Ersten Juristischen Staatsprüfung hingegen spürbar verbessert. Die offizielle Prüfungsstatistik des Bundesministeriums der Justiz erlaubt zwar keinen unmittelbaren Vergleich, da dort für die Erste Juristische Staatsprüfung die Noten der geprüften Kandidaten ausgewiesen werden (s. **Tab. 6.1.16**), für die Erste Juristische Prüfung hingegen die Noten der erfolgreichen Kandidaten (s. **Tab. 6.1.21**). Eine diese Unterschiede berücksichtigende Berechnung zeigt allerdings, dass die häufigste Note von erfolgreichen Absolventen seit Geltung des neuen Prüfungsrechts nicht länger ein „ausreichend" ist (altes Recht 2007:

43,0% / neues Recht 2013: 22,4%), sondern ein „befriedigend" (altes Recht: 36,4% / neues Recht: 46,2%). Die Änderungen im Prüfungsrecht haben auch auf den Anteil der Prädikatsabschlüsse Auswirkungen, er hat sich um rund zehn Prozentpunkte erhöht (altes Recht: 20,6% / neues Recht: 31,4%). Vor allem verantwortlich für diese besseren Noten ist der universitäre Teil der Ersten Juristischen Prüfung. Die im Vergleich zu Noten in staatlichen Prüfungen deutlich besser bewerteten universitären Prüfungsleistungen sind in **Tab. 6.1.23** dokumentiert, wobei die sich bislang lediglich über sieben Jahre (2007 bis 2013) erstreckende Zeitreihe aber bereits verdeutlicht, dass die Noten sich kontinuierlich verschlechtert haben und der Abstand zu den Noten im staatlichen Prüfungsteil 2013 deutlich geringer war als noch 2007.

Einen Überblick über die Nichtbestehensquote nach Bundesländern liefern **Tab. 6.1.17** und **Tab. 6.1.18** für die Erste Juristische Staatsprüfung und **Tab. 6.1.24** und **Tab. 6.1.25** für den staatlichen Teil der Ersten Juristischen Prüfung. Insgesamt ist die Nichtbestehensquote von 25,6% im Jahr 2004 um 6,7 Prozentpunkte auf 32,3% im Jahr 2007 gestiegen. Die danach deutlich ansteigenden Quoten beruhen auf der Tatsache, dass die Prüflinge Langzeitstudenten mit hoher Semesterzahl und die Prüfungsergebnisse daher nur noch begrenzt mit den Vorjahren vergleichbar sind (2013 fanden überhaupt nur noch in zwei Bundesländern Erste Juristische Staatsprüfungen statt). Die Nichtbestehensquote in der Staatlichen Pflichtfachprüfung nach neuem Recht bewegt sich in dem in früheren Jahren aus der Ersten Juristischen Staatsprüfung bekannten Rahmen (ca. 30%). Praktisch keine Bedeutung hat das Nichtbestehen hingegen im Bereich der universitären Schwerpunktprüfung (s. **Tab. 6.1.26** und **Tab. 6.1.27**) – lediglich 4,5% aller Prüflinge bestanden diesen Prüfungsteil nicht. In Thüringen etwa hat es erst im Jahr 2011 erste erfolglose Prüflinge gegeben, in Bayern lag der Anteil in den Jahren 2012 und 2013 unter 1%.

In **Tab. 6.1.19** sind die Statistiken zu den sog. Frei- und Notenverbesserungsversuchen in der Ersten Juristischen Staatsprüfung bzw. der Ersten Juristischen Prüfung nachgewiesen, die in den 1990er Jahren geschaffen worden sind. Es zeigt sich hierbei, dass der Anteil der Studierenden, die sich nach maximal acht Semestern der Prüfung unterziehen, um auf diese Weise einen Freiversuch – bzw. im Falle des Bestehens einen Notenverbesserungsversuch – zu haben, „gefühlt" höher ist als in der Realität: Ihr Anteil hat sich seit der Jahrtausendwende relativ stabil zwischen 34,6% und 38,9% bewegt, so dass fast zwei Drittel der Studierenden keine Möglichkeit haben, aufgrund eines besonders zügigen Studiums die erste Prüfung wiederholt abzulegen. Die Zahlen des Jahres 2013 für die Freiversuche in der Ersten Juristischen Prüfung (s. **Tab. 6.1.28**) belegen, dass auch unter Geltung des neuen Rechts mittelfristig allenfalls mit einer leichten Zunahme der Freiversuche zu rechnen ist. Diejenigen, die einen Freiversuch unternehmen, bestehen die Prüfung häufiger als andere Prüflinge. Die Bestehensquote lag in den letzten Jahren der Ersten Juristischen Staatsprüfung in der Regel zehn Prozentpunkte über dem Gesamtergebnis aller Prüflinge (in das auch diese „Freiversuchler" miteinfließen). In der Ersten Juristischen Prüfung nach neuem Recht sind die positiven Effekte des Freiversuchs bislang noch nicht ähnlich stark ausgeprägt, die Bestehensquote von Studierenden im Freiversuch liegt drei bis sechs Prozentpunkte über dem Wert aller Prüflinge (s. **Tab. 6.1.28**). Wer sich trotz Bestehens der Prüfung im Freiversuch einem dann möglichen Notenverbesserungsversuch unterzieht, konnte unter Geltung des alten Rechts im Schritt zu 60-70% mit einer Notenverbesserung rechnen (s. **Tab. 6.1.20**). Für das neue Recht sind die vergleichbaren Daten vom Bundesministerium der Justiz bislang nicht veröffentlicht.

6.2 Vorbereitungsdienst (Referendariat)

Kap. 6.2. beschäftigt sich mit dem Vorbereitungsdienst („Referendariat"). In **Tab. 6.2.1** ist die Anzahl der Rechtsreferendare im Vorbereitungsdienst von 1950 bis 2014 dargestellt. Nachdem in den Jahren von 1950 bis 2000 grundsätzlich ein Anstieg an Rechtsreferendaren zu verzeichnen war, ging die Anzahl der Referendare von 25.012 Personen im Jahr 2000 auf 14.810 im Jahr 2014 zurück. Dies entspricht einem Rückgang von 41%. Da im Zehn-Jahres-Zeitraum ab 1997 die Zahl der deutschen Studierenden der Rechtswissenschaften insgesamt rückläufig war (s. **Tab. 6.1.1**), ergibt sich hieraus ein Rückgang an Rechtsreferendaren in den Folgejahren. Bei der Analyse der Zahlen ist zu berücksichtigen, dass die Gesamtzahl der Referendare durch die Dauer des Vorbereitungsdienstes beeinflusst wird. In den vergangenen 40 Jahren ist es wiederholt zu Veränderungen gekommen: 1965 wurde die Referendarzeit von dreieinhalb Jahren auf zweieinhalb Jahre verkürzt, 1972 um weitere sechs Monate auf zwei Jahre. 1982 kam es zu einer Verlängerung der Dauer des Vorbereitungsdienstes auf zweieinhalb Jahre, bevor es 1994 zu einer erneuten Verkürzung auf zwei Jahre kam.

Im Jahr 2007 bestanden 8.358 Rechtsreferendare das Zweite Staatsexamen; dies entspricht fast exakt dem Niveau von 1994 mit 8.359 bestandenen Examina (s. **Tab. 6.2.2**). In den Jahren 1955 bis 1999 ist die Anzahl der bestandenen Zweiten Juristischen Staatsexamina im Bundesgebiet – wenn auch nicht kontinuierlich – gestiegen; von 2002 bis 2013 sind jedoch mit Ausnahme eines Jahres rückläufige Zahlen zu verzeichnen. Werden die bestandenen Zweiten Juristischen Staatsexamina aus den Jahren 1995 bis 2013 differenziert nach Noten betrachtet, so ergibt sich – wie bei den Ersten Juristischen Staatsexamina – eine relativ konstante Notenverteilung (s. **Tab. 6.2.3**): Etwa 39% aller Referendare bestehen jährlich ihr Zweites Staatsexamen mit der Note „befriedigend". Ein „ausreichendes" Staatsexamen weisen immer weniger Referendare auf – der Anteil ist von 37% Mitte der 1990er Jahre auf mittlerweile 28% gesunken. Da der Anteil an geprüften Rechtsreferendaren, die ihr Zweites Staatsexamen mit Prädikatsnote abschließen, relativ konstant zwischen 14 und 19% liegt, erklärt sich dies primär aus der Zunahme nicht bestandener Assessorenexamina. Ihr Anteil lag nach einem Wert von 17,5% im Jahr 2010 zuletzt bei 14,2% und damit etwas höher als noch Ende der 1990er Jahre. In **Tab. 6.2.4** und **Tab. 6.2.5** werden die Nichtbestehensquoten im Zweiten Juristischen Staatsexamen detailliert nach Bundesländern von 1995 bis 2013 dargestellt. Nordrhein-Westfalen, Sachsen-Anhalt und Mecklenburg-Vorpommern gehören zu den Bundesländern mit den höchsten Nichtbestehensquoten. Insgesamt befindet sich die Nichtbestehensquote im Zweiten Juristischen Staatsexamen auf einem niedrigeren Niveau (2013: 14,2%) als beim Ersten Juristischen Staatsexamen (2013: 29,7%), auch wenn der Abstand mit 15 Prozentpunkten geringer ist als etwa noch 1997, als er fast 18 Prozentpunkte betrug.

6.3 Promotionen und Habilitationen

In Kap. 6.3 wird die akademische Weiterqualifikation der Postgraduierten durch Promotion und Habilitation beleuchtet. Die Zahl der Promotionen im Studienfach Rechtswissenschaften ist bis zum Jahr 2005 (fast) kontinuierlich angewachsen, was – vergleichbar mit den stetig zunehmenden Fachanwaltszahlen

– auf ein gestiegenes Bedürfnis von Juristen nach Zusatzqualifikationen deutet. So hat sich seit 1985 die Zahl der jährlich erfolgreich abgeschlossenen Promotionsverfahren im Bereich Rechtswissenschaften von 511 auf 1.906 im Jahr 2005 erhöht, ist seitdem allerdings rückläufig (2014: 1.384). Dies geht aus den in **Tab. 6.3.1** dargestellten Daten aus der Fachserie „Bildung und Kultur" des Statistischen Bundesamtes hervor. Wird das Jahr 1985 als Basisjahr betrachtet, so ist demnach die Anzahl der juristischen Promotionen von 1985 bis 2014 um das 2,7fache gestiegen. Allerdings ist die Zahl der jährlichen Promotionen seit einigen Jahren relativ stark rückläufig und lag 2014 mit 1.384 um rund 28% niedriger als noch 2005. Differenziert nach Geschlecht (**Tab. 6.3.2**) zeigt sich, dass knapp 40% der im Jahr 2014 promovierten Juristen weiblich war (547 gegenüber 837). Insgesamt hat sich die Anzahl der promovierten Juristinnen in den Jahren von 1985 bis 2014 zwar um das Zehnfache erhöht (Indexwert: 943). Beim Vergleich des Anteils der Studentinnen zu den Promovendinnen zeigt sich allerdings, dass Frauen in Promotionsverfahren weiterhin unterrepräsentiert sind.

Die Anzahl an Habilitationen in den Rechtswissenschaften hat sich im Zeitraum von 1980 (Basisjahr) bis zum Jahr 2005 um das zweieinhalbfache erhöht (s. **Tab. 6.3.3**). Nach 2004 ist allerdings ein deutlicher Rückgang zu verzeichnen. Habilitierten sich im Jahr 1980 25 Rechtswissenschaftler, so waren es 2004 67 und 2014 53 Rechtswissenschaftler. In **Tab. 6.3.4** ist die Entwicklung der Anzahl juristischer Habilitationen von 1980 bis 2014 differenziert nach Geschlecht dargestellt. Im Jahr 2014 habilitierten 41 Männer und 12 Frauen im Studienfach Rechtswissenschaft. Die zeitweilig stark rückläufigen Habilitationszahlen dürften auf der politisch gewollten Entwertung der Habilitation zu Gunsten der sog. Juniorprofessur beruhen, die zuletzt wieder steigenden Habilitationszahlen auf den eher geringen Karrierechancen von Juniorprofessoren in den Rechtswissenschaften.

6.4 Arbeitslosigkeit von Juristen

Kap. 6.4. beleuchtet die Arbeitslosigkeit von Juristen. Seit dem Inkrafttreten des sog. Hartz IV-Gesetzes zu Beginn des Jahres 2005 gibt es bundesweit lediglich unvollständige Daten zur Gesamtzahl der Arbeitslosigkeit in der Mitte eines jeden Monats. Eine Differenzierung dieser Gesamtzahl ist flächendeckend ausschließlich für das Alter, das Geschlecht und die Nationalität (Deutsche / Ausländer) möglich. Dies liegt darin begründet, dass seit dem 1.1.2005 zugelassene kommunale Träger – so genannte „Optionskommunen" – in ihrem Bezirk Langzeitarbeitslose ohne die örtliche Agentur für Arbeit betreuen und diese Optionskommunen den Agenturen keine entsprechend untergliederten Daten in ausreichendem Maß melden (die Zahl der Optionskommunen beträgt seit dem 1.1.2011 aufgrund von Gebietsreformen noch 67). Um dennoch differenzierte Daten zur Arbeitslosigkeit von Juristen miteinander vergleichen zu können, werden in **Tab. 6.4.1** lediglich Daten von Landkreisen ohne Optionskommunen herangezogen, die ab dem Jahr 2001 vorliegen. Dabei wird ersichtlich, dass die Anzahl arbeitsloser Juristen von 2005 bis 2008 gesunken ist: Waren im Juli 2005 noch 9.469 Juristen bei der Bundesagentur für Arbeit als arbeitsuchend gemeldet, so sank die Zahl der arbeitslosen Juristen bis zum Jahr 2008 auf 5.430. In den Jahren 2009 bis 2013 schwankte die Zahl der erwerbslosen Juristen relativ konstant um die 6000er-Marke. 2014 sank die Zahl um rund fünf Prozentpunkte auf 5.548. **Tab. 6.4.2** zeigt die Entwicklung der Arbeitslosigkeit von Juristen differenziert nach Geschlecht.

Wird die Entwicklung der Arbeitslosigkeit von Juristen in den Jahren 2001 bis 2014 differenziert nach Altersgruppen betrachtet, so ergibt sich über die Jahre hinweg eine relativ konstante Verteilung des Anteils der jeweiligen Altersklassen an den gesamten arbeitsuchenden Juristen (s. **Tab. 6.4.3**): Etwa 43% aller arbeitslosen Juristen sind zwischen 30 und 39 Jahre alt und knapp 28% sind unter 30 Jahre alt. Bei den älteren Altersgruppen der 40- bis 49-jährigen Juristen sowie der Juristen eines Alters ab 50 Jahre liegt der Anteil im betrachteten Zeitraum pro Jahr jeweils durchschnittlich bei etwa 15% bzw. bei 14%. Demnach entfallen drei Viertel der Arbeitslosigkeit unter Juristen auf die beiden jüngeren Altersklassen. Im Hinblick auf die Dauer der Arbeitslosigkeit ist anzumerken, dass rund 60% der arbeitsuchenden Juristen weniger als ein halbes Jahr arbeitslos waren (s. **Tab. 6.4.4**). Ihr Zustand wird von der OECD als Übergangsarbeitslosigkeit definiert. Im letzten Jahr suchten rund 17% bereits ein Jahr und länger nach einer entsprechenden Tätigkeit und mussten daher laut Definition der OECD als Langzeitarbeitlose betrachtet werden.

Wie aus **Tab. 6.4.5** hervorgeht, erhöhte sich die Anzahl an offenen Stellen für Juristen von 2006 bis 2014 von 2.141 auf 3.742 Stellen. Zwar ist sie seitdem wieder leicht gesunken, die Daten deuten aber gleichwohl auf eine relativ nachhaltige Entspannung im juristischen Arbeitsmarkt hindeutet. Diese Annahme wird auch dadurch unterstützt, dass die tatsächliche Anzahl offener Stellen für Juristen weit über der angegebenen Zahl von rund 3.700 Stellen im Jahr 2014 liegen dürfte. Dies liegt darin begründet, dass in der Statistik der Bundesagentur für Arbeit z.B. keine Stellenangebote erfasst werden, in denen Stellenanbieter die juristische Profession erst an zweiter oder späterer Stelle nachfragen, sowie solche Stellenangebote, die von Arbeitgebern nicht gemeldet werden.

Bei der Bewertung der Arbeitslosenzahlen ist grundsätzlich zu bedenken, dass bei den jüngeren Arbeitslosen die Arbeitslosigkeit häufig auf der Beendigung des Vorbereitungsdienstes beruht, der Ansprüche auf Arbeitslosengeld begründet und zu einer entsprechenden Meldung bei der Bundesagentur für Arbeit führt. Es handelt sich hierbei häufig um keine Arbeitslosigkeit im klassischen Sinne, sondern um eine Phase der Orientierung vor Aufnahme der ersten Beschäftigung als Jurist oder Begründung einer selbstständigen Tätigkeit.

6.5 Ausbildung durch Kanzleien

Kap. 6.5. befasst sich mit der Ausbildung von Rechtsanwalts- und Notarfachangestellten durch Kanzleien. **Tab. 6.5.1** zeigt die Anzahl der neu abgeschlossenen Ausbildungsverträge im Berufsfeld der Rechtsanwalts- und Notarfachangestellten in den Jahren von 1980 bis 2014 zum Stichtag 30.9. Insbesondere wenn die Zahl der neu abgeschlossenen Ausbildungsverträge in Relation zur Zahl der zugelassenen Rechtsanwälte gesetzt wird, kann ein deutlicher Rückgang neuer Auszubildender im Berufsfeld der Rechtsanwalts- und Notarfachangestellten festgestellt werden: Im Jahr 1980 wurden von 36.077 Rechtsanwälten 10.442 Ausbildungsverträge geschlossen, im Jahr 2014 von 162.695 Rechtsanwälten 5.358 Ausbildungsverträge. Dieser Rückgang ist ein Indikator für die stark abnehmende generelle Ausbildungsbereitschaft der Anwaltskanzleien.

Eine geschlechtsspezifische Betrachtung der aktuellen Zahlen für die neu abgeschlossenen Ausbildungsverträge (s. **Abb. 6.5.1**) zeigt deutlich, dass der Beruf „Rechtsanwalts- und Notarfachangestellte" eine Frauendomäne ist. Von allen Personen, die im Jahr 2014 eine Ausbildung in diesem Berufsfeld begannen, waren knapp 7% männlichen Geschlechts. Lediglich im Bereich der Notarfachangestellten ist der Anteil neuer männlicher Auszubildender traditionell höher, er lag im Jahr 2014 mit knapp 21% über dem für das gesamte Berufsfeld errechneten Durchschnitt.

Tab. 6.5.2 dokumentiert für das aktuellste Ausbildungsjahr die Vorqualifikation der Auszubildenden nach ihrem höchsten allgemeinen Schulabschluss. Es zeigt sich, dass im Berufsfeld der Rechtsanwalts- und Notarfachangestellten Hauptschüler kaum ausgebildet werden. Auszubildende zu Notar- und Patentanwaltsfachangestellten verfügen im Durchschnitt über höhere Schulabschlüsse als Auszubildende zu Rechtsanwaltsfachangestellten.

Tab. 6.5.3 schlüsselt die in **Tab. 6.5.1** für das gesamte Berufsfeld wiedergegebene Zahl der Ausbildungsverträge für ausgewählte Jahre ab 1993 in die vier betroffenen Ausbildungsberufe Notar-, Patentanwalts-, Rechtsanwalts- und Rechtsanwalts-/Notarfachangestellte auf. Es zeigt sich hier, dass mit dem kontinuierlichen Rückgang der Zahl der Notare auch ein Rückgang der Auszubildenden zur Notar- bzw. Rechtsanwalts- und Notarfachangestellten einhergeht. Betrug der Anteil der Auszubildenden in diesen beiden Ausbildungsberufen 1993 noch 46,9%, ist er 2014 auf 30,7% gesunken. Allerdings verdeutlicht dieser Wert gleichwohl, dass Notare und Anwaltsnotare in der Ausbildung deutlich engagierter sind als Rechtsanwälte.

Tab. 6.5.4 und **Tab. 6.5.5** enthalten Informationen zur Zahl der aufgelösten Ausbildungsverträge und der Zahl der Absolventen in den vier Ausbildungsberufen für ausgewählte Jahrgänge ab 1993. Rund ein Viertel der Ausbildungsverträge wird im Laufe der Ausbildung aufgelöst. Diejenigen Auszubildenden, die die Ausbildung beenden, waren in den letzten Jahren zu 92 bis 98% erfolgreich. Die Zahl der abgeschlossenen Ausbildungen nimmt immer weiter ab: 2013 sank sie erstmals auf unter 5.000.

Tab. 6.5.6 weist die Zahl der „Meisterprüfungen" in den juristischen Lehrberufen, also die Prüfungen für Rechtsfachwirte und Notarfachwirte nach. Das Verhältnis der geprüften Rechtsanwaltsfachangestellten und Rechtsfachwirte lag 2014 bei ca. 6 zu 1.

6.1.   Studium der Rechtswissenschaft

Tab. 6.1.1: Zahl der Studierenden im Fach Rechtswissenschaft seit 1975* °

| Winter-semester (WS) | Studierende | | | | davon Deutsche | | | |
	Anzahl	Veränd. (in %)	davon weiblich	Anteil (in %)	Anzahl	Veränd. (in %)	davon weiblich	Anteil (in %)
1975 / 1976	51.566	11,1	13.000	25,2	50.544		12.728	25,2
1980 / 1981	69.778	7,0	22.437	32,1	68.241	6,7	22.020	32,3
1981 / 1982	76.379	9,5	26.272	34,4	74.874	9,7	25.805	34,5
1982 / 1983	80.816	5,8	29.234	36,2	79.191	5,8	28.704	36,2
1983 / 1984	84.958	5,1	31.545	37,1	83.242	5,1	30.964	37,2
1984 / 1985	86.909	2,3	32.991	38,0	85.003	2,1	32.343	38,0
1985 / 1986	85.361	-1,8	33.177	38,9	83.528	-1,7	32.515	38,9
1986 / 1987	84.339	-1,2	33.266	39,4	82.428	-1,3	32.565	39,5
1987 / 1988	82.421	-2,3	33.022	40,1	80.350	-2,5	32.218	40,1
1988 / 1989	83.248	1,0	34.228	41,1	80.972	0,8	33.172	41,0
1989 / 1990	82.109	-1,4	33.901	41,3	79.296	-2,1	32.618	41,1
1990 / 1991	83.182	1,3	34.392	41,3	79.896	0,8	32.885	41,2
1991 / 1992	88.470	6,4	36.982	41,8	84.486	5,7	35.115	41,6
1992 / 1993	97.984	10,8	41.141	42,0	93.341	10,5	38.977	41,8
1993 / 1994	102.255	4,4	43.632	42,7	97.050	4,0	41.098	42,3
1994 / 1995	107.457	5,1	46.038	42,8	101.702	4,8	43.214	42,5
1995 / 1996	110.770	3,1	48.090	43,4	104.451	2,7	44.910	43,0
1996 / 1997	112.448	1,5	49.509	44,0	105.583	1,1	46.074	43,6
1997 / 1998	112.756	0,3	50.534	44,8	105.100	-0,5	46.588	44,3
1998 / 1999	110.366	-2,1	50.196	45,5	102.098	-2,9	45.872	44,9
1999 / 2000	106.853	-3,2	49.487	46,3	98.058	-4,0	44.798	45,7
2000 / 2001	102.889	-3,7	48.963	47,6	93.838	-4,3	43.763	46,6
2001 / 2002	100.020	-2,8	48.115	48,1	90.500	-3,6	42.781	47,3
2002 / 2003	99.292	-0,7	48.729	49,1	89.406	-1,2	43.157	48,3
2003 / 2004	98.834	-0,5	48.945	49,5	88.684	-0,8	43.131	48,6
2004 / 2005	93.945	-4,9	47.510	50,9	83.982	-5,3	41.589	49,5
2005 / 2006	92.198	-1,9	47.313	51,3	82.324	-2,0	41.349	50,2
2006 / 2007**	87.947	-4,6	45.782	52,1	78.406	-4,8	39.861	50,8
2007 / 2008	83.683	-4,8	44.154	52,8	74.844	-4,5	38.656	51,6
2008 / 2009	86.210	3,0	45.767	53,1	77.023	2,9	40.041	52,0
2009 / 2010	89.331	3,6	47.925	53,7	79.926	3,8	42.023	52,6
2010 / 2011	92.577	3,6	50.007	54,0	83.154	4,0	44.030	53,0
2011 / 2012	99.134	7,1	53.302	53,8	89.430	7,5	47.128	52,7
2012 / 2013	102.908	3,8	55.650	54,1	93.012	4,0	49.342	53,1
2013 / 2014	107.199	4,2	58.398	54,5	97.122	4,4	51.952	53,5
2014 / 2015	109.605	2,2	60.195	54,9	99.225	2,2	53.463	53,9

* Bis zum WS 2001/02 wurde der Fachbereich Wirtschaftsrecht nicht gesondert ausgewiesen, sondern unter Rechtswissenschaften subsumiert

** Aufgrund einer Revision der Studienfachzuordnungen in NRW sind die Ergebnisse ab WS 2006/07 nur noch bedingt mit den Vorjahren vergleichbar

Quelle: Statistisches Bundesamt , Fachserie 11 Reihe 4.1 „Bildung und Kultur", eigene Berechnungen

Tab. 6.1.2: **Zahl der Studierenden im Fach Rechtswissenschaft in der Bundesrepublik / DDR von 1950 bis 1989**

Jahr	Bundesrepublik	DDR
1950	13.110	
1951	12.680	
1952	11.891	
1953	11.919	1.528
1954	13.249	1.621
1955	14.895	1.498
1956	17.398	3.820
1957	19.432	3.429
1958	20.521	2.472
1959	20.078	2.600
1960	18.460	3.462
1961	17.817	3.437
1962	18.510	2.919
1963	19.094	2.438
1964	20.309	1.961
1965	21.579	2.696
1966	24.603	2.521
1967	26.607	3.182
1968	30.156	3.328
1969	33.550	4.051
1970	34.488	4.656
1971	35.761	4.624
1972	38.091	4.198
1973	k.A.	4.473
1974	46.420	4.177
1975	51.566	3.773
1976	56.099	3.393
1977	59.434	3.305
1978	62.396	3.242
1979	65.225	3.191
1980	69.778	3.664
1981	76.379	3.390
1982	80.816	3.433
1983	84.958	3.289
1984	86.909	3.171
1985	85.361	3.011
1986	84.339	2.961
1987	82.421	2.940
1988	83.248	3.302
1989	82.109	3.114

Quelle: Statistisches Bundesamt / Staatliche Zentralverwaltung für Statistik

Tab. 6.1.3: Entwicklung der Zahl der Studierenden in den Fächern Rechtswissenschaft und Wirtschaftsrecht an Universitäten von 1990 bis 2014 – nach angestrebtem Abschluss

Wintersemester (WS)	Studierende	ohne Promotion / LL.M. / LL.B. / Lehramt	Anteil (in %)
1990 / 1991	81.973	78.880	96,2
1991 / 1992	88.265	85.064	96,4
1992 / 1993	97.719	94.375	96,6
1993 / 1994	101.886	98.224	96,4
1994 / 1995	107.036	102.950	96,2
1995 / 1996	100.365	95.844	95,9
1996 / 1997	112.156	107.110	95,5
1997 / 1998	111.700	106.318	95,2
1998 / 1999	108.829	103.030	94,7
1999 / 2000	105.141	99.262	94,4
2000 / 2001	101.051	94.915	93,9
2001 / 2002	98.309	91.710	93,3
2002 / 2003	99.158	92.074	92,7
2003 / 2004	98.848	90.493	91,7
2004 / 2005	94.404	84.228	89,7
2005 / 2006	94.098	80.920	86,7
2006 / 2007	92.089	77.619	86,0
2007 / 2008	86.123	71.428	82,7
2008 / 2009	88.722	71.686	80,7
2009 / 2010	92.447	72.678	78,6
2010 / 2011	96.279	74.255	77,1
2011 / 2012	103.162	79.864	77,4
2012 / 2013	107.377	82.902	77,2
2013 / 2014	111.487	87.087	78,2
2014 / 2015	113.341	90.101	79,5

Quelle: Satistisches Bundesamt, Fachserie 11 Reihe 4.1 „Bildung und Kultur"

Tab. 6.1.4: **Zahl der Rechtsanwälte und der Zahl der Studierenden im Fach Rechtswissenschaft in Deutschland von 1950 bis 2014**

Jahr	Studierende*	Rechtsanwälte**	Quote***
1950	13.110	12.844	1,02
1955	14.895	16.824	0,88
1960	18.460	18.347	1,01
1965	21.579	19.796	1,09
1970	34.488	22.882	1,51
1975	51.566	26.854	1,92
1980	69.788	36.077	1,93
1985	85.361	46.933	1,82
1990	83.182	56.938	1,46
1991	88.470	59.455	1,49
1992	97.984	64.311	1,52
1993	102.255	67.120	1,52
1994	107.457	70.438	1,53
1995	110.770	74.291	1,49
1996	112.448	78.810	1,43
1997	112.756	85.105	1,33
1998	110.366	91.516	1,21
1999	106.853	97.791	1,09
2000	102.889	104.067	0,98
2001	100.020	110.367	0,91
2002	99.292	116.305	0,85
2003	98.834	121.420	0,81
2004	93.345	126.793	0,74
2005	92.198	132.569	0,70
2006****	87.947	138.104	0,64
2007	83.683	142.830	0,59
2008	86.210	146.910	0,59
2009	89.331	150.337	0,59
2010	92.577	153.251	0,60
2011	99.134	155.679	0,64
2012	102.908	158.426	0,65
2013	107.199	160.880	0,66
2014	129.895	163.513	0,79

* Zahl der Studierenden im Fach Rechtswissenschaft im Wintersemester des jeweiligen Jahres
** Zahl der Rechtsanwälte am 1.1. des jeweiligen Jahres
*** Zahl der Studierenden pro Rechtsanwalt
**** Aufgrund einer Revision der Studienfachzuordnungen in NRW sind die Ergebnisse ab WS 2006/07 nur noch bedingt mit den Vorjahren vergleichbar

Quelle: Statistisches Bundesamt (Studierende), Bundesrechtsanwaltskammer (Rechtsanwälte), eigene Berechnungen

Tab. 6.1.5: Zahl der Studienanfänger im Fach Rechtswissenschaft in Deutschland von 1952 bis 2014 * °

Jahr	Anzahl	Veränderung (in %)
1952	2.868	
1955	4.698	63,8
1960	3.173	-32,5
1965	4.805	51,4
1970	6.703	39,5
1975	12.206	-5,0
1980	14.446	18,4
1981	17.302	19,8
1982	16.517	-4,5
1983	15.836	-4,1
1984	14.201	-10,3
1985	11.995	-15,5
1986	12.462	3,9
1987	12.850	3,1
1988	12.466	-3,0
1989	15.953	28,0
1990	15.953	0,0
1991	21.613	35,5
1992**	21.178	-2,0
1993	19.705	-7,0
1994	21.012	6,6
1995	20.153	-4,1
1996	19.907	-1,2
1997	19.210	-3,5
1998	18.771	-2,3
1999	18.639	-0,7
2000	17.984	-3,5
2001	18.578	3,3
2002	21.411	15,2
2003	21.647	1,1
2004	20.248	-6,5
2005	19.848	-2,0
2006***	20.566	3,6
2007	19.866	-3,4
2008	20.743	4,4
2009	20.376	-1,8
2010	21.780	6,9
2011	25.680	17,9
2012	24.656	-4,0
2013	25.919	5,1
2014	26.074	0,6

* Zahl der Studienanfänger im Fach Rechtswissenschaft im Sommer- und Wintersemester des jeweiligen Jahres

** seit 1992 mit neuen Bundesländern

*** Aufgrund Revision der Studienfachzuordnungen in NRW ab WS 2006/07 nur noch bedingt mit den Vorjahren vergleichbar

Quelle: Statistisches Bundesamt , Fachserie 11 Reihe 4.1 „Bildung und Kultur"

Tab. 6.1.6: Zahl der Abiturienten und der Zahl der Studienanfänger im Fach Rechtswissenschaft in der Bundesrepublik Deutschland von 1952 bis 2014

Jahr	Studienanfänger*	Absolventen mit Hochschulreife**	Anteil (in %)***
1952	2.868	27.568	10,4
1955	4.698	33.069	14,2
1960	3.173	58.164	5,5
1965	4.805	51.147	9,4
1970	6.703	85.404	7,8
1975	12.206	122.435	9,9
1980	14.446	168.017	8,6
1985	11.995	230.705	5,2
1990	15.953	199.918	8,0
1992	21.178	213.143	9,9
1993	19.705	214.553	9,2
1994	21.012	216.327	9,7
1995	20.153	234.903	8,6
1996	19.907	242.015	8,2
1997	19.210	246.862	7,8
1998	18.771	244.934	7,7
1999	18.639	254.311	7,3
2000	17.984	257.684	7,8
2001	18.578	243.068	8,7
2002	21.411	253.317	9,6
2003	21.647	255.234	9,7
2004	20.248	263.509	8,9
2005	19.848	270.662	8,6
2006****	20.566	285.619	7,2
2007	19.866	302.648	6,6
2008	20.743	310.417	6,7
2009	20.376	314.718	6,5
2010	21.780	316.223	6,9
2011	25.680	360.371	7,1
2012	24.656	356.677	7,0
2013	25.919	371.417	7,0
2014	26.074	332.733	7,8

* Zahl der Studienanfänger im Fach Rechtswissenschaft im Sommer- und Wintersemester des jeweiligen Jahres
** Die Zahl der Absolventen mit Hochschulreife umfasst auch Absolventen mit fachgebundener Hochschulreife, hingegen nicht Absolventen mit Fachhochschulreife
*** rechnerischer Anteil eines Abiturjahrgangs, der das Studium der Rechtswissenschaften aufnimmt
**** Aufgrund einer Revision der Studienfachzuordnungen in NRW sind die Ergebnisse ab WS 2006/07 nur noch bedingt mit den Vorjahren vergleichbar

Quelle: Statistisches Bundesamt Fachserie 11, Reihe 1, Allgemeinbildende Schulen

Tab. 6.1.7: **Zahl der Studierenden im Fach Rechtswissenschaft nach Universitäten von 2006 bis 2014 (jeweils im Wintersemester eines Jahres)**

Bundesland		06/07	07/08	08/09	09/10	10/11	11/12	12/13	13/14	14/15
Baden-Württemberg	U Freiburg	2.288	1.964	1.766	1.687	1.765	1.849	1.914	1.963	2.105
	U Heidelberg	2.622	2.298	1.645	2.035	2.187	2.319	2.485	2.640	2.741
	U Konstanz	1.874	1.472	1.442	1.355	1.310	1.414	1.460	1.635	1.591
	U Tübingen	2.542	2.542	2.563	2.254	2.314	2.367	2.476	2.570	2.541
Bayern	U Augsburg	1.845	1.819	1.825	1.737	1.851	2.300	2.401	2.477	2.588
	U Bayreuth	1.440	1.415	1.397	1.282	1.362	1.729	1.714	1.856	1.831
	U Erlangen-Nürnberg	1.593	1.498	1.582	1.539	1.576	1.787	1.729	1.775	2.019
	U München	4.365	4.212	3.758	3.678	3.682	4.166	4.102	4.209	4.397
	U Passau	1.571	1.307	1.502	1.706	1.828	2.128	2.159	2.351	2.466
	U Regensburg	1.623	1.791	1.670	1.570	1.723	2.018	2.048	2.287	2.492
	U Würzburg	2.054	1.933	1.597	1.637	1.823	2.115	2.137	2.506	2.505
Berlin	FU (Freie Universität)	2.966	2.820	2.820	2.601	2.654	2.729	2.760	2.642	2.726
	HU (Humboldt)		2.797	2.761	2.910	2.935	3.015	3.037	3.064
Brandenburg	U Frankfurt (Oder)	1.534	1.510	1.648	2.031	2.136	1.971	2.143	2.108	2.045
	U Potsdam	1.944	2.233	2.181	1.716	1.863	1.986	2.277	2.127	2.264
Bremen	U Bremen	1.544	1.542		1.324	1.322	1.341	1.329	1.201	1.157
Hamburg	U Hamburg	4.258	3.857	4.009	3.561	3.566	3.608	3.926	4.039	4.184
	Bucerius Law School	530	514	590	679	679	667	958	954	874
Hessen	U Frankfurt	3.612		3.143	3.652	3.819	4.033	4.264	4.467	4.523
	U Gießen	1.560	1.412	1.404	1.561	1.533	1.724	1.684	1.705	1.934
	U Marburg	1.656	1.286	1.500	1.535	1.720	2.044	1.957	2.220	2.181
	EBS						91	196	296	354
Mecklenb.-Vorpom.	U Greifswald	1.187	1.347	1.391	1.353	1.414	1.503	1.435	1.532	1.533
	U Rostock	1.221	1.264	1.072	692	504	377	264	87	36
Niedersachsen	U Göttingen	2.227	2.082	2.079	1.942	2.082	2.111	2.165	2.442	2.549
	U Hannover	1.929	1.559	1.487	1.619	1.565	1.728	1.869	1.990	2.064
	U Osnabrück	1.436	1.490	1.522	1.554	1.531	1.606	1.664	1.636	1.740
Nordrhein-Westfalen	U Bielefeld	2.066	1.902	2.047	1.794	1.882	2.138	2.205	2.849	3.102
	U Bochum	3.321	2.991	3.005	2.853	3.051	3.259	3.364	3.764	4.015
	U Bonn	4.797	3.588	3.862	3.759	3.604	3.703	3.894	4.016	4.229
	U Düsseldorf	1.375	1.359	1.188	1.434	1.449	1.598	1.703	1.823	1.833
	FernU Hagen	3.668	4.795	6.043	6.180	7.233	7.966	8.283	8.449	7.400
	U Köln	5.643	5.241	5.132	4.879	4.728	4.936	4.905	4.960	5.264
	U Münster	5.974	4.297	4.502	4.174	4.256	4.479	4.709	4.868	5.136
Rheinland-Pfalz	U Mainz	3.275	3.139	3.227	2.653	2.711	2.782	2.911	2.897	2.983
	U Trier	1.763	1.639	1.759	1.474	1.527	1.694	1.907	2.039	2.108
Saarland	U Saarbrücken	1.799	1.703	2.403	1.809	1.953	2.002	2.085	2.093	2.084
Sachsen	TU Dresden	947	1.118	1.067	1.236	1.045	827	850	904	990
	U Leipzig	1.438	1.706	1.823	1.920	2.171	2.413	2.588	2.425	2.382
Sachsen-Anhalt	U Halle	895	1.198	1.194	1.101	1.133	1.440	1.610	1.767	1.705
Schleswig-Holstein	U Kiel	2.361	2.187	2.079	1.851	1.939	1.949	1.974	1.955	2.053
Thüringen	U Jena	1.943	1.934	2.060	1.652	1.621	1.601	1.517	1.387	1.360

Quelle: Statistisches Bundesamt (ab Wintersemester 2009/10) / Deutscher Juristen-Fakultätentag (bis Wintersemester 2008/09)

Tab. 6.1.8: **Zahl der Studierenden im Studienfach Rechtswissenschaft im 1. Fachsemester nach Universitäten von 2009 bis 2013 (jeweils im Wintersemester eines Jahres)**

Bundesland		09/10	10/11	11/12	12/13	13/14	14/15
Baden-Württemberg	U Freiburg	418	465	435	437	448	448
	U Heidelberg	398	405	402	404	391	356
	U Konstanz	310	298	349	333	443	325
	U Tübingen	413	460	421	427	418	375
Bayern	U Augsburg	525	477	404	548	496	540
	U Bayreuth	279	370	460	359	452	376
	U Erlangen-Nürnberg	363	355	465	347	273	558
	U München	832	810	1.195	936	1.014	1.065
	U Passau	524	587	723	568	675	627
	U Regensburg	314	425	423	435	543	620
	U Würzburg	445	500	627	554	920	766
Berlin	FU (Freie Universität)	371	497	580	584	505	634
	HU (Humboldt)	447	535	560	576	592	601
Brandenburg	U Frankfurt (Oder)	731	633	442	608	545	392
	U Potsdam	447	558	518	690	349	543
Bremen	U Bremen	280	308	340	302	227	257
Hamburg	U Hamburg	449	500	459	477	463	476
	Bucerius Law School	159	159	164	132	158	160
Hessen	U Frankfurt	476	511	592	551	650	590
	U Gießen	294	319	512	367	373	538
	U Marburg	349	447	573	324	672	356
	EBS			88	118	102	66
Mecklenb.-Vorpom.	U Greifswald	291	396	369	309	348	323
	U Rostock	86	12	26	14	1	3
Niedersachsen	U Göttingen	344	439	432	437	681	494
	U Hannover	265	252	465	461	472	427
	U Osnabrück	354	376	473	471	440	515
Nordrhein-Westfalen	U Bielefeld	264	276	268	249	654	437
	U Bochum	371	420	363	337	624	563
	U Bonn	605	396	466	476	484	606
	U Düsseldorf	296	291	309	302	314	321
	FernU Hagen	1.343	1.743	1.468	1.407	1.228	1.181
	U Köln	676	557	746	549	665	657
	U Münster	448	481	532	562	585	662
Rheinland-Pfalz	U Mainz	304	372	377	420	314	326
	U Trier	362	427	569	664	675	607
Saarland	U Saarbrücken	535	533	493	520	436	484
Sachsen	TU Dresden	437	261	223	352	375	391
	U Leipzig	488	586	699	703	442	465
Sachsen-Anhalt	U Halle	258	256	532	478	528	288
Schleswig-Holstein	U Kiel	352	367	359	367	378	447
Thüringen	U Jena	363	334	361	294	253	352

Quelle: Statistisches Bundesamt (ab Wintersemester 2009/10) / Deutscher Juristen-Fakultätentag (bis Wintersemester 2008/09)

Tab. 6.1.9: **Entwicklung der Zahl der Studierenden in den Rechtswissenschaften an Fachhochschulen von 2003 bis 2014**

Wintersemester (WS)	Gesamt	Rechtwissenschaft	Wirtschaftsrecht
2003 / 2004	4.742	423	4.319
2004 / 2005	5.412	521	4.891
2005 / 2006	5.796	298	5.498
2006 / 2007	9.067	320	8.747
2007 / 2008	9.701	195	9.506
2008 / 2009	10.440	438	10.002
2009 / 2010	11.696	648	11.048
2010 / 2011	12.234	861	11.373
2011 / 2012	13.516	1.082	12.434
2012 / 2013	13.161	1.221	11.940
2013 / 2014	14.014	1.422	12.592
2014 / 2015	15.282	1.678	13.604

Quelle: Statistisches Bundesamt, Fachserie 11 Reihe 4.1 „Bildung und Kultur"

Tab. 6.1.10: Zahl der Rechtsprofessoren von 1982 bis 2014

Jahr	Rechtsprofessoren*	davon weiblich	Anteil (in %)	Veränderung (in %)
1982	730	8	1,1	
1983	1.046	36	3,4	43,3
1984	745	12	1,6	-29,0
1985	743	12	1,6	-0,3
1986	766	10	1,3	3,1
1987	738	10	1,4	3,7
1988	749	12	1,6	1,5
1989	894	17	1,9	19,4
1990	765	16	2,1	-14,4
1991	752	17	2,3	-1,7
1992**	957	37	3,9	27,3
1993	970	43	4,4	1,4
1994	1.073	54	5,0	10,6
1995	1.074	58	5,4	0,1
1996	1.091	55	5,0	1,6
1997	1.069	58	5,4	-2,0
1998	1.100	74	6,7	2,9
1999	1.133	73	6,4	3,0
2000	1.106	90	8,1	-2,4
2001	1.098	96	8,7	-0,7
2002	1.144	107	9,4	4,2
2003	1.249	140	11,2	9,2
2004	1.302	162	12,4	4,2
2005	1.289	170	13,2	-1,0
2006	1.314	186	14,2	1,9
2007	1.324	205	15,5	0,8
2008***	1.216	194	16,0	-8,2
2009	1.332	217	16,3	9,5
2010	1.331	211	15,9	-0,1
2011	1.387	231	16,7	4,2
2012	1.395	227	16,3	-1,7
2013	1.448	263	18,2	3,8
2014	1.428	256	17,9	-1,4

* bis einschl. 2001 nur C 4-, C 3- und C 2-Professoren

** ab 1992 inkl. der neuen Bundesländer

*** ohne Professoren an Verwaltungsfachhochschulen

Quelle: Statistisches Bundesamt, Fachserie 11, Reihe 4.4, Bildung und Kultur. Personal an Hochschulen

Tab. 6.1.11: Student-Professor-Relation im Fachbereich Rechtswissenschaften vom Wintersemester 1992 / 93 bis Wintersemester 2014 / 15

Wintersemester	Studierende*	Rechtsprofessoren**	Stud. - Prof. Relation (1 Prof. = n Studenten)
1992 / 1993	93.341	957	97,5
1993 / 1994	97.050	970	100,1
1994 / 1995	101.702	1.073	94,8
1995 / 1996	104.451	1.074	97,3
1996 / 1997	105.583	1.091	96,8
1997 / 1998	105.100	1.069	98,3
1998 / 1999	102.098	1.100	92,8
1999 / 2000	98.058	1.133	86,5
2000 / 2001	93.838	1.106	84,8
2001 / 2002	90.500	1.098	82,4
2002 / 2003	89.406	1.144	78,2
2003 / 2004	88.684	1.249	71,0
2004 / 2005	83.982	1.302	64,5
2005 / 2006	82.324	1.289	63,9
2006 / 2007***	78.406	1.314	59,7
2007 / 2008	74.844	1.324	56,6
2008 / 2009	77.023	****1.216	63,3
2009 / 2010	79.926	1.332	60,0
2010 / 2011	83.154	1.331	62,5
2011 / 2012	89.430	1.387	64,5
2012 / 2013	93.102	1.395	66,7
2013 / 2014	97.122	1.448	67,1
2014 / 2015	99.225	1.428	69,5

* nur deutsche Studierende

** bis einschl. 2001 nur C 4-, C 3- und C 2-Professoren; Zahl der Rechtsprofessoren für das Winter- und Sommersemester des jeweiligen Jahres

**** Aufgrund einer Revision der Studienfachzuordnungen in NRW sind die Ergebnisse ab WS 2006/07 nur noch bedingt mit den Vorjahren vergleichbar

***** ohne Professoren an Verwaltungsfachhochschulen

Quelle: Statistisches Bundesamt, Fachserie 11, Reihe 4.4, Bildung und Kultur. Personal an Hochschulen, eigene Berechnungen

Tab. 6.1.12: Personal rechtswissenschaftlicher Fakultäten von 2003 bis 2014

		2003	2005	2007	2009	2011	2013	2014
Hauptberuflich	Professoren	903	917	913	944	964	993	983
	Dozenten/Assistenten	363	296	187	122	116	115	109
	wiss. Mitarbeiter	2.053	2.171	2.315	2.794	3.091	3.191	3.290
	Lehrkräfte bes. Aufgaben	8	11	15	35	40	52	47
	Insgesamt	3.327	3.395	3.430	3.895	4.211	4.351	4.429
Nebenberuflich	Gast-/Professoren / Emeriti	59	45	67	67	76	78	81
	Lehrbeauftragte/Hon-Prof./PDen	997	1.106	1.353	1.231	1.372	1.506	1.627
	Wiss. Hilfskräfte / Tutoren	1.301	1.257	1.326	1.470	1.401	1.413	1.494
	Insgesamt	2.357	2.408	2.746	2.768	2.849	2.997	3.202
Insgesamt		**5.684**	**5.803**	**6.176**	**6.663**	**7.060**	**7.348**	**7.631**

Quelle: Statistisches Bundesamt, Fachserie 11, Reihe 4.4, Bildung und Kultur. Personal an Hochschulen

Tab. 6.1.13: Dauer* des Studiums (durchschnittl. Semesterzahl**) der Rechtswissenschaften nach Bundesländern von 2000*** bis 2013 † °

Bundesland	2000	2002	2004	2006	2007	2008	2009	2010	2011	2012	2013
Baden-Württemberg	9,6	9,7	9,5	9,3	7,8 (9,3)	8,6 (11,3)	9,4 (15,8)	9,8 (--)	10,0 (--)	10,1 (--)	9,9 (--)
Bayern	9,6	9,7	9,7	9,4	8,6 (9,5)	8,6 (11,3)	9,1 (13,3)	9,5 (--)	9,7 (--)	9,7 (--)	9,7 (--)
Berlin	10,4	10,5	10,7	10,0	8,8 (12,5)	9,7 (15,8)	10,4 (--)	10,3 (--)	10,5 (--)	10,5 (--)	10,5 (--)
Brandenburg	10,0	10,1	10,7	11,0	12,0 (12,0)	10,2 (15,3)	10,8 (--)	11,2 (--)	10,7 (--)	10,8 (--)	10,5 (--)
Bremen	12,0	11,1	12,0	10,9	10,6 (10,9)	11,1 (16,6)	10,6 (17,6)	10,4 (18,0)	10,3 (19,0)	11,4 (29,5)	10,8 (16,3)
Hamburg****	10,6	10,9	10,7	10,8	9,0 (10,6)	8,9 (12,7)	9,8 (14,0)	11,0 (14,2)	11,7 (21,5)	11,6 (13,7)	11,2 (--)
Hessen	11,4	11,4	11,6	11,7	9,8 (11,5)	10,0 (13,7)	9,6 (15,8)	10,7 (17,8)	11,6 (--)	11,2 (--)	11,0 (--)
Mecklenb.-Vorpom.	10,2	10,6	10,8	11,6	12,7 (12,3)	9,2 (13,9)	10,2 (18,1)	10,6 (--)	11,4 (--)	10,9 (--)	11,0 (--)
Niedersachsen	10,6	10,8	11,2	11,1	9,9 (10,9)	9,1 (12,3)	10,2 (13,8)	10,6 (14,3)	10,6 (16,3)	10,8 (15,5)	10,8 (25,5)
Nordrhein-Westfalen	10,3	10,9	10,5	10,8	8,4 (12,0)	8,9 (14,0)	9,7 (16,0)	9,9 (--)	9,8) (--)	10,0 (--)	9,9 (--)
Rheinland-Pfalz	10,9	10,9	11,3	10,9	8,7 (10,7)	9,4 (14,3)	9,8 (--)	10,6 (--)	11,4 (--)	9,6 (--)	10,8 (--)
Saarland	10,2	10,4	10,3	11,3	9,7 (12,9)	9,9 (16,7)	10,3 (--)	10,6 (--)	10,9 (--)	10,9 (--)	11,3 (--)
Sachsen	9,9	10,6	10,6	11,0	8,6 (10,2)	8,8 (12,7)	9,5 (12,9)	9,7 (--)	9,7 (15,0)	9,2 (--)	9,2 (--)
Sachsen-Anhalt	10,6	10,6	10,2	11,9	8,0 (11,9)	9,8 (16,1)	11,2 (--)	10,4 (--)	10,4 (--)	10,9 (--)	10,3 (--)
Schleswig-Holstein	9,9	10,2	10,0	10,1	10,3 (10,1)	9,0 (12,0)	8,8 (14,7)	9,6 (--)	10,0 (--)	10,6 (--)	11,2 (--)
Thüringen	9,9	10,3	11,3	10,6	8,3 (10,7)	8,8 (11,2)	10,3 (--)	10,1 (--)	10,0 (--)	10,1 (--)	9,7 (--)
GESAMT	**10,4**	**10,5**	**10,4**	**10,3**	**8,9 (10,8)**	**9,1 (12,9)**	**9,7 (15,0)**	**10,1 (15,7)**	**10,3 (17,3)**	**10,2 (16,9)**	**10,2 (19,1)**

* ohne die Dauer des Prüfungsverfahrens. Das letzte Semester wird nicht mitgerechnet, wenn der Begin der Prüfungen in die erste Semesterhälfte fällt und zu 0,5 angerechnet, wenn der Prüfungsbeginn in die zweite Semesterhälfte fällt.

** aller geprüften Kandidaten einschließlich Wiederholer – ohne Wiederholer zur Notenverbesserung (ab 1999 in Bad.-Württ. mit Wiederholer zur Notenverbesserung).

*** Zahlen für die Jahre 1996-1999 sind im Statistischen Jahrbuch 2009/2010 abgedruckt.

**** Die in Hamburg ansässige Bucerius Law School unterteilt das Studienjahr in Trimester und blieb daher bei der Ermittlung der Studiendauer unberücksichtigt.

† Ab 2007 wird zwischen der Dauer des Studiums der Rechtswissenschaften nach dem alten Recht und nach dem neuen Recht unterschieden. Die Dauer des Studiums nach altem Recht ist in Klammern gesetzt.

Quelle: Bundesministerium der Justiz (BMJ), Bundesamt für Justiz (BfJ)

Tab. 6.1.14: Zahl der Studienabschlüsse in der Bundesrepublik und der DDR von 1952 bis 1989

Jahr	1. Jur. Staatsprüfung (Bundesrepublik)	Veränderung (in %)	Diplome (DDR)	Veränderung (in %)
1952	2.735			
1953	2.748	0,5	155	
1954	2.736	-0,4	403	160,0
1955	2.534	-7,4	417	3,5
1956	2.424	-4,3	401	-3,8
1957	2.384	-1,7	468	16,7
1958	2.581	8,3	876	87,2
1959	3.153	22,2	402	-54,1
1960	3.400	7,8	894	122,4
1961	3.283	-3,4	303	-66,1
1962	3.305	0,7	726	139,6
1963	3.150	-4,7	489	-32,6
1964	2.792	-11,4	380	-22,3
1965	2.698	-3,4	159	-58,2
1966	2.850	5,6	474	198,1
1967	3.088	8,4	161	-66,0
1968	3.465	12,2	141	-12,4
1969	4.284	23,6	454	222,0
1970	3.712	-13,4	548	20,7
1971	3.532	-4,8	652	19,0
1972	4.359	23,4	1.076	65,0
1973	5.132	17,7	720	-33,1
1974	4.887	-4,8	1.106	53,6
1975	4.326	-11,5	920	-16,8
1976	3.496	-19,2	1.180	28,3
1977	3.857	10,3	539	-54,3
1978	4.324	12,1	993	84,2
1979	5.080	17,5	556	-44,0
1980	5.750	13,2	453	-18,5
1981	6.158	7,1	744	64,2
1982	5.592	-9,2	734	-1,3
1983	5.535	-1,0	601	-18,1
1984	5.854	5,8	873	45,3
1985	6.015	2,8	584	-33,1
1986	7.082	17,7	460	-21,2
1987	6.951	-1,8	462	0,4
1988	7.927	14,0	500	8,2
1989	8.020	1,2	707	41,4

Quelle: Statistisches Bundesamt / Staatliche Zentralverwaltung für Statistik

Tab. 6.1.15: Zahl der bestandenen Ersten Juristischen Staatsprüfungen / Staatlichen Pflichtfachprüfungen von 1990 bis 2013

Jahr	Erste Juristische Staatsprüfungen	Staatliche Pflichtfachprüfungen	Veränderung (in %)
1990	8.127		
1991	7.508		-7,6
1992	8.411		12,0
1993	9.781		16,3
1994*	10.127		3,5
1995	11.380		12,4
1996	12.573		10,5
1997	12.393		-1,4
1998	12.153		-1,9
1999	12.099		-0,4
2000	11.893		-1,7
2001	11.139		-6,3
2002	10.838		-2,7
2003	9.565		-11,7
2004	9.655		0,9
2005	9.015		-6,6
2006	9.903		9,9
2007	9.811	980	9,0
2008	3.004	5.270	-23,3
2009	1.027	7.898	7,9
2010	53	8.464	-4,6
2011	11	8.296	-2,5
2012	10	7.636	-7,9
2013	2	8.324	9,0

* ab 1994 einschließlich der neuen Bundesländer

Quelle: Bundesministerium der Justiz (BMJ), Bundesamt für Justiz (BfJ)

Tab. 6.1.16: Noten der geprüften Kandidaten in der Ersten Juristischen Staatsprüfung von 1995 bis 2013

Jahr	geprüfte Kandidaten	sehr gut Anzahl	sehr gut Anteil (in %)	gut Anzahl	gut Anteil (in %)	voll befriedig. Anzahl	voll befriedig. Anteil (in %)	befriedigend Anzahl	befriedigend Anteil (in %)	ausreichend Anzahl	ausreichend Anteil (in %)
1995	15.623	21	0,1	401	2,6	1.716	11,0	4.120	26,4	5.122	32,8
1996	17.858	21	0,1	391	2,2	1.887	10,6	4.617	25,9	5.657	31,7
1997	17.886	41	0,2	396	2,2	1.907	10,7	4.448	24,9	5.600	31,3
1998	12.153	29	0,2	367	2,1	1.850	10,4	4.432	25,0	5.475	30,9
1999	17.023	23	0,1	412	2,4	1.989	11,7	4.422	26,0	5.253	30,9
2000	16.783	17	0,1	411	2,5	2.012	12,0	4.418	26,3	4.911	29,3
2001	15.451	25	0,2	412	2,7	1.869	12,1	4.156	26,9	4.677	30,3
2002	15.056	22	0,2	402	2,7	1.810	12,0	4.005	26,6	4.599	30,6
2003	13.207	30	0,2	363	2,7	1.567	11,9	3.521	26,7	4.084	30,9
2004	12.976	25	0,2	351	2,7	1.684	13,0	3.579	27,6	4.016	30,9
2005	12.353	30	0,2	366	3,0	1.560	12,6	3.392	27,5	3.667	29,7
2006	14.013	27	0,2	380	2,7	1.711	12,2	3.654	26,1	4.131	29,5
2007	14.500	30	0,2	367	2,5	1.614	11,1	3.574	24,6	4.226	29,1
2008	4.663	0	0,0	31	0,7	248	5,3	1.064	22,8	1.661	35,6
2009	1.679	0	0,0	2	0,1	34	2,0	286	17,0	705	42,0
2010	95	0	0,0	0	0,0	3	3,2	15	15,8	35	36,8
2011	19	0	0,0	0	0,0	1	5,3	4	21,1	6	31,6
2012	16	0	0,0	0	0,0	0	0,0	1	6,3	9	56,3
2013	10	0	0,0	0	0,0	0	0,0	1	10,0	1	10,0

Quelle: Bundesministerium der Justiz (BMJ) / Bundesamt für Justiz (BfJ), Ausbildungsstatistik 1995-2013

Tab. 6.1.17: Nichtbestehensquote in der Ersten Juristischen Staatsprüfung nach Bundesländern von 1995 bis 2003 (Angaben in %)

Bundesland	1995	1996	1997	1998	1999	2000	2001	2002	2003
Baden-Württemberg	31,1	34,6	35,4	37,9	31,2	34,2	32,0	32,2	35,5
Bayern	32,7	33,9	35,7	38,2	32,5	34,8	32,0	32,5	31,1
Berlin	26,2	29,8	34,2	34,5	33,6	31,4	30,8	30,6	29,2
Brandenburg	44,0	34,3	30,2	35,1	32,8	31,8	33,8	43,6	34,8
Bremen	31,8	29,2	19,8	24,5	27,6	38,3	28,8	36,1	25,5
Hamburg	17,9	19,5	19,4	18,8	18,8	18,9	30,3	18,8	19,0
Hessen	21,2	18,4	20,7	17,9	18,6	20,8	19,6	16,6	13,9
Mecklenb.-Vorpom.	50,0	37,5	46,4	39,6	36,4	34,1	29,6	34,0	33,3
Niedersachsen	25,9	26,2	24,7	26,1	26,9	24,0	23,4	24,2	21,7
Nordrhein-Westfalen	20,1	22,8	22,2	21,4	19,8	20,2	19,3	21,3	20,4
Rheinland-Pfalz	28,3	23,4	27,9	23,6	26,2	20,7	21,3	22,7	29,7
Saarland	22,8	28,3	32,1	29,4	32,6	29,1	29,5	29,1	22,9
Sachsen	40,2	52,1	45,4	45,4	45,9	50,2	44,4	36,3	41,4
Sachsen-Anhalt	29,9	32,0	41,4	41,2	38,8	36,9	41,2	44,2	41,0
Schleswig-Holstein	21,4	20,0	24,1	21,1	21,3	15,0	18,5	18,7	17,8
Thüringen	36,1	47,5	47,5	41,8	39,1	32,8	32,0	30,1	30,3
GESAMT	**27,2**	**29,6**	**30,7**	**31,4**	**28,9**	**29,1**	**27,9**	**28,0**	**27,6**

Quelle: Bundesministerium der Justiz (BMJ) / Bundesamt für Justiz (BfJ), Ausbildungsstatistik 1995-2003

k.P. = keine Prüfungen im Ersten Juristischen Staatsexamen

Tab. 6.1.18: Nichtbestehensquote in der Ersten Juristischen Staatsprüfung nach Bundesländern von 2004 bis 2013 (Angaben in %)

Bundesland	2004	2005	2006	2007	2008	2009	2010	2011	2012	2013
Baden-Württemberg	30,6	32,9	34,3	38,3	40,6	75,0	k.P.	k.P.	k.P.	k.P.
Bayern	28,9	30,7	30,4	35,0	31,7	48,4	k.P.	k.P.	k.P.	k.P.
Berlin	30,9	27,3	31,5	36,9	44,4	0,0	k.P.	k.P.	k.P.	k.P.
Brandenburg	30,9	35,1	37,1	41,7	45,5	0,0	k.P.	k.P.	k.P.	k.P.
Bremen	33,1	36,9	47,2	29,6	52,3	61,5	52,0	50,0	50,0	100,0
Hamburg	18,3	19,3	31,6	23,2	31,9	21,6	25,0	0,0	66,7	k.P.
Hessen	14,9	16,1	19,9	22,3	17,5	29,9	18,2	k.P.	k.P.	k.P.
Mecklenb.-Vorpom.	29,2	29,6	27,6	47,9	33,8	65,3	k.P.	k.P.	k.P.	k.P.
Niedersachsen	21,3	25,7	24,1	24,9	32,7	44,9	51,1	50,0	63,6	66,7
Nordrhein-Westfalen	19,6	20,9	23,4	28,1	35,5	34,5	k.P.	k.P.	k.P.	k.P.
Rheinland-Pfalz	21,7	25,2	26,9	30,9	31,8	0,0	k.P.	k.P.	k.P.	k.P.
Saarland	19,7	25,2	25,9	38,9	33,3	0,0	k.P.	k.P.	k.P.	k.P.
Sachsen	35,9	37,0	34,4	43,9	41,8	56,1	k.P.	0,0	k.P.	k.P.
Sachsen-Anhalt	39,2	39,8	54,8	29,9	57,1	46,2	k.P.	k.P.	k.P.	k.P.
Schleswig-Holstein	21,2	20,9	26,0	30,8	12,2	20,0	k.P.	k.P.	k.P.	k.P.
Thüringen	28,3	28,7	32,6	29,6	28,9	0,0	k.P.	k.P.	k.P.	k.P.
GESAMT	**25,6**	**27,0**	**29,3**	**32,3**	**35,6**	**38,8**	**44,2**	**42,1**	**62,5**	**80,0**

Quelle: Bundesministerium der Justiz (BMJ) / Bundesamt für Justiz (BfJ), Ausbildungsstatistik 2004-2013

k.P. = keine Prüfungen im Ersten Juristischen Staatsexamen

Tab. 6.1.19: Ergebnisse der Freiversuche in der Ersten Juristischen Staatsprüfung von 2001 bis 2013

Jahr	Zahl der Kandidaten		bestanden		besser als ausreichend bestanden		nicht bestanden	
	Anzahl	Anteil in (%)	Anzahl	Anteil in (%)	Anzahl	Anteil in (%)	Anzahl	Anteil in (%)
2001	5.757	37,3	4.636	80,5	3.162	54,9	1.121	19,5
2002	5.330	35,4	4.279	80,3	2.906	54,5	1.051	19,7
2003	4.991	37,8	4.006	80,3	2.705	54,2	985	19,7
2004	4.680	36,1	3.833	81,9	2.617	55,9	847	18,1
2005	4.398	35,6	3.634	82,6	2.560	58,2	764	17,4
2006	5.449	38,9	4.342	79,7	2.915	53,5	1.107	20,3
2007	5.014	34,6	3.923	78,2	2.701	53,9	1.091	21,8
2008	80	1,7	71	88,8	55	68,8	9	11,3
2009	8	0,5	4	50,0	3	37,5	4	50,0
2010	0	0,0	0	0,0	0	0,0	0	0,0
2011	0	0,0	0	0,0	0	0,0	0	0,0
2012	0	0,0	0	0,0	0	0,0	0	0,0
2013	0	0,0	0	0,0	0	0,0	0	0,0

Quelle: Bundesministerium der Justiz (BMJ) / Bundesamt für Justiz (BfJ), Ausbildungsstatistik 2001-2013

Tab. 6.1.20: Ergebnisse der Verbesserungsversuche in der Ersten Juristischen Staatsprüfung von 2001 bis 2013

Jahr	Kandidaten gesamt	Notenver- besserung	Anteil in (%)	Keine Noten- verbesserung	Anteil in (%)
2001	1.674	1.185	70,8	489	29,2
2002	1.359	894	65,8	465	34,2
2003	1.323	802	56,4	521	43,6
2004	1.423	930	65,4	491	34,6
2005	1.582	964	60,9	618	39,1
2006	1.660	1.084	65,3	576	34,7
2007	1.957	1.261	64,4	696	35,6
2008	1.479	914	61,8	565	38,2
2009	132	86	65,2	46	34,8
2010	7	3	42,9	4	57,1
2011	2	0	0,0	2	100,0
2012	0	0	0,0	0	-
2013	1	0	0,0	1	100,0

Quelle: Bundesministerium der Justiz (BMJ) / Bundesamt für Justiz (BfJ), Ausbildungsstatistik 2001-2013

Tab. 6.1.21: Noten der erfolgreichen Kandidaten in der Ersten Juristischen Prüfung von 2007 bis 2013

Jahr	erfolgreiche Kandidaten	sehr gut		gut		voll befriedigend		befriedigend		ausreichend	
		Anzahl	Anteil (in %)	Anzahl	Anteil (in %)	Anzahl	Anteil (in %)	Anzahl	Anteil (in %)	Anzahl	Anteil (in %)
2007	885	5	0,6	71	8,0	248	28,0	417	47,1	144	16,3
2008	4.861	9	0,2	315	6,5	1.327	28,2	2.296	47,2	869	17,9
2009	7.292	20	0,3	357	4,9	1.896	26,0	3.527	48,4	1.492	20,5
2010	7.923	17	0,2	375	4,7	2.043	25,8	3.746	47,3	1.742	22,0
2011	7.913	24	0,3	364	4,6	1.930	24,4	3.783	47,8	1.812	22,9
2012	7.636	19	0,2	405	5,3	1.929	25,3	3.525	46,2	1.758	23,0
2013	8.146	29	0,4	452	5,5	2.075	25,5	3.763	46,2	1.827	22,4

Quelle: Bundesministerium der Justiz (BMJ) / Bundesamt für Justiz (BfJ), Ausbildungsstatistik 2007-2013

Tab. 6.1.22: Noten der geprüften Kandidaten in der staatlichen Pflichtfachprüfung von 2007 bis 2013

Jahr	erfolgreiche Kandidaten	sehr gut		gut		voll befriedigend		befriedigend		ausreichend	
		Anzahl	Anteil (in %)	Anzahl	Anteil (in %)	Anzahl	Anteil (in %)	Anzahl	Anteil (in %)	Anzahl	Anteil (in %)
2007	980	2	0,1	46	3,2	207	14,5	411	28,8	314	22,0
2008	5.270	11	0,2	235	3,3	1.131	15,9	2.205	31,0	1.688	23,8
2009	7.898	15	0,1	266	2,4	1.469	13,1	3.247	29,1	2.901	26,0
2010	8.464	10	0,1	267	2,3	1.558	13,1	3.403	28,7	3.226	27,2
2011	8.296	15	0,1	271	2,3	1.511	12,9	3.293	28,2	3.206	27,4
2012	8.258	17	0,1	308	2,7	1.546	13,4	3.263	28,2	3.124	27,0
2013	11.848	25	0,2	353	3,0	1.559	13,2	3.264	27,5	3.123	26,4

Quelle: Bundesministerium der Justiz (BMJ) / Bundesamt für Justiz (BfJ), Ausbildungsstatistik 2007-2013

Tab. 6.1.23: Noten der geprüften Kandidaten in der universitären Schwerpunktprüfung von 2007 bis 2013

Jahr	erfolgreiche Kandidaten	sehr gut		gut		voll befriedigend		befriedigend		ausreichend	
		Anzahl	Anteil (in %)	Anzahl	Anteil (in %)	Anzahl	Anteil (in %)	Anzahl	Anteil (in %)	Anzahl	Anteil (in %)
2007	3.659	213	5,5	692	17,7	1.220	31,2	1.079	27,6	455	11,6
2008	6.243	378	5,7	1.253	18,9	2.066	31,2	1.771	26,8	775	11,7
2009	6.795	370	5,1	1.302	18,1	2.245	31,2	2.007	27,9	871	12,1
2010	8.329	407	4,9	1.363	16,4	2.552	30,6	2.416	29,0	1.066	12,8
2011	8.432	412	4,9	1.436	17,0	2.596	30,8	2.395	28,4	1.079	12,8
2012	7.627	411	5,1	1.429	17,7	2.529	31,4	2.265	28,1	993	12,3
2013	8.483	409	4,8	1.547	18,2	2.710	31,9	2.416	28,5	1.021	12,0

Quelle: Bundesministerium der Justiz (BMJ) / Bundesamt für Justiz (BfJ), Ausbildungsstatistik 2007-2013

Tab. 6.1.24: Nichtbestehensquote in der staatlichen Pflichtfachprüfung nach Bundesländern von 2007 bis 2010

Bundesland	2007 Anzahl	2007 Anteil in (%)	2008 Anzahl	2008 Anteil in (%)	2009 Anzahl	2009 Anteil in (%)	2010 Anzahl	2010 Anteil in (%)
Baden-Württemberg	10	20,8	165	23,2	471	31,9	445	29,6
Bayern	48	25,9	291	23,3	624	29,9	668	29,1
Berlin	7	10,4	90	18,1	182	27,3	243	30,6
Brandenburg	7	20,6	33	19,2	64	27,7	71	28,3
Bremen	19	61,3	30	27,0	51	24,4	50	29,1
Hamburg	21	41,2	59	19,9	68	16,0	82	18,5
Hessen	26	34,7	155	29,9	264	32,3	176	23,6
Mecklenb.-Vorpom.	6	21,4	36	26,7	84	38,9	68	31,3
Niedersachsen	9	39,1	86	25,9	178	25,5	186	24,6
Nordrhein-Westfalen	220	36,5	625	32,4	893	32,2	903	31,2
Rheinland-Pfalz	32	25,4	80	18,7	130	20,3	138	22,7
Saarland	28	24,6	28	16,4	30	18,8	51	26,6
Sachsen	1	20,0	55	26,1	100	32,4	120	37,4
Sachsen-Anhalt	13	54,2	32	26,2	39	39,0	40	21,7
Schleswig-Holstein	0	0,0	39	34,5	55	33,7	57	30,6
Thüringen	1	9,1	32	28,6	45	21,8	89	31,2
GESAMT	**448**	**31,4**	**1.836**	**25,8**	**3.278**	**29,3**	**3.387**	**28,6**

Quelle: Bundesministerium der Justiz (BMJ) / Bundesamt für Justiz (BfJ), Ausbildungsstatistik 2007-2009

Tab. 6.1.25: Nichtbestehensquote in der staatlichen Pflichtfachprüfung nach Bundesländern von 2011 bis 2013

Bundesland	2011 Anzahl	2011 Anteil in (%)	2012 Anzahl	2012 Anteil in (%)	2013 Anzahl	2013 Anteil in (%)
Baden-Württemberg	459	33,9	328	24,6	386	28,8
Bayern	668	27,4	748	31,7	733	32,0
Berlin	192	23,8	212	25,4	202	24,5
Brandenburg	68	27,6	68	25,0	101	31,1
Bremen	63	32,3	51	29,3	74	41,3
Hamburg	78	16,6	81	16,0	138	24,9
Hessen	200	27,5	194	29,5	202	28,4
Mecklenb.-Vorpom.	91	40,4	63	33,9	76	37,8
Niedersachsen	168	23,3	197	27,3	177	22,9
Nordrhein-Westfalen	908	31,9	850	31,3	948	32,7
Rheinland-Pfalz	146	28,6	135	23,4	124	22,4
Saarland	53	29,1	50	31,1	46	25,3
Sachsen	112	39,2	148	38,6	142	39,3
Sachsen-Anhalt	30	16,8	30	24,0	30	24,4
Schleswig-Holstein	70	32,6	103	33,3	82	30,4
Thüringen	83	28,5	64	24,2	63	23,7
GESAMT	**3.389**	**29,0**	**3.322**	**28,7**	**3.524**	**29,7**

Quelle: Bundesministerium der Justiz (BMJ) / Bundesamt für Justiz (BfJ), Ausbildungsstatistik 2010-2013

Tab. 6.1.26: Nichtbestehensquote in der univers. Schwerpunktprüfung nach Bundesländern von 2007 bis 2010

Bundesland	2007		2008		2009		2010	
	Anzahl	Anteil in (%)	Anzahl	Anteil in (%)	Anzahl	Anteil in (%)	Anzahl	Anteil in (%)
Baden-Württemberg	21	3,8	53	4,9	23	2,3	53	5,5
Bayern	0	0,0	2	0,1	19	1,0	18	1,1
Berlin	58	7,8	52	8,0	67	10,4	79	12,4
Brandenburg	18	10,9	24	9,9	27	11,8	21	10,0
Bremen	5	2,8	25	10,7	16	10,4	10	7,0
Hamburg	1	0,3	2	0,4	3	0,6	8	2,1
Hessen	6	2,6	31	5,5	40	7,7	37	7,4
Mecklenb.-Vorpom.	2	3,2	21	12,1	27	11,3	23	12,4
Niedersachsen	36	11,8	22	5,8	23	4,2	17	3,3
Nordrhein-Westfalen	k.A.	k.A.	k.A.	k.A.	k.A.	k.A.	144	8,6
Rheinland-Pfalz	59	17,5	105	17,6	123	18,9	58	10,5
Saarland	6	4,7	5	3,2	8	4,9	14	9,2
Sachsen	9	9,9	6	3,1	2	1,2	1	0,5
Sachsen-Anhalt	2	6,1	7	7,4	7	8,0	6	6,3
Schleswig-Holstein	26	13,8	21	9,7	25	11,0	36	14,2
Thüringen	0	0,0	0	0,0	0	0,0	0	0,0
GESAMT	**249**	**6,4**	**376**	**5,7**	**410**	**5,7**	**525**	**6,3**

Quelle: Bundesministerium der Justiz (BMJ) / Bundesamt für Justiz (BfJ), Ausbildungsstatistik 2007-2010

Tab. 6.1.27: Nichtbestehensquote in der univers. Schwerpunktprüfung nach Bundesländern von 2011 bis 2013

Bundesland	2011		2012		2013	
	Anzahl	Anteil in (%)	Anzahl	Anteil in (%)	Anzahl	Anteil in (%)
Baden-Württemberg	42	4,3	23	2,2	31	2,7
Bayern	24	1,4	14	0,8	12	0,7
Berlin	73	10,5	53	8,3	53	7,6
Brandenburg	24	10,2	25	10,1	15	5,1
Bremen	19	14,1	4	3,4	0	0,0
Hamburg	4	0,9	6	1,5	3	0,7
Hessen	38	6,6	35	7,1	30	5,8
Mecklenb.-Vorpom.	13	7,6	21	13,2	17	12,4
Niedersachsen	16	3,6	15	3,3	10	2,2
Nordrhein-Westfalen	107	6,8	114	8,1	78	4,9
Rheinland-Pfalz	96	15,4	60	11,2	90	17,9
Saarland	8	5,6	9	8,4	6	4,7
Sachsen	0	0,0	1	0,4	0	0,0
Sachsen-Anhalt	8	7,8	5	4,4	0	0,0
Schleswig-Holstein	38	17,4	40	17,0	33	14,5
Thüringen	4	2,5	1	0,6	2	1,1
GESAMT	**514**	**6,1**	**426**	**5,3**	**380**	**4,5**

Quelle: Bundesministerium der Justiz (BMJ) / Bundesamt für Justiz (BfJ), Ausbildungsstatistik 2010-2013

Tab. 6.1.28: Ergebnisse der Freiversuche in der Staatlichen Pflichtfachprüfung von 2007 bis 2013

Jahr	Zahl der Kandidaten		bestanden		besser als ausreichend bestanden		nicht bestanden	
	Anzahl	Anteil in (%)	Anzahl	Anteil in (%)	Anzahl	Anteil in (%)	Anzahl	Anteil in (%)
2007	1.085	76,0	760	70,0	523	48,2	325	30,0
2008	3.991	56,2	3.067	76,8	2.163	54,2	922	23,1
2009	4.175	37,4	3,149	75,4	2.147	51,4	1.026	24,6
2010	3.988	33,7	2.973	74,5	2.073	52,0	1.015	25,5
2011	3.928	33,6	2.983	75,9	2.113	53,8	945	24,1
2012	3.915	33,8	2.969	75,8	2.079	53,1	946	24,2
2013	4.073	34,4	3.113	76,4	2.188	53,7	960	23,6

Quelle: Bundesministerium der Justiz (BMJ) / Bundesamt für Justiz (BfJ), Ausbildungsstatistik 2007-2013

6.2. Vorbereitungsdienst

Tab. 6.2.1: Zahl der Rechtsreferendare von 1950 bis 2014 °

Jahr	Anzahl	Veränderung (in %)
1950	7.700	
1955	9.886	28,4
1960	11.116	12,4
1965	13.246	19,2
1970	11.760	-11,2
1975	14.306	21,6
1980	11.951	11,7
1981	14.517	21,5
1982	16.183	11,5
1983	16.860	4,2
1984	16.270	-3,5
1985	18.256	12,2
1986	17.193	-5,8
1987	18.392	7,0
1988	19.786	7,6
1989	20.720	4,7
1990	22.434	8,3
1991	23.384	4,2
1992	23.948	2,4
1993	23.905	-0,2
1994*	24.494	2,5
1995	24.256	-1,0
1996	24.256	0,0
1997	24.821	2,3
1998	24.821	0,0
1999	25.021	0,8
2000	25.012	0,0
2001	25.005	0,0
2002	22.742	-9,1
2003	22.430	-1,4
2004	21.638	-3,5
2005	20.832	-3,7
2006	19.694	-5,5
2007	19.028	-3,4
2008	19.464	2,3
2009	17.764	-8,7
2010	16.667	-6,2
2011	16.375	-1,8
2012	14.914	-8,9
2013	14.796	-0,8
2014	14.810	0,1

* ab 1994 einschließlich der neuen Bundesländer

Quelle: Bundesministerium der Justiz (BMJ), Bundesamt für Justiz (BfJ) (Stichtag: 1.1 des jeweiligen Jahres), eigene Berechnungen

Tab. 6.2.2: Zahl der bestandenen Zweiten Juristischen Staatsprüfungen von 1955 bis 2013

Jahr	Anzahl bestandene zweite jur. Staatsprüfungen	Veränderung (in %)
1955	1.998	
1960	2.173	8,8
1965	2.919	34,3
1970	2.758	-5,5
1975[2]	5.353	94,1
1976	5.373	0,4
1977[1]	4.737	-11,8
1978	4.203	-11,3
1979	3.707	-11,8
1980	4.123	11,2
1981	4.653	12,9
1982	5.149	10,7
1983	5.649	9,7
1984	4.576	-19,0
1985	5.265	15,1
1990	6.853	30,2
1991	7.522	9,8
1992	7.555	0,4
1993	7.796	3,2
1994[2]	8.359	7,2
1995	10.653	27,4
1996	10.689	0,3
1997	9.761	-8,7
1998	10.397	6,5
1999	10.710	3,0
2000	10.366	-3,2
2001	10.697	3,2
2002	10.330	-3,4
2003	9.722	-5,9
2004	9.639	-0,9
2005	9.400	-2,5
2006	8.573	-8,8
2007	8.351	-2,6
2008	8.345	-0,1
2009	9.347	12,0
2010	8.358	-10,5
2011	7.568	-9,6
2012	7.711	1,9
2013	7.491	-2,9

1 ab 1977 mit Prüfungen in einstufiger Ausbildung: 1977: 24; 1978: 99; 1979: 148; 1980: 306; 1981: 501; 1982: 549; 1983: 552; 1984: 572; 1985: 555; 1986: 599; 1987: 646; 1988: 619; 1989: 594; 1990: 647; 1991: 561; 1992: 95; 1993: 18

2 ab 1994 einschließlich der neuen Bundesländer

Quelle: Bundesministerium der Justiz (BMJ), Bundesamt für Justiz (BfJ)

Tab. 6.2.3: Noten in der Zweiten Juristischen Staatsprüfung von 1995 bis 2013

Jahr	geprüfte Kandidaten	sehr gut		gut		voll befriedigend		befriedigend		ausreichend	
		Anzahl	(in %)	Anzahl	(in %)	Anzahl	(in %)	Anzahl	(in %)	Anzahl	(in %)
1995	11.964	7	0,1	238	2,0	1.688	14,1	4.298	35,9	4.422	37,0
1996	12.289	4	0,03	240	2,0	1.647	13,4	4.218	34,3	4.579	37,3
1997	11.279	7	0,1	222	2,0	1.516	13,4	3.912	34,7	4.104	36,4
1998	12.076	2	0,02	230	1,9	1.522	12,6	4.132	34,2	4.511	37,4
1999	12.374	7	0,1	234	1,9	1.553	12,6	4.370	35,3	4.546	36,7
2000	12.212	2	0,02	208	1,7	1.574	12,9	4.151	34,0	4.431	36,6
2001	12.592	7	0,1	213	1,7	1.693	13,5	4.324	34,3	4.458	35,0
2002	12.149	5	0,04	209	1,7	1.637	13,5	4.376	36,0	4.103	33,8
2003	11.273	6	0,1	216	1,9	1.606	14,2	4.122	36,6	3.772	33,5
2004	11.279	8	0,1	244	2,2	1.787	15,8	4.029	35,7	3.571	31,7
2005	11.016	13	0,1	238	2,2	1.609	14,6	3.972	36,1	3.568	32,4
2006	10.377	8	0,1	223	2,1	1.472	14,2	3.562	34,3	3.308	31,9
2007	10.196	4	0,0	208	2,0	1.506	14,8	3.505	34,4	3.128	30,7
2008	10.012	6	0,1	231	2,3	1.534	15,3	3.525	35,2	3.049	30,5
2009	11.124	10	0,1	259	2,3	1.648	14,8	4.035	36,3	3.395	30,5
2010	10.132	3	0,0	245	2,4	1.597	15,8	3.578	35,3	2.935	29,0
2011	9.120	4	0,0	207	2,3	1.594	17,5	3.271	35,9	2.492	27,3
2012	8.994	7	0,1	206	2,3	1.607	17,9	3.485	38,7	2.406	26,8
2013	7.491	4	0,0	160	1,8	1.479	16,9	3.394	38,9	2.454	28,1

Quelle: Bundesministerium der Justiz (BMJ) , Bundesamt für Justiz (BfJ) , Ausbildungsstatistik 1995-2013

Tab. 6.2.4: Nichtbestehensquote in der Zweiten Juristischen Staatsprüfung nach Bundesländern von 1995 bis 2004 (Angaben in %)

Bundesland	1995	1996	1997	1998	1999	2000	2001	2002	2003	2004
Baden-Württemberg	9,3	12,7	14,7	14,3	12,6	12,1	10,4	13,7	12,7	12,0
Bayern	12,8	14,3	17,9	15,0	14,7	14,3	14,5	12,6	12,6	12,7
Berlin	11,6	20,8	10,3	19,2	18,2	22,6	21,9	21,6	17,4	15,1
Brandenburg	16,9	25,5	15,2	19,3	14,3	15,1	18,9	15,5	16,6	22,6
Bremen	8,1	14,8	18,1	23,5	17,4	21,8	23,5	21,4	13,8	11,5
Hamburg	10,0	10,1	10,8	8,6	9,4	11,0	10,1	9,5	10,1	13,8
Hessen	8,4	6,6	8,3	6,8	7,9	11,1	16,7	15,2	14,0	16,7
Mecklenb.-Vorpom.	21,7	21,7	20,2	21,2	18,1	21,8	22,9	20,9	22,5	24,6
Niedersachsen	11,1	12,4	13,7	11,3	11,5	13,4	14,0	14,8	12,8	13,7
Nordrhein-Westfalen	10,2	10,9	11,9	12,3	13,7	15,3	13,3	15,0	13,1	13,4
Rheinland-Pfalz	9,2	11,3	11,1	10,4	10,6	11,4	11,9	8,1	10,5	15,7
Saarland	12,4	16,0	17,7	14,6	14,4	14,9	16,7	14,5	15,0	16,0
Sachsen	24,0	31,0	22,7	22,8	17,1	22,2	19,5	18,3	15,8	20,0
Sachsen-Anhalt	8,7	12,1	8,6	26,5	24,5	31,2	28,5	29,5	25,0	19,6
Schleswig-Holstein	12,2	9,3	10,0	10,0	8,2	12,0	11,3	13,1	15,1	13,4
Thüringen	6,1	12,1	15,1	15,1	14,2	12,1	16,5	15,2	12,0	13,5
GESAMT	**11,0**	**13,0**	**13,5**	**13,8**	**13,4**	**15,1**	**15,1**	**15,0**	**13,8**	**14,5**

Quelle: Bundesministerium der Justiz (BMJ), Bundesamt für Justiz (BfJ), Ausbildungsstatistik 1995-2003

Tab. 6.2.5: Nichtbestehensquote in der Zweiten Juristischen Staatsprüfung nach Bundesländern von 2005 bis 2013 (Angaben in %)

Bundesland	2005	2006	2007	2008	2009	2010	2011	2012	2013
Baden-Württemberg	10,7	10,7	13,6	12,7	7,0	10,4	7,8	8,1	9,4
Bayern	12,5	12,6	17,1	13,8	12,9	14,9	15,1	13,6	13,9
Berlin	16,9	24,3	18,9	16,4	16,9	18,2	14,4	10,6	11,9
Brandenburg	21,2	26,6	29,5	20,9	18,4	21,9	18,2	16,0	16,3
Bremen	19,8	11,0	13,6	15,2	15,6	22,9	13,6	14,9	13,3
Hamburg	7,8	8,6	11,8	10,8	9,6	8,2	11,6	11,4	9,9
Hessen	16,0	13,8	14,3	14,3	14,6	17,0	13.3	9,6	10,2
Mecklenb.-Vorpom.	15,2	14,0	20,7	19,6	21,8	20,2	16,5	18,1	14,2
Niedersachsen	13,8	17,7	19,3	17,7	15,5	17,8	17,6	16,2	16,4
Nordrhein-Westfalen	15,9	21,7	20,9	20,8	21,8	21,1	22,6	19,6	17,0
Rheinland-Pfalz	12,6	12,2	11,9	12,2	9,9	14,0	13,9	10,6	11,7
Saarland	19,5	13,2	18,5	14,0	15,7	17,0	9,2	15,3	7,4
Sachsen	20,0	24,5	20,9	17,5	14,3	17,8	16,0	14,7	16,9
Sachsen-Anhalt	26,5	28,2	24,8	23,1	22,1	19,7	15,5	11,5	20,7
Schleswig-Holstein	10,2	18,0	20,9	15,3	20,5	19,7	29,3	17,5	22,6
Thüringen	11,3	9,0	12,2	23,6	15,5	15,0	13,5	9,1	16,2
GESAMT	**14,7**	**17,4**	**18,1**	**16,7**	**16,0**	**17,5**	**17,0**	**14,3**	**14,2**

Quelle: Bundesministerium der Justiz (BMJ), Bundesamt für Justiz (BfJ), Ausbildungsstatistik 2004-2013

6.3. Promotionen und Habilitationen im Fach Rechtswissenschaft

Tab. 6.3.1: Promotionen im Fach Rechtswissenschaften von 1985 bis 2014

Jahr	Anzahl	Veränderung (in %)	Index (Basisjahr: 1985)
1985	511		100
1986	598	17,0	117
1987	611	2,2	120
1988	660	8,0	129
1989	717	8,6	140
1990	821	14,5	161
1991	879	7,1	172
1992	958	9,0	187
1993	999	4,3	195
1994	1.063	6,4	208
1995	1.105	4,0	216
1996	1.133	2,5	222
1997	1.325	16,9	259
1998	1.439	8,6	282
1999	1.443	0,3	282
2000	1.634	13,2	320
2001	1.702	4,2	333
2002	1.632	-4,1	319
2003	1.765	8,1	345
2004	1.812	2,7	355
2005	1.906	5,2	373
2006	1.904	-0,1	373
2007*	1.604	-15,8	314
2008	1.735	8,2	340
2009	1.583	-8,8	310
2010	1.506	-4,9	295
2011	1.605	6,6	314
2012	1.324	-17,6	259
2013	1.438	8,6	281
2014	1.384	-3,8	271

* Aufgrund Revision der Studienfachzuordnungen in NRW ab dem Prüfungsjahr 2007 nur noch bedingt mit den Vorjahren vergleichbar.

Quelle: Statistisches Bundesamt (Hrsg.): Fachserie 11 Reihe 4.2, Bildung und Kultur, Prüfungen an Hochschulen (ab 1993 einschl. der neuen Bundesländer), eigene Berechnungen

Tab. 6.3.2: Promotionen im Fach Rechtswissenschaft nach Geschlecht von 1985 bis 2014

Jahr	Frauen Anzahl	Veränderung (in %)	Index (Basis: 1985)	Männer Anzahl	Veränderung (in %)	Index (Basis: 1985)
1985	58		100	453		100
1990	139	139,7	240	682	50,6	151
1995	274	97,1	472	831	21,8	183
1996	274	0,0	472	859	3,4	190
1997	330	20,4	569	995	15,8	220
1998	374	13,3	645	1.065	7,0	235
1999	426	13,9	734	1.017	-4,5	225
2000	491	15,3	847	1.143	12,4	252
2001	506	3,1	872	1.196	4,6	264
2002	504	-0,4	869	1.128	-5,7	249
2003	600	19,0	1.034	1.165	3,3	257
2004	633	5,5	1.091	1.179	1,2	260
2005	614	-3,0	1.059	1.292	9,6	285
2006	643	4,7	1.109	1.261	-2,4	278
2007	589	-8,4	1.016	1.015	-19,5	224
2008	639	8,5	1.102	1.096	8,0	242
2009	578	-9,5	997	1.005	-8,3	222
2010	573	-0,9	988	933	-7,2	206
2011	583	1,7	1.005	1.012	8,5	223
2012	504	-13,5	869	819	-19,1	181
2013	532	5,6	917	898	9,6	198
2014	547	2,8	943	837	6,8	185

Quelle: Statistisches Bundesamt (Hrsg.): Fachserie 11 Reihe 4.2, Prüfungen an Hochschulen (bis 1992 früheres Bundesgebiet)

Tab. 6.3.3: Habilitationen im Fach Rechtswissenschaft von 1980 bis 2014

Jahr	Anzahl	Veränderung (in %)	Index (Basisjahr 1980)
1980	25		100
1985	21	-16	84
1990	19	-9,6	76
1995	26	36,8	104
1996	44	69,2	176
1997	43	-0,3	172
1998	65	51,2	260
1999	55	-15,4	220
2000	60	9,1	240
2001	65	8,3	260
2002	73	12,3	292
2003	67	-8,3	268
2004	67	0	268
2005	64	-4,5	256
2006	53	-17,2	212
2007	43	-18,9	172
2008	35	-18,6	140
2009	45	28,6	180
2010	43	-4,4	172
2011	28	-34,9	112
2012	49	75,0	196
2013	45	-8,2	180
2014	53	17,8	212

Quelle: Stat. Bundesamt, Fachserie 11, Reihe 4.4, Bildung und Kultur. Personal an Hochschulen (bis 1991 ehem. Bundesgebiet)

Tab. 6.3.4: Habilitationen im Fach Rechtswissenschaft nach Geschlecht von 1980 bis 2014

Jahr	Frauen Anzahl	Frauen Veränderung (in %)	Frauen Index (Basis: 1985)	Männer Anzahl	Männer Veränderung (in %)	Männer Index (Basis: 1985)
1980	0			25		
1985	3			18	-28,0	100
1990	1	-66,7	67	18	-	100
1995	4	300,0	133	22	22,2	122
1996	0		-	44	200	244
1997	6		200	37	-15,9	206
1998	14	133,0	467	51	37,8	204
1999	11	-21,5	367	44	-13,8	244
2000	11	-	367	49	11,4	272
2001	9	-18,2	300	56	14,3	311
2002	12	33,3	400	61	8,9	339
2003	12	-	400	55	-9,8	306
2004	12	-	400	55	-	306
2005	10	-16,7	333	54	-1,8	300
2006	7	-30,0	233	46	-14,8	255
2007	10	42,9	333	33	-28,3	183
2008	5	-50,0	167	30	-9,1	167
2009	6	20,0	200	39	30,0	217
2010	9	50,0	300	34	-12,8	189
2011	2	-77,8	67	26	-23,5	144
2012	13	550,0	433	36	38,5	200
2013	7	-46,2	233	38	106	211
2014	12	71,4	400	41	7,9	228

Quelle: Statistisches Bundesamt, Fachserie 11, Reihe 4.4, Bildung und Kultur. Personal an Hochschulen (bis einschl. 1991 früheres Bundesgebiet)

6.4. Arbeitslosigkeit von Juristen

Tab. 6.4.1: Entwicklung der Arbeitslosigkeit von Juristen von 2001 bis 2014*

Jahr	Arbeitslose Juristen (insgesamt)	Veränderung (in %)
2001	6.031	
2002	7.570	25,5
2003	9.023	19,2
2004	9.467	4,9
2005**	9.469	0,02
2006	6.521	-31,1
2007	5.593	-14,2
2008	5.430	-2,9
2009	6.025	11,0
2010	6.179	2,6
2011	5.890	-4,7
2012	5.733	-2,7
2013	5.820	1,5
2014	5.548	-4,7

* Die Angaben basieren auf aktualisierten Daten der Bundesagentur für Arbeit.
** nur Daten von Landkreisen ohne sog. Optionskommunen.
Quelle: Bundesagentur für Arbeit, ZAV (Stand jeweils Mitte Juli)

Tab. 6.4.2: Entwicklung der Arbeitslosigkeit von Juristen nach Geschlecht von 2001 bis 2014*

Jahr	Arbeitslose Juristen (insgesamt)	davon Frauen	Anteil (in %)
2001	6.031	2.800	46,4
2002	7.570	3.492	46,1
2003	9.023	4.261	47,2
2004	9.467	4.597	48,6
2005**	9.469	4.487	47,4
2006	6.521	3.157	48,4
2007	5.593	2.718	48,6
2008	5.430	2.591	47,7
2009	6.025	3.030	50,3
2010	6.197	3.126	50,6
2011	5.890	2.996	50,9
2012	5.733	2.986	52,1
2013	5.820	3.038	52,2
2014	5.548	2.812	50,7

* Die Angaben basieren auf aktualisierten Daten der Bundesagentur für Arbeit.
** nur Daten von Landkreisen ohne sog. Optionskommunen.
Quelle: Bundesagentur für Arbeit, ZAV und eigene Berechnungen (Stand jeweils Mitte Juli)

Tab. 6.4.3: Entwicklung der Arbeitslosigkeit von Juristen nach Alter von 2001 bis 2014*

Jahr	Insge-samt	unter 30 Jahre	Anteil (in %)	30-39 Jahre	Anteil (in %)	40-49 Jahre	Anteil (in %)	50 Jahre u. älter	Anteil (in %)
2001	6.031	1.711	28,4	2.405	39,9	1.072	17,8	843	14,0
2002	7.570	2.500	33,0	3.085	40,8	1.135	15,0	848	11,2
2003	9.023	3.022	33,5	3.872	42,9	1.328	14,7	797	8,8
2004	9.467	3.199	33,8	4.083	43,1	1.323	14,0	860	9,1
2005**	9.469	3.182	33,6	4.189	44,2	1.206	12,7	891	9,4
2006	6.521	1.991	30,5	2.872	44,0	931	14,3	727	11,1
2007	5.593	1.733	31,0	2.494	44,6	781	14,0	585	10,5
2008	5.430	1.658	30,4	2.355	43,3	801	14,8	620	11,4
2009	6.025	2.084	34,6	2.557	42,4	771	12,8	611	10,2
2010	6.179	2.034	32,9	2.722	44,1	767	12,4	655	10,6
2011	5.890	1.762	29,9	2.684	45,6	764	13,0	680	11,5
2012	5.733	1.722	30,0	2.538	44,3	795	13,9	678	11,8
2013	5.820	1.677	28,8	2.529	43,5	870	14,9	744	12,8
2014	5.548	1.545	27,8	2.377	42,8	831	15,0	795	14,3

* Die Angaben basieren auf aktualisierten Daten der Bundesagentur für Arbeit.

** nur Daten von Landkreisen ohne sog. Optionskommunen.

Quelle: Bundesagentur für Arbeit, ZAV und eigene Berechnungen (Stand jeweils Mitte Juli)

Tab. 6.4.4: Entwicklung der Arbeitslosigkeit von Juristen nach Dauer der Arbeitslosigkeit von 2001 bis 2014*

Jahr	Insge-samt	unter 3 Monate	Anteil (in %)	3 bis <6 Monate	Anteil (in %)	6 bis <12 Monate	Anteil (in %)	1 Jahr u. länger	Anteil (in %)
2001	6.031	2.764	45,8	1.128	18,7	944	15,7	1.194	19,8
2002	7.570	3.612	47,7	1.491	19,7	1.239	16,4	1.226	16,2
2003	9.023	3.930	43,6	1.778	19,7	1.798	19,9	1.512	16,8
2004	9.467	3.967	41,9	1.733	18,3	1.962	20,7	1.800	19,0
2005*	9.450	3.750	39,7	2.043	21,6	1.995	21,1	1.678	17,8
2006	6.521	2.279	34,9	1.299	19,9	1.381	21,2	1.562	24,0
2007	5.593	2.413	43,1	1.170	20,9	939	16,8	1.071	19,1
2008	5.430	2.458	45,3	1.168	21,5	866	15,9	933	17,2
2009	6.025	2.894	48,0	1.354	22,5	980	16,3	797	13,2
2010	6.179	2.767	44,8	1.352	21,9	1.247	20,2	813	13,2
2011	5.890	2.362	40,1	1.361	23,1	1.202	20,4	965	16,4
2012	5.733	2.488	43,4	1.203	21,0	1.167	20,3	879	15,3
2013	5.820	2.368	40,7	1.312	22,5	1.158	19,9	982	16,9
2014	5.548	2.244	40,4	1.197	21,6	1.140	20,5	967	17,4

* nur Daten von Landkreisen ohne sog. Optionskommunen herangezogen.

Quelle: Bundesagentur für Arbeit, ZAV und eigene Berechnungen (Stand jeweils Mitte Juli)

Hinweis zu den vorstehenden Tabellen: Daten aus der Arbeitslosenstatistik sind Sozialdaten (§ 35 SGB I) und unterliegen dem Sozialdatenschutzgesetz gem. § 16 BStatG. Aus diesem Grund werden Zahlenwerte kleiner 3 anonymisiert. Die Bundesagentur für Arbeit weist die Juristen getrennt nach den statistischen Berufsgruppen 811 (Rechtsfinder), 812 (Rechtspfleger) und 813 (Rechtsvertreter und -berater) aus. Die Daten dieser Subgruppen mussten in Einzelfällen bei der Auswertung nach Dauer der Arbeitslosigkeit von der Bundesagentur anonymisiert werden mussten, da es in den einzelnen Kategorien zu Werten kleiner 3 kam. Da bei den Gesamtzahlen keine Anonymisierungen vorgenommen werden mussten, kann es zu geringfügigen Differenzen zwischen den addierten Zahlen der Kategorien nach Dauer der Arbeitslosigkeit und den Gesamtzahlen kommen.

Tab. 6.4.5: Offene Stellen für Juristen von 2006 bis 2014* °

	2006	2007	2008	2009	2010	2011	2012	2013	2014
Offene Stellen (Zugang im Jahr)	2.141	2.563	2.903	3.421	3.155	3.323	3.581	3.437	3.742
Arbeitssuchende** (Bestand Juli)	***	***	***	10.721	10.255	9.414	9.062	9.203	8.768
Arbeitslose** (Bestand Juli)	6.521	5.593	5.430	6.025	6.179	5.890	5.733	5.820	5.548

* nur Daten von Landkreisen ohne sog. Optionskommunen.

** Bewerber / Arbeitslose mit dem Ziel, als Jurist zu arbeiten.

*** In den Jahren 2006 bis 2008 konnten aufgrund von Datenverarbeitungsproblemen bei der Bundesagentur für Arbeit in den Statistiken für Arbeitslose und Bewerber nicht alle Veränderungen in den Hauptberufswünschen berücksichtigt werden. Aus diesem Grund sind für diesen Zeitraum keine zuverlässigen Daten verfügbar.

**** Daten noch nicht verfügbar.

Quelle: Bundesagentur für Arbeit, Statistisches Bundesamt

6.5.   Ausbildung durch Kanzleien

Tab. 6.5.1: Neu abgeschlossene Ausbildungsverträge im Berufsfeld der Rechtsanwalts- und Notarfachangestellten* von 1980 bis 2014

Jahr	abgeschlossene Ausbildungsverträge	Veränderung (in %)
1980	10.442	
1981	10.235	-2,0
1982	10.662	4,2
1983	10.796	1,3
1984	11.188	3,6
1985	11.180	-0,1
1986	11.285	0,9
1987	11.130	-1,4
1988	10.698	-3,9
1989	10.050	-6,1
1990	8.355	-16,9
1991**	9.312	11,5
1992	9.907	6,4
1993	10.537	6,4
1994	10.767	2,2
1995	10.548	-2,0
1996	10.357	-1,8
1997	10.480	1,2
1998	10.520	0,5
1999	10.225	-2,8
2000	9.909	-3,1
2001	9.850	-0,6
2002	9.364	-4,9
2003	9.200	-1,8
2004	8.620	-6,3
2005	7.707	-10,6
2006	7.768	0,8
2007	7.329	-5,7
2008	6.982	-4,7
2009	6.868	-1,6
2010	6.537	-3,3
2011	5.877	-10,1
2012	5.682	-3,3
2013	5.628	-0,1
2014	5.358	-4,8

* Zum Berufsfeld der Rechtsanwalts- und Notarfachangestellten zusammengefasst: a) Notarfachangestellter / Notarfachange-
stellte, b) Notargehilfe / in, c) Patentanwaltsfachangestellter / Patentanwaltsfachangestellte, d) Patentanwaltsgehilfe / in, e)
Rechtsanwalts- und Notarfachangestellter / Rechtsanwalts- und Notarfachangestellte, f) Rechtsanwalts- und Notargehilfe / in, g)
Rechtsanwaltsfachangestellter / Rechtsanwaltsfachangestellte, h) Rechtsanwaltsgehilfe / -in, i) Rechtsbeistandsgehilfe / in

** ab 1991 einschl. Auszubildenden in den fünf neuen Bundesländern.

Quelle: Bundesinstitut für Berufsbildung (BIBB) / Statistisches Bundesamt Fachserie 11 Reihe 3 Berufliche Bildung
Angaben vor 1984 aus dem „Ausbildungsstellenmarkt" der Bundesanstalt für Arbeit (Stand zum 30.9. eines jeden Jahres); eigene
Berechnungen

Abb. 6.5.1: Neu abgeschlossene Ausbildungsverträge im Berufsfeld der Rechtsanwalts- und Notarfachange-stellten im Jahr 2014 nach Geschlecht

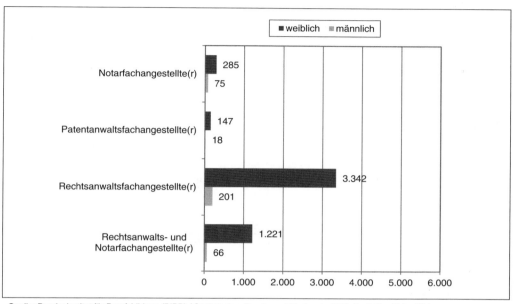

Quelle: Bundesinstitut für Berufsbildung (BIBB) / Statistisches Bundesamt Fachserie 11 Reihe 3 Berufliche Bildung

Tab. 6.5.2: Vorbildung der Auszubildenden im Berufsfeld der Rechtsanwalts- und Notarfachangestellten mit neu abgeschlossenem Ausbildungsvertrag im Jahr 2014

Höchster allgemeinbildender Schulabschluss	Notar-fachangestellte Anzahl	Anteil in (%)	Patenanwalts-fachangestellte Anzahl	Anteil in (%)	Rechtsanwalts-fachangestellte Anzahl	Anteil in (%)	RA-/Notar-fachangestellte Anzahl	Anteil in (%)
ohne Schulabschluss	0	0,0	0	0,0	18	0,5	3	0,2
Hauptschulabschluss	3	0,8	3	1,8	237	6,7	36	2,8
Realschulabschluss	129	35,8	30	17,9	2.034	57,4	717	55,7
Abitur/Fachabitur	228	63,3	108	64,3	1.251	35,3	525	40,8
Sonstiges*	0	0	27	16,1	6	0,2	6	0,5
GESAMT	360	100,0	168	100,0	3.546	100,0	1.287	100,0

Quelle: Bundesinstitut für Berufsbildung (BIBB) / Statistisches Bundesamt Fachserie 11 Reihe 3 Berufliche Bildung

* v.a. im Ausland erworben

Tab. 6.5.3: Abgeschlossene Ausbildungsverträge im Berufsfeld der Rechtsanwalts- und Notarfach-angestellten von 1993 bis 2014 – im Kalenderjahr

Jahr	Notar-fachangestellte Anzahl	Notar-fachangestellte Anteil in (%)	Patenanwalts-fachangestellte Anzahl	Patenanwalts-fachangestellte Anteil in (%)	Rechtsanwalts-fachangestellte Anzahl	Rechtsanwalts-fachangestellte Anteil in (%)	RA-/Notar-fachangestellte Anzahl	RA-/Notar-fachangestellte Anteil in (%)
1993	486	4,7	63	0,6	5.394	52,4	4.347	42,2
1995	510	4,9	69	0,7	5.871	56,7	3.912	37,7
1999	390	4,0	117	1,2	5.721	59,2	3.441	35,6
2008	246	3,6	171	2,5	4.551	67,4	1.788	26,5
2009	225	3,5	135	2,1	4.419	69,2	1.608	25,2
2010	234	3,8	150	2,4	4.248	68,3	1.590	25,6
2011	282	4,8	147	2,5	3.972	67,6	1.476	25,1
2012	279	4,9	156	2,8	3.867	68,0	1.380	24,3
2013	297	5,3	174	3,1	3.840	68,1	1.320	23,4
2014	360	6,7	168	3,1	3.546	66,2	1.287	24,0

Quelle: Bundesinstitut für Berufsbildung (BIBB) / Statistisches Bundesamt Fachserie 11 Reihe 3 Berufliche Bildung

Tab. 6.5.4: Aufgelöste Ausbildungsverträge im Berufsfeld der Rechtsanwalts- und Notarfachangestellten von 1993 bis 2014 – im Kalenderjahr

Jahr	Notar-fachangestellte	Patenanwalts-fachangestellte	Rechtsanwalts-fachangestellte	RA-/Notar-fachangestellte
1993	60	18	1.545	1.419
1995	51	12	1.659	1.602
1999	48	30	1.680	1.380
2008	24	21	1.464	417
2009	18	18	1.317	414
2010	33	24	1.359	411
2011	24	27	1.377	441
2012	30	30	1.596	444
2013	36	33	1.566	441
2014	21	27	1.473	402

Quelle: Bundesinstitut für Berufsbildung (BIBB) / Statistisches Bundesamt Fachserie 11 Reihe 3 Berufliche Bildung

Tab. 6.5.5: **Absolventen im Berufsfeld der Rechtsanwalts- und Notarfachangestellten von 1993 bis 2014**

Jahr	Notar-fachangestellte		Patenanwalts-fachangestellte		Rechtsanwalts-fachangestellte		RA-/Notar-fachangestellte	
	Anzahl	Erfolg in (%)	Anzahl	Erfolg in (%)	Anzahl	Erfolg in (%)	Anzahl	Erfolg in (%)
1993	237	92,9	39	92,9	3.072	82,8	3.069	79,1
1995	438	86,4	45	83,3	3.948	92,5	2.340	69,3
1999	393	92,9	81	93,1	4.728	88,1	2.823	84,2
2008	210	98,6	123	95,3	4.119	92,0	1.911	94,0
2009	228	93,8	159	94,3	4.002	92,4	1.782	95,2
2010	222	93,7	153	94,4	3.651	93,4	1.611	95,2
2011	204	95,8	135	93,8	3.510	92,2	1.356	94,2
2012	204	95,7	120	97,6	3.573	92,3	1.302	94,6
2013	213	95,9	132	91,6	3.045	91,9	1.272	93,2
2014	246	97,6	135	91,8	3.072	91,6	1.170	93,3

Quelle: Bundesinstitut für Berufsbildung (BIBB) / Statistisches Bundesamt Fachserie 11 Reihe 3 Berufliche Bildung, eigene Berechnungen

Tab. 6.5.6: **Absolventen der Fortbildung zum Rechts-/Notarfachwirt von 2001 bis 2014**

Jahr	Rechtsfachwirte				Notarfachwirte			
	Anzahl	m	w	Erfolg in (%)	Anzahl	m	w	Erfolg in (%)
2001	43	1	42		-	-	-	-
2002	158	3	155	95,6	-	-	-	-
2003	246	16	230	85,4	-	-	-	-
2004	321	7	314	83,6	-	-	-	-
2005	495	13	482	79,1	-	-	-	-
2006	454	13	441	76,4	21	1	20	77,8
2007*								
2008*								
2009	595	15	580	82,7	65	4	61	73,8
2010	474	6	468	83,6	57	6	51	86,4
2011	516	15	501	82,7	42	3	39	87,5
2012	645	12	636	86,7	33	6	36	78,6
2013	438	12	426	83,4	81	6	75	90,0
2014	501	12	486	84,8	36	3	33	85,7

* für die Jahre 2007/2008 wurden vom Statistischen Bundesamt wegen Problemen bei der Datenerhebung keine Daten veröffentlicht

Quelle: Statistisches Bundesamt, Fachserie 11 Reihe 3 Berufliche Bildung, eigene Berechnungen

7

Finanzierung anwaltlicher Dienstleistungen

- Preisindizes
- Stundensätze
- Rechtsschutzversicherungen
- Staatliche Kostenhilfe

7 Finanzierung anwaltlicher Dienstleistungen

Die mit der Inanspruchnahme eines Rechtsanwalts verbundenen Kosten kann ein Bürger auf verschiedene Art und Weise finanzieren. In Betracht kommen neben eigenen Ressourcen Leistungen einer Rechtsschutzversicherung oder eines gewerblichen Prozessfinanzierers. Als Finanzier auftreten kann auch der Staat, indem er dem Bürger Prozesskosten-, Verfahrenskosten- oder Beratungshilfe nach Maßgabe der ZPO bzw. des BerHG gewährt. Kap. 7 enthält nach Informationen zur Entwicklung der Rechtsanwaltskosten Daten zu den drei wichtigsten Finanzierungsmodellen: Zu den von Selbstfinanzierern zu zahlenden anwaltlichen Stundensätzen, zu Kennziffern der Rechtsschutzversicherungsbranche und zu den Aufwendungen des Fiskus im Rahmen der staatlichen Kostenhilfe. Eine 2007 veröffentlichte Studie des Soldan Instituts hat ergeben, dass 47% der Mandanten, die dem Bereich „Privatkunden" zuzuordnen sind, Selbstfinanzierer sind, 35% auf eine Rechtsschutzversicherung zurückgreifen und für 8% der Fiskus die Kostenfinanzierung im Wege der Prozesskosten- oder Beratungshilfe übernimmt.

7.1 Preisindizes

Tab. 7.1.1 dokumentiert die vom Statistischen Bundesamt seit dem Jahr 2003 für zahlreiche Branchen ermittelten „Erzeugerpreisindices" für den Beruf des Rechtsanwalts. Untersucht wird zum einen die Preisentwicklung im Bereich der tarifbasierten Vergütung, zum anderen die Preisentwicklung für Tätigkeiten, die über Vergütungsvereinbarungen abgerechnet werden. Auch wenn die Gebühren des RVG vom Gesetzgeber nicht erhöht werden, können die durchschnittlichen Preise der Rechtsanwälte gleichwohl steigen, weil im Bereich der wertbasierten Tarifvergütung die Gegenstandswerte im Laufe der Zeit auch ohne gesetzgeberisches Zutun wachsen. Die Steigerungen in den Jahren 2013 und 2014 um 14,8 Punkte auf 116,5 beruhen freilich auf einer Anpassung des Tarifs durch den Gesetzgeber im Jahr 2013. Im selben Zeitraum stiegen die aufgrund von Vergütungsvereinbarungen gezahlten Preise um lediglich 1,8 Punkte (s. **Tab. 7.1.1**).

7.2 Anwaltliche Stundensätze

Tab. 7.2.1 zeigt die durchschnittlichen Stundensätze auf, die deutsche Rechtsanwälte zum Zeitpunkt der letzten Erhebungen des Soldan Instituts ihren Mandanten berechnet haben. Grundsätzlich verändern sich Stundensätze in Abhängigkeit von einer Vielzahl von Einflussfaktoren. Veränderungen folgen aus der Größe der Kanzlei, ihrer Spezialisierung, dem persönlichen Hintergrund des Mandanten (privates oder gewerbliches Mandat) und dem Alter des Rechtsanwalts. **Tab. 7.2.2** stellt die Unterschiede in Abhängigkeit von der Kanzleigröße, **Tab. 7.2.3** in Abhängigkeit von der Spezialisierung des Anwalts (zahlreiche weitere Differenzierungen sind in dem erstmals 2009 erschienenen Soldan Vergütungsbarometer enthalten) dar. Eine Entwicklung der anwaltlichen Stundensätze lässt sich aus zwei bundesweiten Untersuchungen des Soldan Instituts aus den Jahren 2005 und 2008 entnehmen. Hierbei zeigt sich, dass der feste anwaltliche Stundensatz konstant bei rund 180 € liegt, während sich die flexiblen Stundensätze zwischen einem Mindestsatz von 136 € (2008) bzw. 144 € (2005) und einem Höchstsatz von 220 € (2008) bzw. 225 € (2005) bewegen.

7.3 Rechtsschutzversicherungen

Tab. 7.3.1 belegt die Entwicklung der in Deutschland geschlossenen Rechtsschutzversicherungsverträge. Aus der Zahl der Verträge folgt, dass in Deutschland gegenwärtig rund 54% aller Haushalte über Rechtsschutzversicherungsschutz verfügen. Der Markt – der mit Abstand größte Rechtsschutzversicherungsmarkt in der Welt – ist seit längerem recht statisch, die jährlichen Veränderungen liegen seit der Jahrtausendwende – mit Ausnahme des Jahres 2007 – im Bereich von einem Prozent. **Tab. 7.3.2** gibt die Entwicklung der Zahl der Schadensfälle, also die Inanspruchnahme der Versicherung durch den Versicherungsnehmer, wieder. **Tab. 7.3.3** enthält Daten zu den Prämieneinnahmen und den Leistungen der Versicherer. Mit 3,49 Mrd. € Prämieneinnahmen ist die Rechtsschutzversicherung im Bereich der Schaden- und Unfallversicherung eine der kleineren Sparten, sie generiert deutlich weniger Prämienaufkommen als z.B. die Kraftfahrt-, Haftpflicht-, Unfall- oder Sachversicherung. Die Zahlen zeigen, dass von 10 € Prämieneinnahmen zuletzt fast 7,50 € an Leistungen an die Versicherungsnehmer ausgezahlt werden mussten. Nachdem die Leistungen von 1990 bis 2005 um insgesamt 45 Indexpunkte stärker gestiegen waren als die Prämieneinnahmen, deutete sich 2006 aufgrund rückläufiger Leistungen bei wieder stärker steigenden Einnahmen erstmals eine Trendwende ab. In den Jahren 2008 und 2009 stiegen die Leistungen erneut stärker an als die Einnahmen, zuletzt war das Bild uneinheitlich. Im Verhältnis von Prämieneinnahmen und Leistungen sind die Erträge der Versicherungswirtschaft in der Rechtsschutzversicherung niedriger als etwa in der Sach-, Unfall- und Haftpflichtversicherung, wenngleich höher als in der Kraftfahrtversicherung.

Tab. 7.3.4 weist die Anzahl der versicherten Risiken in der Bundesrepublik differenziert nach Versicherungsunternehmen aus. Anhand der Darstellung kann man eine Übersicht über die relative Größe bzw. Bedeutung der einzelnen Anbieter am deutschen Rechtsschutzversicherungsmarkt gewinnen, wenngleich die von der Bundesanstalt für Finanzdienstleistungsaufsicht (BaFin) herausgegebene Statistik lediglich diejenigen Versicherer aufführt, die selbst Angaben zu den versicherten Risiken machen. **Tab. 7.3.5** führt die bei den Versicherungen im Jahr 2013 eingegangenen Beschwerden und die Relation von Beschwerden und versicherten Risiken auf.

7.4 Beratungshilfe

Für die außergerichtliche Beratung und Vertretung können Bürger nach dem Beratungshilfegesetz sog. Beratungshilfe in Anspruch nehmen. Beratungshilfe wird von Rechtsanwälten und Rechtsbeiständen erbracht, die hierzu berufsrechtlich verpflichtet sind (sowie ab 2014 auch von weiteren Beratungspersonen wie Steuerberatern und Wirtschaftsprüfern). In den Bundesländern Hamburg und Bremen tritt an die Stelle der Beratungshilfe durch Rechtsanwälte das Beratungsangebot öffentlicher Beratungsstellen, in Berlin hat der Rechtsuchende die Wahl zwischen der Inanspruchnahme der dort eingeführten öffentlichen Rechtsberatung und anwaltlicher Beratungshilfe. Gewährt wird Beratungshilfe auf Antrag. 91% der Anträge waren im Jahr 2014 erfolgreich. Inhaltlich erstreckt sich die Beratungshilfe auf die Beratung und Auskunft (26% der Fälle), die Vertretung des Bürgers gegenüber einem Dritten (65%) oder die Mitwirkung an einer Einigung oder Erledigung einer Rechtssache (8%).

Die Nachfrage nach Beratungshilfe hat auf Seiten der Bevölkerung seit 1995 stark zugenommen. Die

Zahl der Anträge und damit die Häufigkeit der Inanspruchnahme der Beratungshilfe durch die Bevölkerung ergibt sich aus **Tab. 7.4.1**. Anschaulich wird, dass sich bei weitgehend gleich gebliebener Bevölkerungszahl die Nachfrage von 2000 bis 2006 mehr als verdoppelt hat, seitdem aber wieder stark sank. Bearbeitete 2000 jeder deutsche Rechtsanwalt rechnerisch vier Beratungshilfemandate pro Jahr, war diese Zahl 2006 auf jährlich sieben Fälle gestiegen. Aktuell liegt sie bei fünf Fällen pro Jahr. Die gewachsene Bedeutung der Beratungshilfe ergibt sich auch daraus, dass 2014 statistisch betrachtet jeder 109. Bürger Beratungshilfe in Anspruch nahm, 1995 nur jeder 307. Die Variationen sind bei einer Betrachtung nach Bundesländern, wie sie in **Tab. 7.4.2** erfolgt, enorm: So hat in Schleswig-Holstein 2014 jeder 58. Bürger einen Beratungshilfeantrag gestellt, in Baden-Württemberg nur jeder 189. Aufgrund der tendenziell niedrigeren Anwaltsdichte in Bundesländern mit hoher Nachfrage ist die Bearbeitung von Beratungshilfemandaten durch die Anwaltschaft von Bundesland zu Bundesland sehr unterschiedlich: Während ein Anwalt in Bayern in 2014 im Mittel nur 1,7 Beratungshilfemandate bearbeitete, lag der Wert für einen Anwalt in Sachsen-Anhalt mit 12,3 Fällen mehr als sieben Mal so hoch.

Die jährlichen Aufwendungen des Fiskus für die Beratungshilfe lassen sich nur mit gewissen Einschränkungen ermitteln: Die Finanzierung der Beratungshilfe fällt in die Zuständigkeit der Bundesländer, die die Ausgaben haushalterisch nicht nach einheitlichen Grundsätzen erfassen. Zum Teil werden die Aufwendungen dem allgemeinen Gerichtsetat zugeschlagen, zum Teil werden sie gemeinsam mit den Aufwendungen für Beiordnungen erfasst. In **Tab. 7.4.3** und **Tab. 7.4.4** ist das seit 1981 vorhandene Datenmaterial zusammengetragen. Aufgrund lückenhafter Zahlenreihen in einzelnen Bundesländern ist eine Langzeit-Betrachtung auf Bundesebene nicht möglich. In allen Bundesländern haben sich die Kosten der Beratungshilfe seit 1996 aber mindestens verdreifacht, zumeist in etwa verfünffacht, in einigen Bundesländern sogar fast verzehnfacht (Berlin, Mecklenburg-Vorpommern). Im Jahr 2014 gaben die Bundesländer zusammen rund 74,7 Mio. € für Beratungshilfe aus, rechnerisch pro Bürger 94 ct. Bei einer vergleichenden Betrachtung der Bundesländer (s. **Tab. 7.4.5**) ergibt sich eine erhebliche Spannbreite bei den Aufwendungen: Die niedrigsten Ausgaben per capita tätigte im Jahr 2014 Baden-Württemberg mit 56 ct pro Einwohner, die höchsten Schleswig-Holstein mit 1,64 €.

7.5 Prozesskostenhilfe

Prozesskostenhilfe („PKH") bzw. Verfahrenskostenhilfe („VKH") wird auf Antrag für alle Gerichtsverfahren mit Ausnahme der Straf- und Ordnungswidrigkeitenverfahren Bürgern gewährt, die bedürftig sind und deren Rechtsverfolgung Aussicht auf Erfolg hat. Eine statistische Erfassung der Prozess- und Verfahrenskostenhilfe ist aufgrund der fiskalischen Zuständigkeit der 16 Länder und der administrativen Zuständigkeit der fünf Gerichtsbarkeiten (Ordentliche Gerichte, Arbeits-, Sozial-, Verwaltungs-, Finanzgerichte) und der Verfassungsgerichtsbarkeit im jeweiligen Land nur mit erheblichen Einschränkungen möglich, da die einzelnen Gerichtsbarkeiten üblicherweise verschiedenen Fachministerien zugeordnet sind. Hinzu kommt die Prozesskostenhilfe vor den Bundesgerichten. Als Folge existiert, anders als für die Beratungshilfe, keine Gesamtstatistik zu Anträgen, Bewilligungen und Kosten. Vielmehr existieren für die Prozess- und Verfahrenskostenhilfe bundesweit rund 100 Einzeletats. Die Statistiken in diesem Werk beziehen sich daher ausschließlich auf die Prozess- und Verfahrenskostenhilfe in Zivilsachen. Sie macht den mit Abstand größten Anteil aller Aufwendungen für Prozess- und Verfahrenskostenhilfe aus.

Stichproben für einige Bundesländer ergeben, dass die Kosten in der Arbeits-, Finanz-, Verwaltungs- und Finanzgerichtsbarkeit zusammengenommen rund 10% der Gesamtaufwendungen ausmachen, 90% der Kosten also auf die Zivilsachen in der ordentlichen Gerichtsbarkeit entfallen. Die vom Soldan Institut bei den zuständigen Landesministerien erfragten, in **Tab. 7.5.1** und **Tab. 7.5.2** abgedruckten Zahlen ergeben für 2014 Ausgaben der Staatskasse für Verfahrenskostenhilfe und Prozesskostenhilfe in Zivilsachen von ca. 437 Mio. €. Es handelt sich hierbei nicht um die Nettobelastung der Landeshaushalte, da es aufgrund der Regelungen des Prozesskostenhilferechts zu nachträglichen Rückflüssen kommen kann, wenn der Berechtigte zur Kostenbeteiligung durch Ratenzahlung verpflichtet ist (§ 115 Abs. 1 S. 4 ZPO). Die entsprechenden Rückflüsse werden nicht in allen Bundesländern statistisch trennscharf den vorangegangenen Ausgaben zugeordnet. Nach einem empirisch nicht fundierten Erfahrungswert beträgt die Rückflussquote zwischen 15% und 20%. Hiervon ausgehend, liegt die tatsächliche Belastung des Staates für die Prozess- und Verfahrenskostenhilfe jährlich bei 350 bis 375 Mio. €. Per capita betragen die Ausgaben ohne die Bereinigung um die Rückflüsse 5,38 €. Innerhalb Deutschlands ergeben sich, ebenso wie bei der Beratungshilfe, erhebliche Unterschiede (**Tab. 7.5.3**): So fielen in Sachsen-Anhalt mit 8,52 € pro Einwohner für Prozess- und Verfahrenskostenhilfe mehr als doppelt so hohe Kosten an wie in Baden-Württemberg mit 3,92 € per capita.

7.6 Pflichtverteidigung

In den **Tab. 7.6.1** und **7.6.2** sind die Ausgaben der Bundesländer für Beiordnungen in Strafsachen und OWi-Sachen seit dem Jahr 2013 dokumentiert. Diese Daten sind in der aktuellen Ausgabe des Statistischen Jahrbuchs erstmals enthalten, so dass keine weiter zurückreichenden Datenreihen verfügbar sind. Aus den Angaben der Fachministerien ergaben sich für 2014 Gesamtausgaben in Höhe von 216.988.000 €, wobei dieser Betrag mangels entsprechender Aufschlüsselung im Haushaltsplan keine Ausgaben des Landes Sachsen-Anhalt beinhaltet. Damit entfielen auf jeden Bürger durchschnittlich Kosten von 2,75 € für Pflichtverteidigungen (ohne die Bevölkerung von Sachsen-Anhalt). Auch hier gilt, dass etwaige Rückflüsse, die aus der Realisierung von Kostenerstattungsansprüchen im Falle einer Verurteilung nicht berücksichtigt sind, da eine entsprechende Aufschlüsselung haushalterisch nicht erfolgt.

7.7 Vergleichende Betrachtung

Kap. 7.7 setzt die für die verschiedenen Finanzierungsformen gewonnenen Daten in Relation zueinander. **Tab. 7.7.1** zeigt zum einen auf, welche Ausgaben der Fiskus in den Jahren 1992 bis 2014 per capita für die Prozesskostenhilfe und die Beratungshilfe getätigt hat, zum anderen, wie hoch das Prämienaufkommen der Rechtsschutzversicherer pro Einwohner war. Für die Berechnung der Ausgaben des Fiskus wurden für das jeweilige Jahr die Ausgaben der Bundesländer addiert, die im betreffenden Jahr Angaben gemacht haben, und durch die durchschnittliche Einwohnerzahl dieser Bundesländer im jeweiligen Jahr geteilt. Es zeigt sich insofern, dass sich die staatlichen Ausgaben im Bereich der Prozess- und Verfahrenskostenhilfe per capita seit 1992 mehr als verdoppelt und für Beratungshilfe ungefähr versiebenfacht haben. Gleichwohl machen die staatlichen Aufwendungen für die Kostenhilfe mit gesamt 6,56 € weniger als 13% des Betrages aus, den die Bürger durch Zahlung von Versicherungsprämien eigenverantwortlich in die Absicherung des Lebensrisikos „Rechtsverfolgungskosten" investieren. Selbst wenn man den Wert von 6,56 € noch um die Kosten der Beiordnungen in Straf- und OWi-Sachen ergänzt (die in der Rechtschutzversicherung praktisch nicht versicherbar sind), die 2014 2,75 € per capita betrugen, erhöht sich der Wert lediglich auf rund 19%.

7.1. Erzeugerpreisindizes für Rechtsdienstleistungen

Tab. 7.1.1: Erzeugerpreisindizes für Rechtsdienstleistungen von 2003 bis 2014 – nach Art der Vergütung (2010 = 100)

Jahr	Vergütungsvereinbarung	RVG	Insgesamt
2003	91,7	95,6	93,4
2004	92,6	96,4	94,2
2005	94,0	97,1	95,3
2006	95,4	97,5	96,2
2007	97,7	98,1	97,6
2008	99,0	99,1	99,0
2009	99,5	100,0	99,8
2010	100,0	100,0	100,0
2011	100,9	100,7	100,9
2012	101,9	101,7	101,9
2013	102,9	109,0	107,8
2014	103,7	116,5	113,6

Quelle: Stat. Bundesamt, Erzeugerpreisindizes für unternehmensnahe Dienstleistungen

7.2.   Anwaltliche Stundensätze

Tab. 7.2.1: Durchschnittliche feste und flexible Stundensätze der deutschen Anwaltschaft 2009

	fester Stundensatz in €	flexibler Stundensatz in €	
		Mindestsatz	Höchstsatz
2005			
arith. Mittel	182	146	231
5% getr. Mittel*	180	144	225
Median	180	150	230
Modus	150	150	250
2008			
arith. Mittel	186	139	226
5% getr. Mittel*	182	136	220
Median	180	130	210
Modus	150	150	250

*Beim 5%-getrimmten Mittel handelt es sich um das um Extremwerte (5% der niedrigsten und 5% der höchsten Stundensätze) bereinigte arithm. Mittel.

Quelle: Hommerich / Kilian, Vergütungsvereinbarungen, S.66 sowie dies., Vergütungsbarometer 2009, S. 80

Tab. 7.2.2: Durchschnittliche feste und flexible Stundensätze (5%-getr. Mittel) in Abhängigkeit von der Anzahl an Anwälten in der Kanzlei / Sozietät im Jahr 2009

	fester Stundensatz in €	flexibler Stundensatz in €	
		Mindestsatz	Höchstsatz
Einzelkanzlei	166	115	201
Sozietät mit bis zu 5 Anwälten	182	139	219
Sozietät mit 6 bis 10 Anwälten	217	165	246
Sozietät mit 11 bis 20 Anwälten	240	187	272
Sozietät mit 21 bis 100 Anwälten	270	236	318
Sozietät mit mehr als 100 Anwälten	376	290	425

$p <= 0.05$

Quelle: Hommerich / Kilian, Vergütungsbarometer 2009, S. 83

Tab. 7.2.3: Durchschnittliche feste und flexible Stundensätze von Rechtsanwälten nach dem Spezialisie-
rungsmerkmal Fachanwalt im Jahr 2009

	fester Stundensatz in €	flexibler Stundensatz in €	
		Mindestsatz	Höchstsatz
Fachanwalt	194	147	227
Nicht-Fachanwalt	174	128	215

p <= 0.05

Quelle: Hommerich / Kilian, Vergütungsbarometer 2009, S. 81

7.3. Rechtsschutzversicherungen

Tab. 7.3.1: Zahl der Rechtsschutzversicherungsverträge und der abgedeckten Risiken von 1980 bis 2014*

| Jahr | Abgedeckte Risiken | | Rechtsschutzversicherungsverträge | |
	Anzahl in Mio.	Veränd. (in %)	Anzahl in Mio.	Veränd. (in %)
1980	17,20			
1985	20,56	19,5		
1990	24,46	19,0		
1995	29,44	20,4		
1996	29,51	0,2		
1997	29,30	-0,7		
1998	28,81	-1,7	19,14	
1999	28,58	-0,8	19,26	0,6
2000	28,94	1,3	19,42	0,8
2001	29,01	0,2	19,43	0,1
2002	29,00	0,0	19,59	0,8
2003	29,09	0,3	19,69	0,5
2004	28,85	-0,8	19,50	-1,0
2005	28,83	-0,1	19,45	-0,2
2006	28,65	-0,6	19,46	0,1
2007**			°20,47	5,1
2008			20,57	0,5
2009			20,65	0,4
2010			20,90	1,2
2011			21,10	0,8
2012			21,20	0,6
2013			21,40	0,9
2014			21,60	1,1

* beinhaltet privaten und gewerblichen Rechtsschutz

**Aufgrund einer geänderten Zählweise werden die abgedeckten Risiken vom GDV ab dem Jahr 2007 nicht mehr ausgewiesen.

° ab 2007 geänderte Zählweise bei Gruppen-/ Sammelverträgen

Quelle: Gesamtverband der Deutschen Versicherungswirtschaft (GDV)

Tab. 7.3.2: Zahl der Schadenfälle* in der Rechtsschutzversicherung sowie Schadenquote von 1980 bis 2014

Jahr	Zahl der Schadenfälle (in Mio.)	Veränderung (in %)	Schadenquote (in %)	Veränderung (in %)
1980	2,23		65,2	6,4
1981			67,9	4,1
1982	2,41	2,9	68,9	1,5
1983	2,48	2,4	69,5	0,9
1984	2,54	3,1	69,3	-0,3
1985	2,62	1,9	69,7	3,9
1986	2,67	3,0	72,4	3,9
1987	2,75	3,3	74,0	2,2
1988	2,84	-0,1	72,6	-1,9
1989	2,83	5,7	70,4	-3,0
1990	2,99	-2,4	69,5	-1,3
1991	2,92	-3,4	68,1	-2,0
1992	3,08	5,5	70,4	3,4
1993	3,20	3,9	73,8	4,8
1994	3,35	4,7	78,7	6,6
1995	3,45	2,9	81,6	3,9
1996	3,56	0,8	80,4	-1,5
1997	3,60	1,1	78,8	-2,0
1998	3,57	-0,8	75,4	-4,3
1999	3,58	0,3	73,6	-2,4
2000	3,48	-2,8	71,5	-2,9
2001	3,47	-0,3	72,4	1,3
2002	3,62	4,3	74,8	3,3
2003	3,70	2,2	74,2	-0,8
2004	3,57	-3,5	73,5	-0,9
2005	3,46	-3,1	74,2	1,0
2006	3,55	2,6	72,4	-2,4
2007	3,65	2,8	70,7	-2,3
2008	3,69	1,1	71,2	0,7
2009	3,88	5,2	75,0	5,3
2010	3,82	-1,4	71,9	-4,1
2011	3,83	0,3	70,6	-1,8
2012	3,79	-1,2	70,6	0,0
2013	3,90	2,9	72,4	2,5
2014	3,93	0,8	74,7	3,2

Quelle: Gesamtverband der Deutschen Versicherungswirtschaft (GDV), eigene Berechnungen

Tab. 7.3.3: Leistungen und Beiträge der Rechtsschutzversicherungen von 1980 bis 2014

Jahr	Beiträge zur Rechtsschutzversicherung			Leistungen der Rechtschutzversicherung		
	Brutto-Beitrags-einnahmen (in Mrd. €)	Veränd. (in %)	Index (Basisjahr: 1980)	in Mrd. €	Veränd. (in %)	Index (Basisjahr: 1980)
1980	0,84			0,53		
1981	0,93	10,7	110,7	0,62	17,0	117,0
1982	1,02	9,7	121,4	0,68	9,7	128,3
1983	1,08	5,9	128,6	0,74	8,8	139,6
1984	1,14	5,6	135,7	0,78	5,4	147,2
1985	1,21	6,1	144,0	0,83	6,4	156,6
1986	1,27	5,0	151,2	0,91	9,6	171,7
1987	1,34	5,5	159,5	0,98	7,7	184,9
1988	1,42	6,0	169,0	1,01	3,1	190,6
1989	1,52	7,0	181,0	1,05	4,0	198,1
1990	1,63	7,2	194,0	1,12	6,7	211,3
1991	1,77	8,6	210,7	1,19	6,2	224,5
1992	1,89	6,8	225,0	1,31	10,1	247,2
1993	2,00	5,8	238,1	1,45	10,7	273,6
1994	2,09	4,5	248,8	1,62	11,7	305,7
1995	2,21	5,7	263,1	1,78	9,9	335,8
1996	2,33	5,4	277,4	1,85	3,9	349,1
1997	2,47	6,0	294,0	1,91	3,2	360,4
1998	2,61	5,7	310,7	1,95	2,1	367,9
1999	2,64	1,1	314,3	1,94	-0,5	366,0
2000	2,69	1,9	320,2	1,92	-1,0	362,3
2001	2,71	0,7	322,6	1,97	2,6	371,7
2002	2,78	2,6	331,0	2,04	3,6	384,9
2003	2,83	1,8	336,9	2,08	2,0	392,5
2004	2,92	3,2	347,6	2,14	2,9	403,8
2005	3,01	3,1	358,3	2,23	4,2	420,8
2006	3,07	2,0	365,5	2,22	-0,4	418,9
2007	3,16	2,9	376,2	2,22	0,0	418,9
2008	3,20	1,3	381,0	2,28	2,7	430,2
2009	3,21	0,1	382,1	2,41	5,7	454,7
2010	3,25	1,3	386,9	2,34	-3,1	441,5
2011	3,33	2,6	395,6	2,34	0,0	441,5
2012	3,34	0,4	397,6	2,36	1,0	445,2
2013	3,41	2,2	397,6	2,47	4,7	466,0
2014	3,49	2,0	415,5	2,60	5,1	490,6

Quelle: Gesamtverband der Deutschen Versicherungswirtschaft (GDV), eigene Berechnungen

Tab. 7.3.4: Zahl der versicherten Risiken nach Versicherungsunternehmen* von 2007 bis 2013

Name des Versicherungsunternehmens	2007	2009	2011	2013
D.A.S. Allg. RS	2.777.171	k.A.	2.742.198	2.682.984
ADAC-Rechtsschutz	2.687.338	2.618.701	2.554.834	2.467.832
Allianz Vers.	2.601.671	2.520.769	2.391.455	2.351.621
HUK-Coburg RS	1.508.942	1.524.879	1.561.992	1.589.136
ADVO Card RS	1.457.547	k.A.	1.506.211	1.532.719
OERAG Rechtsschutz	1.242.724	1.278.640	1.417.525	1.504.508
ARAG SE	1.590.043	k.A.	*1.378.643	1.326.822
Roland Rechtsschutz	1.122.039	k.A.	1.289.658	1.770.890
DEURAG DT. RS	583.235	889.681	1.158.732	1.163.964
DEVK Rechtsschutz	1.005.472	1.023.380	1.051.592	1.053.464
DMB Rechtsschutz	741.066	771.841	816.822	841.666
LVM Rechtsschutz	688.260	712.701	726.916	729.319
R + V Rechtsschutz	597.190	637.069	699.621	717.722
Württ. Vers.	644.104	641.520	651.994	656.271
Auxilia RS	511.377	k.A.	520.885	516.898
Gerling Recht.	492.523	k.A.	475.973	k.A.
Zürich Vers. AG	466.600	475.060	k.A.	k.A.
Hamb. Mannheimer RS	438.208	414.937	k.A.	k.A.
WGV-Schwäbische Allg.	394.742	416.613	425.754	428.381
Alte Leipziger Vers./ Rechtsschutz Union	411.609	413.996	416.413	411.166
Concordia RS	393.018	k.A.	410.815	410.410
Neue Rechtsschutz	430.568	k.A.	403.991	449.257
DEBEKA Allgemeine	333.888	350.283	366.054	376.967
Allrecht Rechtsschutz	248.558	252.426	k.A.	k.A.
VGH Land. Brand. Han.	170.759	175.693	182.299	189.117
Badische Rechtsschutz	140.235	152.645	165.481	169.698
Mecklenburg. Vers.	133.607	142.599	141.870	143.281
Bruderhilfe Sach. AG	k.A.	k.A.	98.606	97.388
Continentale Sachversicherung	k.A.	k.A.	93.701	100.920
HUK24 AG	k.A.	k.A.	90.452	96.299

* Ausschließlich Versicherungsunternehmen, die die Zahl der versicherten Risiken angeben und von der BAFin beaufsichtigt werden.

Quelle: BaFin, Unternehmensindividuelle Beschwerdestatistik der Versicherungsunternehmen (Stand zum 31.12. des jeweiligen Jahres außer „*" = Wert zum 31.12.2010)

Tab. 7.3.5: Zahl der Beschwerden sowie Zahl der versicherten Risiken pro Beschwerde nach Versicherungsunternehmen im Jahr 2013*

Name des Versicherungsunternehmens	Beschwerden	Zahl der versicherten Risiken pro Beschwerde
Alte Leipziger Vers.	59	6.969
D.A.S. Allg. RS	48	55.896
ARAG SE	59	22.489
Allianz Vers.	52	45.223
ADVO Card RS	38	40.335
Roland Rechtsschutz	57	31.068
DMB Rechtsschutz	17	49.509
DEURAG DT. RS	40	29.099
OERAG Rechtsschutz	31	48.533
HUK-Coburg RS	19	83.639
Gerling Recht.	k.A.	k.A.
Bayerische Beamten Vers.	5	k.A.
Auxilia RS	16	32.306
Concordia RS	8	51.301
DEVK Rechtsschutz	9	117.052
R + V Allgemeine Vers.	14	51.266
Württ. Vers.	15	43.751
Neue Rechtsschutz	13	34.558
DEBEKA Allgemeine.	8	47.121
WGV-Schwäbische Allg.	17	25.199
LVM Rechtsschutz	6	121.553
Mecklenburg. Vers.	5	28.656
ADAC-Rechtsschutz	8	308.479
Bruderhilfe Sach. AG	5	19.478
Itzehoer Versicherung	6	k.A.
LVM Sach.	6	121.553
ARAG Allg. Vers.	2	k.A.
DFV Deutsche Fam. Vers.	1	k.A.
VGH Land. Brand. Han.	2	94.559
Badische Rechtsschutz.	2	84.849
Continentale Sachvers.	1	100.920
Direct Line	k.A.	k.A.
GVO Gegenseitigkeit	k.A.	k.A.
Nürnberger Allg.	1	k.A.
HUK24 AG	3	32.100
DA Deutsche Allg. Vers.	3	k.A.
Hanse Merkur Allg.	k.A.	k.A.

* Zahlen der Vorjahre siehe Vorausgaben

Quelle: BaFin 2013, Unternehmensindividuelle Beschwerdestatistik der Versicherungsunternehmen (zum 31.12.2012)

7.4. Beratungshilfe

Tab. 7.4.1: Zahl der Anträge auf Beratungshilfe von 1981 bis 2014

Jahr	Zahl der Anträge auf Beratungshilfe	Veränderung (in %)	Fälle pro Anwalt
1981	59.189		1,6
1982	87.484	47,8	2,2
1983	116.355	33,0	2,8
1984	147.545	26,8	3,3
1985	191.709	29,9	4,1
1986	222.138	15,4	4,5
1987	238.897	8,0	4,8
1988	250.452	4,8	4,8
1989	243.880	-2,6	4,5
1990	239.009	-2,0	4,2
1991	221.197	-7,5	3,7
1992	215.874	-2,4	3,4
1993	217.569	0,8	3,2
1994	235.669	8,3	3,3
1995	266.416	13,0	3,6
1996	311.804	17,0	4,0
1997	359.115	15,1	4,2
1998	394.704	5,0	4,0
1999	414.538	2,5	4,2
2000	425.032	2,5	4,1
2001	463.087	9,0	4,2
2002	499.067	7,8	4,3
2003	566.556	13,5	4,7
2004	631.066	11,4	5,0
2005	790.354	25,3	6,0
2006	948.979	20,1	6,9
2007	902.590	-4,9	6,3
2008	885.468	-1,9	6,0
2009	913.079	3,1	6,1
2010	970.152	6,3	6,2
2011	904.279	-9,4	5,7
2012	835.472	-7,6	5,2
2013	814.555	-2,5	5,0
2014	817.586	1,3	5,0

Quelle: BMJ, Statistiken, Beratungshilfestatistik 1981-2014

Tab. 7.4.2: Beratungshilfe nach Bundesländern im Jahr 2014

Bundesland	Bevölkerung 31.12.2014	Zahl der Anträge	Zahl der Bewilligungen	durch RAe gewährte BerH	Fälle pro Anwalt
Baden-Württemberg	10.716.644	56.604	50.415	34.591	2,0
Bayern	12.691.568	71.635	62.807	48.314	1,7
Berlin*	3.469.849	36.719	30.201	21.913	1,6
Brandenburg	2.457.872	21.653	20.210	13.788	5,8
Bremen**	661.888	--	--	--	--
Hamburg**	1.762.791	--	--	--	--
Hessen	6.093.888	74.085	67.537	51.925	2,6
Mecklenburg-Vorp.	1.599.138	18.833	16.928	13.239	8,4
Niedersachsen	7.826.739	110.447	103.660	80.288	7,8
Nordrhein-Westfalen	17.638.098	220.057	207.929	149.859	3,9
Rheinland-Pfalz	4.011.582	33.669	31.206	22.691	4,7
Saarland	989.035	16.191	15.324	12.083	8,4
Sachsen	4.055.274	44.291	39.929	30.777	6,5
Sachsen-Anhalt	2.235.548	33.784	27.835	22.250	12,3
Schleswig-Holstein	2.830.864	48.795	47.021	37.371	9,6
Thüringen	2.156.759	29.829	26.999	24.150	11,8
Gesamt	81.197.537	817.586	748.001	430.057	2,6

* Beratung wird teilweise in öffentlichen Beratungsstellen erbracht.

** Beratung wird in öffentlichen Beratungsstellen erbracht.

Quelle: Beratungshilfestatistik 2014 (Stand: September 2015), BRAK-Mitgliederstatistik 2014 (Stand: 31.12.2014), eigene Berechnungen

Tab. 7.4.3: **Aufwendungen der Bundesländer für Beratungshilfe nach dem BerHG in Tausend €**
von 1981 bis 2015 – Teil 1*

Jahr	BW	BY	BE***	BB	HB****	HES	MV	NI
1981		135	32	----		90	----	114
1982	278	219	72	----		197	----	273
1983	423	321	144	----		294	----	479
1984	517	423	216	----		476	----	808
1985	675	534	256	----		602	----	1.223
1986	808	671	336	----		770	----	1.607
1987		837		----			----	
1988	992	834	537	----		1.025	----	2.135
1989	975	890	616	----		1.156	----	2.261
1990	1.021	943	601	----		1.098	----	2.066
1991	939	917	599			1.055		1.870
1992	910	978	575			904		1.682
1993	897	971	515			801	129	1.535
1994	1.119	1.026	540			879	174	1.722
1995	1.583	1.537	545			1.081	219	2.294
1996	1.935	1.848	540		294	1.313	237	2.716
1997	2.350	2.153	673		296		325	3.177
1998	2.501	2.406	791		297		405	3.604
1999	2.740	2.495	1.111		382		422	3.793
2000	2.671	2.526	1.107		396		494	3.999
2001	2.705	2.701	1.307		384		569	4.294
2002	2.953	2.918	1.493		433		608	4.429
2003	3.994	3.782	1.846		448		904	5.124
2004	5.330	4.839	2.000	1.099	410		1.090	5.787
2005	8.223	7.871	3.521	2.073	403		2.085	8.194
2006	9.796	10.323	5.234	3.239	403		2.887	8.994
2007	9.308	10.987	4.933	3.379	403		2.562	12.400
2008	8.127	10.804	3.671	2.829	403	6.661	2.654	11.531
2009	7.874	10.796	3.445	2.509	489	7.021	2.557	11.368
2010	8.198	10.661	3.961	2.669	489	6.643	2.315	11.507
2011	7.329	9.361	3.851	2.403	685	6.794	1.865	10.857
2012	6.248	7.759	3.343	2.136	488	6.365	1.748	9.696
2013	5.537	7.349	2.711	1.899	530	6.148	1.415	9.277
2014	6.047	7.578	2.636	1.907	530	6.939	1.548	9.611
2015**	7.000	8.800	4.553	2.794	530	6.516	2.079	10.929

* Abkürzungen: Baden-Württemberg (BW), Freistaat Bayern (BY), Berlin (BE), Brandenburg (BB), Freie Hansestadt Bremen (HB), Mecklenburg-Vorpommern (MV), Niedersachsen (NI) / Hamburg, Hessen (von 1997 bis 2007) und Brandenburg (bis 2003) erfassen die Aufwendungen der Beratungshilfe haushaltstechnisch nicht getrennt von den Gesamtaufwendungen für Beiordnungen und Beratungshilfe. Die Gesamtaufwendungen sind in Tab. 7.5.1 und Tab. 7.5.2 enthalten.

** Soll-Wert / Planansatz für das Jahr 2015

*** Angaben zu Berlin bis 2002 gemäß Angaben des Fachministeriums des Landes, ab dann gemäß Beratungshilfestatistik des BMJ.

**** Angaben zu Bremen beziehen sich auf die Kosten für öffentliche Beratungsstellen, durch die in diesem Bundesland die Beratungshilfe gewährt wird.

Quelle: Auskunft der Fachministerien, Beratungshilfestatistik

Tab. 7.4.4: **Aufwendungen der Bundesländer für Beratungshilfe nach dem BerHG in Tausend €**
von 1981 bis 2015 – Teil 2*

Jahr	NW	RP	SL	SN	SH	ST	TH
1981	304	53	26	----	49	----	----
1982	740	110	66	----	159	----	----
1983	1.182	157	96	----	246	----	----
1984	1.527	268	147	----	319	----	----
1985	2.071	366	213	----	525	----	----
1986	2.526	452	232	----	681	----	----
1987				----	765	----	----
1988	3.361	579	317	----	796	----	----
1989	3.427	543	310	----	858	----	----
1990	3.284	517	309	----	852	----	----
1991	3.012	498	274	68	844	45	
1992	2.721	478	280	150	768	119	
1993	2.484	445	246	341	786	156	
1994	2.907	456	297	310	888	208	
1995	3.859	647	317	624	1.030	306	
1996	k.A.	776	462	740	1.195	527	
1997	4.244	773	552	919	1.266	661	
1998	k.A.	869	525	1.143	1.486	869	
1999	4.857	996	573	1.386	1.389	1.052	
2000	k.A.	n.a.	498	1.608	1.374	1.166	
2001	k.A.	951	487	1.800	1.584	1.263	
2002	k.A.	1.022	534	1.775	1.632	1.415	
2003	7.000	1.172	583	2.056	1.770	1.728	
2004	8.500	1.587	644	2.528	2.109	2.008	763
2005	13.500	2.203	1.189	4.423	3.329	3.450	1.877
2006	17.300	3.073	1.494	5.982	4.533	4.517	2.812
2007	18.865	3.012	1.436	6.302	5.004	4.570	2.814
2008	17.696	3.011	1.343	5.235	5.200	3.397	2.805
2009	17.830	3.022	1.440	4.697	4.909	2.760	2.468
2010	19.512	3.496	1.410	5.025	5.007	3.062	2.578
2011	19.280	3.536	1.494	4.925	4.654	2.966	2.523
2012	18.214	3.206	1.352	4.021	4.349	2.491	2.528
2013	18.007	3.102	1.104	3.778	4.345	2.460	2.473
2014	19.500	3.327	1.595	3.825	4.642	2.407	2.589
2015**	19.100	3.927	1.100	4.540	5.000	2.643	2.600

* Abkürzungen: Nordrhein-Westfalen (NW), Rheinland-Pfalz (RP), Saarland (SL), Freistaat Sachsen (SN), Schleswig-Holstein (SH), Sachsen-Anhalt (ST), Freistaat Thüringen (TH)

** Soll-Wert / Planansatz für das Jahr 2015

Quelle: Auskunft der Fachministerien (1981-2001), Beratungshilfestatistik des BMJ (2002-2013)

Tab. 7.4.5: Aufwendungen für Beratungshilfe nach Bundesländern im Jahr 2014

Bundesland	Bevölkerung 31.12.2014	Aufwendungen BerH in 2014 in €	€ per capita
Baden-Württemberg	10.716.644	6.047.182	0,56
Bayern	12.691.568	7.577.833	0,60
Berlin*	3.469.849	2.636.301	0,76
Brandenburg	2.457.872	1.907.431	0,78
Bremen**	661.888	530.000	0,80
Hamburg**	1.762.791	k.A.	
Hessen	6.093.888	6.939.047	1,14
Mecklenburg-Vorp.	1.599.138	1.549.700	0,97
Niedersachsen	7.826.739	9.610.583	1,23
Nordrhein-Westfalen	17.638.098	19.500.000	1,11
Rheinland-Pfalz	4.011.582	3.327.420	0,83
Saarland	989.035	1.595.165	1,61
Sachsen	4.055.274	3.825.009	0,94
Sachsen-Anhalt	2.235.548	2.406.899	1,08
Schleswig-Holstein	2.830.864	4.641.900	1,64
Thüringen	2.156.759	2.589.000	1,20
Gesamt	**81.197.537**	**74.683.470**	***0,94

* Beratung wird teilweise in öffentlichen Beratungsstellen erbracht.

** Beratung wird in öffentlichen Beratungsstellen erbracht. Die Aufwendungen für die BerH werden in Hamburg haushalterisch nicht gesondert ausgewiesen.

***Berechnung erfolgt ohne die Bevölkerungszahl von Hamburg.

Quelle: Beratungshilfestatistik des BMJ (die Angaben für Bremen beruhen auf einer Auskunft des Senators für Justiz und Verfassung der Freien Hansestadt Bremen), eigene Berechnungen

7.5.   Prozesskostenhilfe

Tab. 7.5.1: Aufwendungen der Bundesländer für Beiordnungen in Zivilsachen (Prozesskostenhilfe) in Tausend € von 1992 bis 2015 – Teil 1*

Jahr	BW	BY***	BE	BB****	HB	HH*****	HE[3]
1992	19.889	21.902			2.344		17.752
1993	21.832	25.509			2.436		18.784
1994	23.673	25.683			2.299		19.512
1995	26.792	28.520			2.839	8.677	22.392
1996	31.342	33.039			2.967	7.409	24.899
1997	33.183	36.751			3.318	8.648	26.843
1998	33.950	37.787			3.490	8.678	28.632
1999	33.490	37.218	10.972		3.342	8.138	29.246
2000	32.130	38.065	11.196	9.114	3.054	8.079	27.814
2001	34.426	39.456	10.062	9.127	3.094	7.864	28.597
2002	34.426	43.034	10.522	9.708	2.846	8.316	30.447
2003	34.949	46.669	12.268	9.778	3.323	10.336	33.330
2004	43.513	50.765	12.753	9.656	3.622	10.569	38.106
2005	47.038	54.257	13.069	10.255	3.734	10.706	45.700
2006	46.807	53.078	14.058	11.044	3.804	11.507	47.324
2007	46.611	54.674	13.746	10.425	4.132	11.766	50.916
2008	44.640	55.702	13.902	10.518	4.095	11.553	28.655
2009	43.877	52.852	13.253	10.148	4.008	11.025	28.759
2010	42.892	52.439	14.532	10.245	3.907	9.968	38.409
2011	43.919	51.088	13.912	10.284	4.138	10.337	29.180
2012	41.005	47.424	13.484	10.198	3.764	9.655	27.401
2013	38.529	46.017	12.997	10.016	3.659	9.590	27.215
2014	41.977	48.920	13.370	10.178	3.633	9.849	28.002
2015**	55.970	50.800	14.939	10.335	3.795	k.A.	k.A.

* Abkürzungen: Baden-Württemberg (BW), Freistaat Bayern (BY), Berlin (BE), Brandenburg (BB), Freie Hansestadt Bremen (HB), Freie und Hansestadt Hamburg (HH), Hessen (HE)

**Soll-Werte / Planansatz für das Jahr 2015

*** Die Zahlen für Bayern beinhalten nicht die Aufwendungen für Beiordnungen in Insolvenzsachen.

**** Die Zahlen für Hamburg und Brandenburg (bis 2003) beinhalten auch die Ausgaben für Beratungshilfe.

***** Hessen hat bis 2007 die Aufwendungen für Beiordnungen in Zivil-, Straf- und Bußgeldsachen sowie für Beratungshilfe gesammelt ausgewiesen. Die Daten ab 2008 berichten die Aufwendungen für die Prozesskostenhilfe in Zivilsachen.

Quelle: Auskunft der Fachministerien, eigene Berechnungen

Tab. 7.5.2: Aufwendungen der Bundesländer für Beiordnungen in Zivilsachen (Prozesskostenhilfe) in Tausend € von 1992 bis 2015 – Teil 2*

Jahr	MV	NI***	NW	RP	SL	SN	SH	ST****	TH*****
1992	1.544	24.641		10.742	4.015	2.438	9.201	--	2.627
1993	2.352	25.317	59.361	11.274	3.998	4.917	10.075	--	4.316
1994	2.945	26.824		11.959	4.519	6.786	10.113	--	5.410
1995	3.876	30.359	66.800	13.369	4.554	7.789	11.117	--	6.524
1996	5.055	33.862	73.900	13.140	4.988	9.910	12.095	--	7.601
1997	5.513	36.926	79.000	14.930	5.525	11.859	12.619	--	9.083
1998	6.697	38.224	80.900	14.827	5.470	14.482	13.524	--	10.987
1999	6.300	37.977	78.900	15.192	5.847	14.888	13.896	--	11.780
2000	7.060	39.969	80.300	16.259	5.741	15.213	14.283	--	12.331
2001	7.010	42.171	82.400	17.323	4.683	13.666	14.620	--	12.048
2002	7.241	45.453	89.000	19.621	6.238	14.188	15.852	--	12.602
2003	7.745	48.914	112.200	21.629	6.971	16.106	17.075	14.796	14.297
2004	8.598	52.521	119.600	23.169	7.202	15.820	18.024	15.195	12.240
2005	10.010	57.408	126.500	24.683	8.584	17.902	20.419	20.004	11.318
2006	10.055	58.078	130.700	24.953	8.256	17.695	20.477	21.449	11.420
2007	9.351	58.519	128.000	25.946	8.731	17.760	20.563	21.462	11.427
2008	8.569	60.899	134.100	25.139	8.635	17.395	22.577	21.286	10.608
2009	8.362	58.736	135.800	26.562	8.480	17.440	18.825	18.001	10.474
2010	8.181	58.006	136.400	27.032	8.966	16.662	18.593	18.253	10.290
2011	8.583	57.961	133.300	26.875	8.561	16.644	18.363	11.977	10.530
2012	8.564	57.321	128.600	24.797	8.327	16.508	17.598	12.504	10.585
2013	7.816	38.584	123.600	23.957	7.703	16.446	16.460	18.067	10.239
2014	8.073	38.314	129.700	24.923	8.256	17.578	16.803	19.047	10.387
2015**	9.477	k.A.	131.300	26.594	7.720	18.350	16.900	20.720	10.500

* Abkürzungen: Mecklenburg-Vorpommern (MV), Niedersachsen (NI), Nordrhein-Westfalen (NW), Rheinland-Pfalz (RP), Saarland (SL), Freistaat Sachsen (SN), Schleswig-Holstein (SH), Sachsen-Anhalt (ST), Freistaat Thüringen (TH)

** Soll-Werte / Planansatz für das Jahr 2015

*** Die Zahlen für Niedersachsen bis 2012 beinhalten die Aufwendungen für Beiordnungen in Straf- und Bußgeldsachen. In den letzten Jahren hatten diese einen Anteil von rund 30 % an den Gesamtaufwendungen.

**** Die Zahlen für Sachsen-Anhalt beinhalten bis 2010 und ab 2013 die Aufwendungen für Beiordnungen in Strafsachen. In den Jahren 2011 und 2012 hatten diese einen Anteil von 32,3 % bzw. 33 % an den Gesamtaufwendungen.

***** Die Zahlen für Thüringen beinhalten bis 2003 die Aufwendungen für Beiordnungen in Strafsachen (Pflichtverteidigungen) und für Beratungshilfe. Eine Aufgliederung erfolgte erstmals in 2004.

Quelle: Auskunft der Fachministerien, eigene Berechnungen

Tab. 7.5.3: **Aufwendungen der Bundesländer für Beiordnungen in Zivilsachen (Prozess-/Verfahrenskosten-hilfe) in Tausend € im Jahr 2014**

Bundesland	Bevölkerung 31.12.2014	Aufwendungen PKH in 2014 in €	€ per capita
Baden-Württemberg	10.716.644	41.976.707	3,92
Bayern	12.691.568	48.920.475	3,85
Berlin	3.469.849	13.370.139	3,85
Brandenburg	2.457.872	10.177.856	4,14
Bremen	661.888	3.632.873	5,49
Hamburg*	1.762.791	9.849.000	5,59
Hessen	6.093.888	28.001.893	5,87
Mecklenburg-Vorpommern	1.599.138	8.073.200	5,05
Niedersachsen	7.826.739	38.314.475	4,90
Nordrhein-Westfalen	17.638.098	129.700.000	7,35
Rheinland-Pfalz	4.011.582	24.922.527	6,21
Saarland	989.035	8.255.929	8,35
Sachsen	4.055.274	17.578.152	4,33
Sachsen-Anhalt**	2.235.548	19.046.536	8,52
Schleswig-Holstein	2.830.864	16.802.500	5,94
Thüringen	2.156.759	10.387.000	4,82
Gesamt	**81.197.537**	**436.781.947**	**5,38**

* Die Zahlen für Hamburg beinhalten auch die Ausgaben für Beratungshilfe

** Die Zahlen für Sachsen-Anhalt beinhalten auch die Ausgaben für die Pflichtverteidigung.

Quelle: Auskunft der Fachministerien, eigene Berechnungen

7.6. Pflichtverteidigung

Tab. 7.6.1: **Aufwendungen der Bundesländer für Beiordnungen in Strafsachen (Pflichtverteidigung) in Tausend € von 2013 bis 2015 – Teil 1***

Jahr	BW	BY	BE	BB	HB	HH	HE
2013	20.685	28.683	10.306	5.366	2.077	7.024	12.828
2014	24.351	34.709	11.303	6.076	2.041	8.366	13.903
2015**	30.300	37.800	11.030	6.334	2.024	k.A.	13.597

* Abkürzungen: Baden-Württemberg (BW), Freistaat Bayern (BY), Berlin (BE), Brandenburg (BB), Freie Hansestadt Bremen (HB), Freie und Hansestadt Hamburg (HH), Hessen (HE)

**Soll-Werte / Planansatz für das Jahr 2015

Tab. 7.6.2: **Aufwendungen der Bundesländer für Beiordnungen in Strafsachen (Pflichtverteidigung) in Tausend € von 2013 bis 2015 – Teil 2***

Jahr	MV	NI	NW	RP	SL	SN	SH	ST***	TH
2013	4.020	16.145	52.000	10.473	2.321	9.592	5.407	k.A.	4.858
2014	4.566	17.714	58.200	11.645	2.235	10.513	5.925	k.A.	5.423
2015**	5.159	k.A.	55.200	10.154	2.330	11.154	6.550	k.A.	5.700

* Abkürzungen: Mecklenburg-Vorpommern (MV), Niedersachsen (NI), Nordrhein-Westfalen (NW), Rheinland-Pfalz (RP), Saarland (SL), Freistaat Sachsen (SN), Schleswig-Holstein (SH), Sachsen-Anhalt (ST), Freistaat Thüringen (TH)

** Soll-Werte / Planansatz für das Jahr 2015

*** Für das Land Sachsen-Anhalt konnte eine Differenzierung zwischen Prozesskosten-/Verfahrenskostenhilfe und Beiordnungen in Strafsachen nicht erfolgen. Die Ausgaben für Beiordnungen in Strafsachen sind für das Land Sachsen-Anhalt in den in Tab. 7.5.1 und 7.5.2 aufgeschlüsselten Ausgaben für Prozesskostenhilfe enthalten.

7.7. Vergleichende Betrachtung

Tab. 7.7.1: Vergleich der Pro-Kopf-Ausgaben Beratungshilfe, Prozesskostenhilfe sowie Prämien der Rechtsschutzversicherungen von 1992 bis 2014*

Jahre	Prozesskostenhilfe per capita in €	Beratungshilfe per capita in €	Prämienaufkommen RVers per capita in €
1992	2,23	0,13	23,34
1993	2,37	0,13	24,64
1994	2,65	0,14	25,67
1995	3,24	0,19	27,06
1996	3,35	0,21	28,45
1997	3,91	0,25	30,10
1998	3,87	0,29	31,82
1999	4,03	0,35	32,16
2000	4,10	0,33	32,70
2001	4,15	0,35	32,87
2002	4,39	0,37	33,68
2003	4,62	0,39	34,29
2004	5,35	0,52	35,39
2005	5,93	0,84	36,51
2006	5,96	0,98	37,30
2007	6,03	1,04	38,39
2008	6,15	1,03	38,92
2009	5,89	1,01	39,14
2010	5,90	1,06	39,75
2011	5,76	1,05	41,37
2012	5,71	0,94	41,42
2013	4,37	0,86	42,35
2014	4,62	0,94	43,21

Quelle: eigene Berechnungen

* „per capita"-Angaben beziehen sich jeweils auf den Bevölkerungsstand des 31.12 des Vorjahres.

8

Institutionen der Anwaltschaft

- Bundesrechtsanwaltskammer
- Satzungsversammlung
- Rechtsanwaltskammern
- Berufsgerichtsbarkeit
- Versorgungswerke
- Schlichtungsstelle
- Deutscher Anwaltverein

8 Institutionen der Anwaltschaft

8.1 Bundesrechtsanwaltskammer (BRAK)

Die Bundesrechtsanwaltskammer ist nach § 175 BRAO der Zusammenschluss der Rechtsanwaltskammern, sie ist damit eine zwangsmitgliedschaftlich organisierte Verbandskörperschaft. Mitglieder sind als Personalkörperschaften die Rechtsanwaltskammern in den Oberlandesgerichtsbezirken (§§ 60, 61 BRAO) sowie die Rechtsanwaltskammer beim Bundesgerichtshof (§ 174 BRAO). Während Rechtsanwaltskammern im Bezirk eines Oberlandesgerichts bereits seit 1879 existieren, gab es lange Zeit keine institutionalisierte Dachorganisation. 1909 wurde aus dem Kreis der regionalen Rechtsanwaltskammern eine privatrechtlich organisierte „Vereinigung der Vorstände der deutschen Anwaltskammern" begründet. Erst 1933 wurde eine amtliche Dachorganisation etabliert, als auf dem Verordnungswege die „Reichs-Rechtsanwaltskammer" geschaffen wurde. Sie bestand in dieser Form lediglich bis 1935. In diesem Jahr wurden die Anwaltskammern beseitigt und alle Rechtsanwälte unmittelbar Mitglied der Reichs-Rechtsanwaltskammer. 1949 konstituierte sich eine „Arbeitsgemeinschaft der Anwaltskammervorstände in der Bundesrepublik Deutschland". Die Bundesrechtsanwaltskammer entstand mit Inkrafttreten der BRAO im Jahr 1959. Die Zahl der in ihr zusammengefassten Kammern betrug bis zur deutschen Wiedervereinigung 22. Seitdem sind fünf Rechtsanwaltskammern hinzugekommen, die das Gebiet der neuen Bundesländer abdecken. Satzungsgemäß bestimmter Sitz der Bundesrechtsanwaltskammer war bis 1994 Bonn und ist seitdem Berlin. Präsident der BRAK ist seit September 2015 der Ravensburger Rechtsanwalt Ekkehart Schäfer. **Tab. 8.1.1** listet die von der Hauptversammlung der Bundesrechtsanwaltskammer nach § 180 BRAO gewählten Präsidenten seit dem Gründungsjahr 1959 auf. Ebenfalls aufgenommen wurden die von 1949 bis 1959 gewählten Vorsitzenden der „Arbeitsgemeinschaft der Anwaltskammervorstände in der Bundesrepublik Deutschland".

8.2 Satzungsversammlung

Die Satzungsversammlung wurde im Zuge der BRAO-Novelle 1994 geschaffen. Ihre gesetzliche Aufgabe ist nach § 191a BRAO der Erlass einer Satzung als Berufsordnung für die Ausübung des Rechtsanwaltsberufs. Die umgangssprachliche Bezeichnung der Satzungsversammlung als „Anwaltsparlament" belegt, dass sie demokratisch durch Wahlen auf der Ebene der Rechtsanwaltskammern legitimiert ist. Erstmals gewählt wurde die Satzungsversammlung im Jahr 1995. Bis zum 1. Juni 2007 wurde auf der Ebene der Kammern für je angefangene 1.000 Kammermitglieder ein Mitglied in die Satzungsversammlung gewählt. Aufgrund der stark anwachsenden Anwaltszahlen – von 1994 bis 2007 hatte sich die Zahl der Kammermitglieder bundesweit mehr als verdoppelt – wird nunmehr bei Wahlen für je angefangene 2.000 Kammermitglieder ein Mitglied gewählt. Die Zusammensetzung der aktuellen, 6. Satzungsversammlung kann **Tab. 8.2.1** entnommen werden. Die Wahlperiode ihrer Mitglieder hat nach entsprechenden Wahlen in den Kammerbezirken im Frühjahr 2015 am 1. Juli 2015 begonnen, sie beträgt vier Jahre. In der laufenden Wahlperiode hat die Satzungsversammlung 95 gewählte Mitglieder.

8.3 Rechtsanwaltskammern

Mitglieder der in jedem Oberlandesgerichtsbezirk gebildeten Rechtsanwaltskammern sind nicht nur Rechtsanwälte im Sinne des § 4 BRAO (hierzu oben **Tab. 1.1.1** und **Tab. 1.1.2**). Weitere Mitglieder sind gemäß § 60 BRAO zugelassene Rechtsanwaltsgesellschaften (§§ 59c ff. BRAO) als juristische Personen (näher oben **Tab. 4.5.1**), nach § 209 BRAO die sog. Kammerrechtsbeistände, die über eine Rechtsberatungserlaubnis nach dem RDGEG (näher unten **Tab. 10.2.1**) verfügen, niedergelassene europäische Rechtsanwälte aus Mitgliedsstaaten der EU und des EWR im Sinne des § 2 EuRAG, nach § 206 BRAO Rechtsanwälte aus anderen Staaten (jeweils unten **Tab. 9.1.2** und **Tab. 9.1.3**) sowie nach § 60 Abs. 1 S. 2 BRAO Geschäftsführer von Rechtsanwaltsgesellschaften, soweit sie nicht bereits nach den vorstehenden Kriterien Mitglied der Rechtsanwaltskammer sind. **Tab. 8.3.2** schlüsselt die Verteilung der Kammermitglieder von 1991 bis 2015 nach den Grundlagen der Kammermitgliedschaft auf (die veröffentlichten Daten ermöglichen keine Differenzierung der Mitglieder nach § 206 BRAO und § 2 EuRAG, so dass diese beiden Gruppen der Kammermitglieder als „ausländische Rechtsanwälte" ausgewiesen sind). Vor 1990 konnten neben Rechtsanwälten ausschließlich Rechtsbeistände Mitglieder der Kammer sein, vor 1980 entsprach die Zahl der Kammermitglieder jener der Rechtsanwälte. Die Zahlen belegen, dass die Rechtsanwälte im Jahr 2015 mehr als 99% der Kammermitglieder ausmachen. Innerhalb der kleinen Restgruppe der sonstigen Kammermitglieder haben seit 2004 die ausländischen Anwälte den größten Anteil, gefolgt von den Rechtsbeiständen und den Anwaltsgesellschaften.

Da die Rechtsanwälte die Mitgliederzahlen dominieren, ist das Wachstum der Zahl der Kammermitglieder zwangsläufig ebenso dynamisch wie das Wachstum der Zahl der Rechtsanwälte. Das Größenwachstum seit 1980 ist der **Tab. 8.3.1** zu entnehmen. Seit 2007 ist das jährliche Wachstum unter 4% gefallen und betrug im Jahr 2015 sogar nur noch 0,5%. Die relative Größe der Kammern im Vergleich der Kammern untereinander gibt **Abb. 8.3.1** wieder. Sie veranschaulicht, dass auf die fünf größten Rechtsanwaltskammern fast 50% der Kammermitglieder entfallen.

8.4 Versorgungswerke

Die berufsständische Versorgung ist neben der gesetzlichen Rentenversicherung und der Beamtenversorgung Bestandteil der Alterssicherung der Bundesrepublik Deutschland. Die Mitgliedschaft im Versorgungswerk ist für jeden Rechtsanwalt, unabhängig von seinem konkreten Versorgungsbedarf, verpflichtend. Die anwaltlichen Versorgungswerke wurden in Deutschland, beginnend in Niedersachen, ab 1982 nach dem Vorbild bereits länger existierender Versorgungswerke der Ärzteschaft etabliert. Sie sind als selbstständige rechtsfähige Körperschaften des öffentlichen Rechts nicht auf der Ebene der Rechtsanwaltskammern, sondern der Bundesländer organisiert. Ihre Organe sind die Vertreterversammlung, der Vorstand, der Präsident und der Geschäftsführer. Versorgungswerke werden durch den Berufsstand nach dem Prinzip der repräsentativen Demokratie selbst verwaltet.

Tab. 8.4.1 dokumentiert die Zahl der anwartschaftsberechtigten und der beitragsleistenden Mitglieder der Versorgungswerke und setzt sie ins Verhältnis zur Zahl der Rechtsanwälte. Trotz grundsätzlicher Pflichtmitgliedschaft in den Versorgungswerken sind bislang nicht alle Rechtsanwälte Mitglied eines

Versorgungswerks, da bei Gründung eines Versorgungswerks für bereits zugelassene Rechtsanwälte jenseits eines bestimmten Lebensalters die Mitgliedschaft zur Wahl gestellt oder nicht mehr ermöglicht wurde. Da die letzte Gründung eines Versorgungswerks erst im Jahr 2001 erfolgte, wird es noch längere Zeit dauern, bis sich der Abdeckungsgrad 100% nähert (aufgrund – sehr restriktiver – Befreiungsmöglichkeiten wird eine vollständige Abdeckung auch künftig nicht erreicht werden). Mitglieder im Versorgungswerk können nicht nur zugelassene, sondern auch ehemalige Rechtsanwälte sein, die weiterhin einen Mindestbeitrag entrichten. Die Zahl der Mitglieder lässt sich damit nicht ohne Weiteres ins Verhältnis mit der Zahl der zugelassenen Rechtsanwälte setzen.

Tab. 8.4.2 zeigt die jährlichen Beitragseinnahmen der anwaltlichen Versorgungswerke auf, die im Jahr 2011 die Schwelle von 1 Mrd. € erstmals durchbrachen und im Jahr 2013 bei 1,158 Mrd. € lagen (die Zahlen für 2014 waren bis Redaktionsschluss des Statistischen Jahrbuchs noch nicht veröffentlicht). Nachgewiesen ist ferner der durchschnittliche Monatsbeitrag, der sich als fester Prozentwert des steuerpflichtigen Einkommens eines Rechtsanwalts berechnet. Im Mittel zahlten die Mitglieder der Versorgungswerke im Jahr 2013 einen Monatsbeitrag von 682,87 EUR. **Tab. 8.4.3** dokumentiert das Vermögen der Versorgungswerke, das diese im Hinblick auf das Prinzip der Kapitaldeckung aufbauen. 2013 verfügten die Versorgungswerke über Vermögensanlagen im Wert von mehr als 19 Mrd. EUR und erwirtschafteten Vermögenserträge in Höhe von 743 Mio. EUR. In **Tab. 8.4.4** ist schließlich die Entwicklung der Zahl der Rentenempfänger, die von den Versorgungswerken eine Alters-, Berufsunfähigkeits-, Witwen- oder Waisenrente beziehen, dargestellt. Die relativ niedrige Zahl der Altersrenten – 8.248 im Jahr 2013 – beruht darauf, dass auch in die älteren Versorgungswerke erst seit Mitte der 1980er Jahre Beiträge entrichtet werden, erste Empfänger von Altersrenten als Folge einer Pflichtmitgliedschaft daher überhaupt erst nach der Jahrtausendwende in den Ruhestand gehen konnten. Die Zahl der Empfänger von Altersrenten wird sich insofern in den nächsten Jahren sprunghaft erhöhen.

8.5 Berufsgerichtsbarkeit

Die Anwaltschaft verfügt mit den Anwaltsgerichten, den Anwaltsgerichtshöfen und dem Anwaltssenat beim Bundesgerichtshof über eine eigene Berufsgerichtsbarkeit. Sie nimmt im Sinne von Art. 102 Abs. 1 GG die Aufgaben der Rechtsprechung sowohl in Verwaltungsangelegenheiten als auch in den Disziplinarangelegenheiten der Rechtsanwälte wahr. Im Gegensatz zu anderen Freiberufen ist mit diesen Angelegenheiten nicht die ordentliche Gerichtsbarkeit bzw. die Verwaltungsgerichtsbarkeit (durch spezielle Kammern) befasst, sondern aus historischen Gründen eine eigene Gerichtsbarkeit. Sie wurde bis 1994 als Ehrengerichtsbarkeit bezeichnet, die antiquierten Begrifflichkeiten Ehrengericht und Ehrengerichtshof wurden im Zuge der BRAO-Novelle 1994 durch die Bezeichnungen Anwaltsgericht und Anwaltsgerichtshof ersetzt.

In Disziplinarsachen ist in erster Instanz das mit drei Richtern besetzte Anwaltsgericht zuständig. Die Anwaltsgerichte sind bei den Rechtsanwaltskammern eingerichtet, aber grundsätzlich von diesen unabhängig. Richter des Anwaltsgerichts können nur Rechtsanwälte sein, die Mitglieder der Rechtsanwaltskammer sind, in deren Bezirk das Anwaltsgericht eingerichtet ist. Über die Berufung oder Beschwerde gegen Entscheidungen des Anwaltsgerichts sowie über Rügen der Rechtsanwaltskammern entscheidet der Anwaltsgerichtshof. Die Anwaltsgerichtshöfe sind bei den Oberlandesgerichten einge-richtete Gerichte, ihre Senate bestehen aus fünf Mitgliedern, drei Rechtsanwälten (unter ihnen der Vor-sitzende) sowie zwei Berufsrichtern. Dritte Instanz in Disziplinarsachen ist der Senat für Anwaltssachen beim BGH. Verwaltungsstreitigkeiten gehen in erster Instanz zum Anwaltsgerichtshof, Rechtsmittel sodann zum Bundesgerichtshof.

Tab. 8.5.1 zeigt die Entwicklung des Geschäftsanfalls beim Senat für Anwaltssachen beim Bundesge-richtshof seit 1980 auf. Deutlich wird, dass zwar in absoluten Zahlen ein Wachstum des Geschäftsan-falls festzustellen ist, sich dieses allerdings nicht ähnlich dynamisch entwickelt hat wie das Wachstum der Anwaltschaft als solcher. Auffällig ist zudem, dass die Neueingänge in Disziplinarsachen seit In-krafttreten des liberalisierten Berufsrechts abgenommen haben, ihre Zahl liegt trotz Zunahme der An-waltszulassungen seit 1995 zwischen acht und 19 pro Jahr. Deutliches Übergewicht im Geschäftsanfall haben beim Anwaltssenat Verwaltungssachen. Welchen Gegenstand diese Verfahren haben, lässt sich anhand der Daten für die Jahre 2007 bis 2014 den **Tab. 8.5.2** und **Tab. 8.5.3** entnehmen: Zu mehr als 55% war der Anwaltssenat zuletzt mit Verfahren über den Widerruf der Anwaltszulassung wegen Ver-mögensverfalls nach § 14 Abs. 2 Nr. 7 BRAO befasst.

Einen Überblick über den Gesamt-Geschäftsanfall der Anwaltsgerichte, der Anwaltsgerichtshöfe und des Anwaltssenats gibt **Tab. 8.5.4**. Das entsprechende Datenmaterial für die Anwaltsgerichte und An-waltsgerichtshöfe wurde bis 1995 von der Arbeitsgemeinschaft der Präsidenten der Anwaltsgerichtshö-fe zusammengestellt und durch die BRAK veröffentlicht. Das etablierte Berichtswesen ist seinerzeit abgebrochen. Das Soldan Institut erhebt daher seit 2009 den Geschäftsanfall bei den Anwaltsgerichts-höfen und Anwaltsgerichten selbst. Bislang ist es aber nicht gelungen, für den Zeitraum ab 1996 für alle betroffenen Gerichte der Anwaltsgerichtsbarkeit Zahlen zu ermitteln, so dass die Zahlenreihe zum bun-desweiten Geschäftsanfall einstweilen nicht fortgeschrieben werden kann. Möglich ist aber, den Ge-schäftsanfall der Mehrzahl der einzelnen Anwaltsgerichtshöfe und Anwaltsgerichte ab dem Jahr 2001 nachzuweisen (s. **Tab. 8.5.5** bis **Tab. 8.5.7**). Für die Anwaltsgerichte lässt sich die entsprechende Da-tenreihe – mit einigen Lücken – bis zum Jahr 1980 zurückführen (**Tab. 8.5.10** bis **Tab. 8.5.12**), aller-dings war die seinerzeit von der BRAK geführte und für das Statistische Jahrbuch übernommene Statis-tik nicht nach den Anwaltsgerichten gegliedert, sondern nach Bundesländern. Für die Jahre 1980 bis 2000 sind daher die Zahlen der Anwaltsgerichte aus jenen sechs Bundesländern mit mehr als einem Anwaltsgericht (Bayern, Baden-Württemberg, Rheinland-Pfalz, Hessen, Nordrhein-Westfalen, Nieder-sachsen) nicht näher nach Kammerbezirken aufgeschlüsselt.

Soweit die sowohl in Verwaltungs- als auch in Disziplinarsachen zuständigen Anwaltsgerichtshöfe ihren Geschäftsanfall nicht lediglich unspezifisch mitgeteilt haben, ist dieser in **Tab. 8.5.6** und **Tab. 8.5.7** für die einzelnen Anwaltsgerichtshöfe nach Verwaltungs- und Disziplinarverfahren differenziert nachgewie-sen. Es zeigt sich erwartungsgemäß, dass die Verwaltungsverfahren überwiegen, in Nordrhein-Westfalen etwa im Verhältnis ca. 3 zu 1. Eine bemerkenswerte Ausnahme ist in jüngerer Vergangenheit Bayern, wo der BayAGH in 2009, 2010 und 2014 mit mehr Disziplinarsachen als Verwaltungsverfahren befasst war. Um einen Eindruck zu vermitteln, welchen Inhalt die Verfahren vor den Anwaltsgerichtshö-fen haben, ist in **Tab. 8.5.9** für 14 der 16 Anwaltsgerichtshöfe, die ihre Geschäftstätigkeit sehr detailreich nachweisen, eine genauere Aufschlüsselung für die Jahre 2013 und 2014 vorgenommen worden. Da allerdings die Erhebungsstandards nicht bundeseinheitlich sind, mussten jene Verfahrensgegenstände, die nicht von allen Gerichten dokumentiert werden, jeweils den Rubriken „sonstige Verwaltungsverfahren" bzw. „sonstige Disziplinarverfahren" zugeordnet werden. Für die Jahre 1985 bis 1995 steht eine entsprechende bundesweite Auswertung zur Verfügung (s. **Tab. 8.5.8**). Sie belegt, dass vor der Berufsrechtsreform 1994 Zulassungsstreitigkeiten Haupttätigkeitsfeld der Anwaltsgerichtshöfe waren, während es nunmehr Widerrufsverfahren sind. Für die Anwaltsgerichte, die sich ausschließlich mit Disziplinarverfahren zu befassen haben, ist eine vergleichbare Aufschlüsselung des Gegenstands der Neueingänge in den Jahren 2013 und 2014 in **Tab. 8.5.13** dokumentiert. Sie beruht auf Angaben von 20 Anwaltsgerichten.

8.6 Schlichtungsstelle der Rechtsanwaltschaft

Seit Januar 2011 arbeitet die Schlichtungsstelle der Rechtsanwaltschaft als neutrale Einrichtung zur Schlichtung von Streitigkeiten zwischen Mandant und Rechtsanwalt. Unabhängige Schlichter sind Monika Nöhre, ehemalige Präsidentin des Kammergerichts, sowie Wolfgang Sailer, ehemaliger Vorsitzender Richter am Bundesverwaltungsgericht. Die Zahl der Schlichtungsvorschläge betrug im Jahr 2014 188 (s. **Tab. 8.6.2**). Aufgeschlüsselt nach Kammerbezirken variiert die Anzahl der Verfahrenseingänge bei der Schlichtungsstelle erheblich, was aufgrund der unterschiedlichen Mitgliederzahlen der einzelnen Rechtsanwaltskammern nicht überraschend ist. Die meisten Schlichtungseingänge waren im Jahr 2014 allerdings nicht aus dem Bezirk der mitgliederstärksten Kammern, sondern mit 189 aus Berlin zu verzeichnen. Dies dürfte allerdings auch auf dem Standort der Schlichtungsstelle in Berlin beruhen. Aus den Kammerbezirken Saarland, Oldenburg, Kassel und Bremen gab es lediglich zwischen 8 und 18 Eingänge (s. **Tab. 8.6.3**).

8.7 Deutscher Anwaltverein (DAV)

Der Deutsche Anwaltverein ist die Dachorganisation der örtlichen Anwaltvereine in Deutschland. Zweck des Deutschen Anwaltvereins ist seiner Satzung nach die Wahrung, Pflege und Förderung aller beruflichen und wirtschaftlichen Interessen der Anwaltschaft einschließlich des Anwaltsnotariats. Er geht zurück auf den 1871 gegründeten Deutschen Anwaltverein, in dem Rechtsanwälte auf freiwilliger Basis unmittelbar Mitglied werden konnten. Er wurde nach der nationalsozialistischen Machtergreifung aufgelöst. Die Neugründung des Deutschen Anwaltvereins nach dem Zweiten Weltkrieg erfolgte als Verein der mittlerweile mehr als 250 örtlichen Anwaltvereine in Deutschland, die zugleich auch Landesverbände bilden. **Tab. 8.7.1** gibt die Entwicklung der Mitgliederzahlen der im Deutschen Anwaltverein zusammengefassten örtlichen Anwaltvereine seit 1961 wieder. Nach Angaben des Deutschen Anwaltvereins waren am 01.06.2015 insgesamt 66.200 Mitglieder in den örtlichen Anwaltvereinen organisiert.

Wichtige Teilgliederungen des Deutschen Anwaltvereins sind seine Arbeitsgemeinschaften, in denen sich Rechtsanwälte entsprechend ihrer fachlichen Interessen und Tätigkeitsschwerpunkte organisieren können. In **Tab. 8.7.2** bis **Tab. 8.7.4** ist die Entwicklung der Mitgliederzahlen in den Arbeitsgemeinschaften dokumentiert. Die Mitgliederstatistik der Arbeitsgemeinschaften seit dem Jahr 2000 weist eine doppelte Entwicklung auf, die parallel zu der Entwicklung der Fachanwaltschaften gesehen werden kann: Zum einen ist ein Zuwachs an Arbeitsgemeinschaften bzw. Rechtsgebieten, zum anderen ein Zuwachs an Mitgliedern in den Arbeitsgemeinschaften zu verzeichnen. Im Vergleich zum Jahr 2000 haben sich die Mitgliederzahlen bis 2015 mehr als verdoppelt. Die mitgliederstärksten Arbeitsgemeinschaften sind die ARGEn Familienrecht und Verkehrsrecht mit jeweils über 6.000 Mitgliedern sowie das Forum Junge Anwaltschaft mit über 4.000 Mitgliedern. 2015 waren insgesamt 44.744 Mitglieder in den Arbeitsgemeinschaften des DAV organisiert.

Seinen Sitz hat der Deutsche Anwaltverein seit 2000 in Berlin. An der Spitze steht ein von der Mitgliederversammlung gewählter Präsident. Seit 2009 ist dies der Berliner Rechtsanwalt und Notar Ulrich Schellenberg. Die Präsidenten des Deutschen Anwaltvereins seit 1871 sind in der **Tab. 8.7.5** aufgelistet. Der Deutsche Anwaltverein richtet jährlich den Deutschen Anwaltstag (DAT) aus. **Tab. 8.7.6** dokumentiert die Orte, an denen der Anwaltstag seit 1871 stattgefunden hat und bis 2018 stattfinden wird.

8.1.   Bundesrechtsanwaltskammer (BRAK)

Tab. 8.1.1: BRAK-Präsidenten seit 1946*

Jahr	Name	Ort
1946 - 1947	RA Dr. h.c. Gustav Finck	Köln
1947 - 1954	RA Prof. Dr. Walter Fischer	Hamburg
1954 - 1959	RA Dr. h.c. Gustav Finck	Köln
1959 - 1960	RA Dr. Florian Waldeck	Mannheim
1961	RA Dr. Friedrich Franke	Düsseldorf
1961 - 1967	RA Dr. Arthur Müller	Celle
1967 - 1974	RA JR Dr. Karl Weber	Koblenz
1974 - 1983	RA Dr. Heinrich Vigano	Köln
1983 - 1991	RAuN Dr. Klaus Schmalz	Frankfurt
1991 - 1999	RAuN Dr. Eberhard Haas	Bremen
1999 - 2007	RAuN Dr. Bernhard Dombek	Berlin
2007 - 2015	RA Axel C. Filges	Hamburg
seit 2015	RA Ekkehart Schäfer	Ravensburg

* bis 1949 Vereinigung der Rechtsanwaltskammern in der Britischen Zone, 1949-1959 Arbeitsgemeinschaft der Anwaltskammer-vorstände in der Bundesrepublik Deutschland

Quelle: Bundesrechtsanwaltskammer

8.2.   Satzungsversammlung

Tab. 8.2.1: Gewählte Mitglieder in der Satzungsversammlung seit 1995

Rechtsanwaltskammer	1. WP* 1995-1999	2. WP 1999-2003	3. WP 2003-2007	4. WP 2007-2011	5. WP 2011-2015	6. WP seit 2015
BGH	1	1	1	1	1	1
Bamberg	2	2	3	3	2	2
Berlin	5	7	10	12	7	7
Brandenburg	1	2	2	3	2	2
Braunschweig	1	2	2	2	1	1
Bremen	2	2	2	2	1	1
Celle	4	4	5	6	3	3
Düsseldorf	6	7	9	11	6	7
Frankfurt	8	10	14	15	9	10
Freiburg	2	3	3	4	2	2
Hamburg	5	6	7	9	5	6
Hamm	8	10	12	13	7	7
Karlsruhe	3	4	4	5	3	3
Kassel	1	2	2	2	1	1
Koblenz	2	3	3	4	2	2
Köln	6	8	10	12	7	7
Mecklenburg-Vorp.	1	2	2	2	1	1
München	9	12	15	18	10	11
Nürnberg	3	3	4	5	3	3
Oldenburg	2	2	3	3	2	2
Saarbrücken	1	1	2	2	1	1
Sachsen	3	4	4	5	3	3
Sachsen-Anhalt	1	2	2	2	1	1
Schleswig-Holstein	3	3	4	4	2	2
Stuttgart	4	5	6	7	4	4
Thüringen	1	2	2	2	2	2
Tübingen	2	2	2	2	2	2
Zweibrücken	1	2	2	2	1	1
GESAMT	**88**	**113**	**137**	**158**	**91**	**95**

Quelle: Internetauftritt der BRAK

* WP = Wahlperiode

8.3. Rechtsanwaltskammern

Abb. 8.3.1: Zahl der Mitglieder der Rechtsanwaltskammern am 1.1.2015

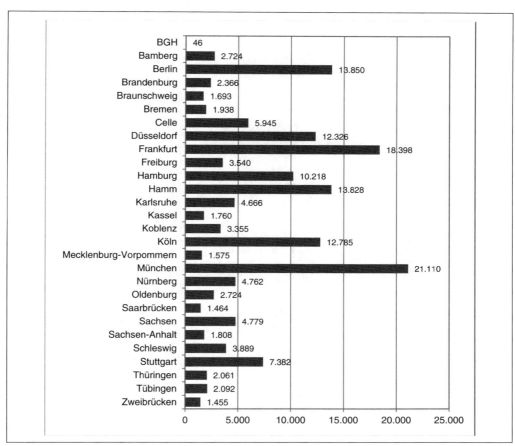

Quelle: BRAK-Mitgliederstatistik

Tab. 8.3.1: Zahl der Kammermitglieder von 1980 bis 2015

Jahr	Mitglieder	Veränderung (in %)	Index (Basisjahr 1980)
1980	36.077		100,0
1981	37.314	3,4	103,4
1982	39.295	5,3	108,9
1983	41.839	6,5	116,0
1984	44.927	7,4	124,5
1985	47.352	5,4	131,3
1986	49.087	3,7	136,1
1987	50.685	3,3	140,5
1988	52.392	3,4	145,2
1989	54.555	4,1	151,2
1990	57.082	4,6	158,2
1991	59.903	4,9	166,0
1992	64.318	7,4	178,3
1993	67.562	5,0	187,3
1994	70.881	4,9	196,5
1995	74.735	5,4	207,2
1996	79.265	6,1	219,7
1997	85.543	7,9	237,1
1998	91.952	7,5	254,9
1999	98.210	6,8	272,2
2000	104.501	6,4	289,7
2001	110.843	6,1	307,2
2002	116.820	5,4	323,8
2003	121.961	4,4	338,1
2004	127.333	4,4	352,9
2005	133.113	4,5	369,0
2006	138.679	4,2	384,4
2007	143.442	3,3	397,6
2008	147.557	2,9	409,0
2009	151.057	2,4	418,7
2010	154.018	2,0	426,9
2011	156.479	1,6	433,7
2012	159.315	1,8	441,6
2013	161.821	1,6	448,5
2014	163.690	1,2	453,7
2015	164.539	0,5	456,1

Quelle: Bundesrechtsanwaltskammer, Große Mitgliederstatistik von 1980 bis 2015, eigene Berechnungen (Stand zum 1.1. des jeweiligen Jahres)

Tab. 8.3.2: Zahl der Kammermitglieder nach Art der Mitgliedschaft von 1991 bis 2015

Jahr	§ 4 BRAO	§ 206 BRAO § 2 EuRAG	§ 209 BRAO	§ 59c BRAO	§ 59f BRAO
1991	59.433	22	448	--	--
1992	64.271	40	444	--	--
1993	67.064	56	444	--	--
1994	70.366	72	442	--	--
1995	74.207	84	444	--	--
1996	78 724	98	443	--	--
1997	85 007	98	438	--	--
1998	91.406	111	436	--	--
1999	97.652	139	419	--	--
2000	103.909	158	400	34	0
2001	110.184	183	401	75	0
2002	116.012	293	389	122	0
2003	121.049	371	382	159	1
2004	126.396	397	372	168	1
2005	132.140	429	364	179	1
2006	137.597	507	354	217	1
2007	142.303	527	346	265	1
2008	146.428	482	334	305	9
2009	149.841	536	330	340	10
2010	153.251	565	319	421	--
2011	155.679	608	309	475	--
2012	158.426	681	298	558	--
2013	160.880	741	290	611	--
2014	162.695	795	276	680	--
2015	163.513	819	266	720	--

§ 4 BRAO: Rechtsanwalt im Sinne des § 4 BRAO (Befähigung zum Richteramt nach dem DRiG, bestandene Eignungsprüfung nach § 16 EuRAG, Eingliederung nach § 11 EuRAG)

§ 206 BRAO: niedergelassener Rechtsanwalt mit Berufsbefähigung aus einem Vertragsstaat der Welthandelsorganisation (§ 206 Abs. 1 BRAO) oder aus einem sonstigen Staat (§ 206 Abs. 2 BRAO) („ausländischer Rechtsanwalt")

§ 2 EuRAG: niedergelassener europäischer Rechtsanwalt mit Berufsbefähigung aus einem Mitgliedsstaat der EU / des EWR im Sinne des § 2 EuRAG („ausländischer Rechtsanwalt")

§ 209 BRAO: Rechtsbeistand

§ 59c BRAO: Rechtsanwaltsgesellschaft (GmbH oder Aktiengesellschaft) – erst ab 2000 Mitgliedsstatus

§ 59f BRAO: Geschäftsführer einer Rechtsanwaltsgesellschaft, der kein Kammermitglied als Rechtsanwalt oder Rechtsbeistand ist

Quelle: Bundesrechtsanwaltskammer, Große Mitgliederstatistik von 1991 bis 2015, eigene Berechnungen (Stand zum 1.1. des jeweiligen Jahres)

Tab. 8.3.3: Präsidenten der regionalen Anwaltskammern

Rechtsanwaltskammer	Präsident(in)
BGH	RA Dr. Peter Baukelmann
Bamberg	RA Dr. Lothar Schwarz
Berlin	RA Dr. Marcus Mollnau
Brandenburg	RA Dr. Frank Engelmann
Braunschweig	RAuN Michael Schlüter
Bremen	RA Jan Büsing
Celle	RA Dr. Thomas Remmers
Düsseldorf	RA Herbert Schons
Frankfurt	RA Dr. Michael Griem
Freiburg	RA Dr. Michael Krenzler
Hamburg	RA Otmar Kury LL.M.
Hamm	RA Dr. Ulrich Wessels
Karlsruhe	RA André Haug
Kassel	RAuN Heinrich A. Dilcher
Koblenz	RA JR Gerhard Leverkinck
Köln	RA Peter Blumenthal
Mecklenburg-Vorpommern	RA Stefan Graßhoff
München	RA Michael Then
Nürnberg	RA Hans Link
Oldenburg	RAuN Fritz Graf
Saarbrücken	RA Raimund Hübinger
Sachsen	RA Dr. Detlef Haselbach
Sachsen-Anhalt	RA Dr. Michael Moeskes
Schleswig-Holstein	RAuN Dr. Michael Purrucker
Stuttgart	RAin Ulrike Paul
Thüringen	RA Jan Helge Kestel
Tübingen	RA Hans-Christoph Geprägs
Zweibrücken	RA JR Dr. Thomas Seither

Quelle: Bundesrechtsanwaltskammer

8.4. Versorgungswerk

Tab. 8.4.1: Mitglieder der anwaltlichen Versorgungswerke von 2001 bis 2013

Jahr	anwartschaftsberechtigte Mitglieder	davon beitragsleistende Mitglieder	Rechtsanwälte
2001	80.792	77.773	110.367
2002	90.147	86.797	116.305
2003	96.517	93.052	121.420
2004	102.885	99.094	126.793
2005	111.857	109.147	132.569
2006	110.466	108.212	138.104
2007	114.091	110.801	142.830
2008	119.481	115.654	146.910
2009	139.143	131.494	150.377
2010	143.302	134.509	153.251
2011	149.387	138.577	155.679
2012	154.458	142.227	158.426
2013	158.029	141.316	160.880

Quelle: Arbeitsgemeinschaft berufsständischer Versorgungseinrichtungen e.V. (ABV) / Stand zum 1.1. des jeweiligen Jahres

Tab. 8.4.2: Beitragsaufkommen der anwaltlichen Versorgungswerke von 2001 bis 2013

Jahr	Beiträge in Mio. EUR	Durchschnittsbeitrag pro Mitglied in EUR
2001	486	520,75
2002	552	529,97
2003	596	533,75
2004	692	581,94
2005	750	572,62
2006	759	584,50
2007	812	610,70
2008	885	637,68
2009	941	596,35
2010	987	611,48
2011	1.100	661,49
2012	1.135	665,27
2013	1.158	682,87

Quelle: Arbeitsgemeinschaft berufsständischer Versorgungseinrichtungen e.V. (ABV) / Stand zum 1.1. des jeweiligen Jahres

Tab. 8.4.3: Vermögen der anwaltlichen Versorgungswerke von 2001 bis 2013

Jahr	Vermögensanlagen in Mio. EUR	Vermögenserträge in Mio. EUR
2001	4.340	250
2002	5.159	355
2003	5.800	248
2004	6.739	296
2005	7.693	323
2006	8.479	409
2007	9.871	505
2008	11.233	543
2009	12.410	525
2010	13.560	569
2011	15.892	677
2012	17.257	592
2013	19.380	743

Quelle: Arbeitsgemeinschaft berufsständischer Versorgungseinrichtungen e.V. (ABV) / Stand zum 1.1. des jeweiligen Jahres

Tab. 8.4.4: Rentenempfänger der anwaltlichen Versorgungswerke von 2001 bis 2013

Jahr	Alters-renten	Berufsunfähig-keitsrenten	Witwen/r -renten	Waisen-renten	Gesamtzahl Renten
2001	843	216	518	494	2.071
2002	1.167	280	601	543	2.591
2003	1.367	319	642	575	2.903
2004	1.770	394	751	593	3.508
2005	2.114	436	811	713	4.074
2006	2.506	475	908	773	4.662
2007	3.351	511	1.123	818	5.803
2008	4.013	570	1.201	827	6.611
2009	4.606	617	1.300	835	7.358
2010	5.293	642	1.403	896	8.234
2011	5.996	699	1.502	935	9.132
2012	6.709	774	1.658	964	10.105
2013	8.248	814	1.872	994	11.928

Quelle: Arbeitsgemeinschaft berufsständischer Versorgungseinrichtungen e.V. (ABV) / Stand zum 1.1. des jeweiligen Jahres

8.5. Berufsgerichtsbarkeit

Tab. 8.5.1: Geschäftsanfall des Senats für Anwaltssachen beim Bundesgerichtshof von 1980 bis 2014

Jahr	Neueingänge in Verwaltungsverfahren	Neueingänge in Disziplinarsachen
1980	34	2
1981	35	28
1982	40	22
1983	36	18
1984	50	25
1985	63	13
1986	66	26
1987	61	20
1988	68	18
1989	77	12
1990	86	27
1991	71	18
1992	59	11
1993	87	18
1994	82	9
1995	61	16
1996	68	11
1997	84	16
1998	101	19
1999	81	12
2000	78	15
2001	77	14
2002	86	15
2003	100	14
2004	99	15
2005	119	11
2006	116	11
2007	96	15
2008	124	13
2009	123	14
2010	74	11
2011	73	11
2012	82	8
2013	106	8
2014	63	13

Quelle: Bundesgerichtshof

Tab. 8.5.2: **Überblick über die Neueingänge in Verwaltungsverfahren beim Senat für Anwaltssachen beim Bundesgerichtshof von 2007 bis 2010 °**

Verfahrensgegenstand	2007	2008	2009	2010
Widerruf / Versagung der Zulassung wegen Vermögensverfalls	70	86	82	46
Widerruf / Versagung der Zulassung wegen Ausübung einer unvereinbaren Tätigkeit	1	3	3	4
Widerruf / Versagung der Zulassung wegen Nichtunterhaltens einer Berufshaftpflichtversicherung	0	2	3	1
Widerruf / Versagung der Zulassung aus gesundheitlichen Gründen	1	1	1	1
Widerruf der Zulassung wegen Verstoß gegen die Kanzleipflicht	2	0	3	0
Widerruf wegen Verzicht	0	1	0	0
Versagung der Zulassung wegen Unwürdigkeit	0	9	8	2
Anordnung der Vorlage eines ärztlichen Gutachtens	0	1	1	4
Zulassung als Rechtsanwaltsgesellschaft mbH	0	0	0	0
Zulassung als Rechtsanwaltsaktiengesellschaft	0	0	0	0
Verleihung einer Fachanwalts-/beistandsbezeichnung	3	3	3	3
Sonstiges	19	18	19	13

Quelle: Bundesgerichtshof

Tab. 8.5.3: **Überblick über die Neueingänge in Verwaltungsverfahren beim Senat für Anwaltssachen beim Bundesgerichtshof von 2011 bis 2014**

Verfahrensgegenstand	2011	2012	2013	2014
Widerruf / Versagung der Zulassung wegen Vermögensverfalls	43	47	65	35
Widerruf / Versagung der Zulassung wegen Ausübung einer unvereinbaren Tätigkeit	0	2	0	1
Widerruf / Versagung der Zulassung wegen Nichtunterhaltens einer Berufshaftpflichtversicherung	1	0	1	0
Widerruf / Versagung der Zulassung aus gesundheitlichen Gründen	2	2	2	0
Widerruf der Zulassung wegen Verstoß gegen die Kanzleipflicht	0	0	1	0
Widerruf wegen Verzicht	0	0	0	0
Versagung der Zulassung wegen Unwürdigkeit	0	2	0	3
Anordnung der Vorlage eines ärztlichen Gutachtens	0	0	3	2
Zulassung als Rechtsanwaltsgesellschaft mbH	0	0	0	0
Zulassung als Rechtsanwaltsaktiengesellschaft	0	0	0	0
Verleihung einer Fachanwalts-/beistandsbezeichnung	8	14	9	5
Sonstiges	19	15	25	17

Quelle: Bundesgerichtshof

Tab. 8.5.4: Geschäftsanfall der Anwaltsgerichtsbarkeit von 1980 bis 1995, 2009 bis 2014

Jahr	AnwG / EG Insgesamt	AGH / EGH Insgesamt	BGH insgesamt
1980	454	184	36
1981	403	250	63
1982	495	226	62
1983	419	251	54
1984	567	275	75
1985	560	320	76
1986	585	261	92
1987	632	265	81
1988	558	261	86
1989	574	318	89
1990	491	268	113
1991	459	339	89
1992	465	318	70
1993	390	405	105
1994	420		91
1995	456	365	77
2009	759	456	137
2010	695	408	85
2011	691	389	84
2012	738	320	90
2013	739	271	114
2014	756	292	76

AnwG/EG: Anwaltsgerichte / Ehrengerichte AGH/EGH: Anwaltsgerichtshöfe / Ehrengerichtshöfe

Quelle: Anwaltsgerichte bzw. Rechtsanwaltskammern / Präsidenten der Anwaltsgerichtshöfe / BGH

Tab. 8.5.5: Geschäftsanfall der Anwaltsgerichtshöfe von 2001 bis 2014 – gesamt

Bundesland	2001	2002	2003	2004	2005	2006	2007	2008	2009	2010	2011	2012	2013	2014
Baden-Württemberg	38	47	39	46	37	28	27	30	47	22	21	24	13	26
Bayern	58	45	52	56	41	47	54	65	55	47	44	32	35	39
Berlin	53	54	59	44	30	38	50	38	31	25	45	32	32	37
Brandenburg	6	10	11	1	6	10	9	9	16	5	13	8	3	5
Bremen	12	7	5	1	5	7	6	2	3	3	1	6	3	3
Hamburg	39	25	19	16	23	18	22	25	17	9	14	11	9	8
Hessen	25	29	38	58	46	51	68	50	38	26	37	41	22	29
Mecklenburg-Vorp.									8	4	5	10	7	3
Niedersachsen									30	25	42	28	24	21
Nordrhein-Westfalen	106	130	125	162	156	165	152	163	129	179	106	76	72	71
Rheinland-Pfalz	30	23	26	19	33	21	27	16	20	13	6	10	9	10
Saarland	18	11	10	15	17	17	14	11	13	12	11	8	4	6
Sachsen	28	12	22	27	16	25	30	18	21	14	31	21	21	19
Sachsen-Anhalt									19	9	14	3	4	8	8
Schleswig-Holstein										12	12	7	5	9	7
Thüringen		10	7	9	10	10	5	6	3	4	3	4	0	0

Quelle: Auskunft der Anwaltsgerichtshöfe

Tab. 8.5.6: Geschäftsanfall der Anwaltsgerichtshöfe von 2001 bis 2014 – Verwaltungsverfahren*

Bundesland	2001	2002	2003	2004	2005	2006	2007	2008	2009	2010	2011	2012	2013	2014
Baden-Württemberg	36	47	38	45	34	27	25	47	37	16	20	20	22	8
Bayern	45	28	33	38	28	40	47	50	28	22	28	16	18	19
Berlin	29	32	40	31	32	29	36	36	26	15	35	28	27	27
Brandenburg	5	10	10	1	5	9	9	8	13	2	10	8	0	3
Bremen											1	5	2	2
Hamburg	34	17	14	13	20	9	11	10	13	5	13	9	7	4
Hessen										15	33	35	12	11
Mecklenburg-Vorp.									1	5	2	7	6	1
Niedersachsen									21	20	32	18	16	12
Nordrhein-Westfalen	82	104	90	130	129	128	113	115	95	151	82	56	49	51
Rheinland-Pfalz									11	16	9	6	9	7	10
Saarland	13	7	6	9	11	13	10	8	8	7	6	3	2	2
Sachsen											23	20	18	17
Sachsen-Anhalt									14	6	14	1	3	7	7
Schleswig-Holstein										8	1	5	4	8	4
Thüringen		8	7	8	9	8	5	4	2	3	3	4	0	0

* ohne Verfahren der Zwangsgeldfestsetzung nach § 57 BRAO

Quelle: Auskunft der Anwaltsgerichtshöfe

Tab. 8.5.7: Geschäftsanfall der Anwaltsgerichtshöfe von 2001 bis 2014 – Disziplinarverfahren

Bundesland	2001	2002	2003	2004	2005	2006	2007	2008	2009	2010	2011	2012	2013	2014
Baden-Württemberg	0	0	1	1	3	0	2	3	6	5	2	4	4	5
Bayern	13	17	19	18	13	17	7	15	30	25	15	16	17	22
Berlin	7	8	6	6	4	5	8	2	3	6	9	1	5	4
Brandenburg	1	0	0	0	0	0	0	1	3	1	3	0	3	2
Bremen											0	0	1	1
Hamburg	4	5	5	1	1	4	6	5	3	3	0	2	2	3
Hessen										9	4	6	10	18
Mecklenburg-Vorp.									1	4	3	3	1	2
Niedersachsen									5	4	6	9	8	9
Nordrhein-Westfalen	16	6	14	9	11	12	15	21	23	12	12	14	15	19
Rheinland-Pfalz									4	4	1	0	1	2	0
Saarland	5	4	4	6	6	4	4	3	5	5	5	5	2	4
Sachsen											8	1	3	2
Sachsen-Anhalt									1	1	0	2	1	1	1
Schleswig-Holstein										3	7	2	1	1	3
Thüringen		1	0	1	0	0	0	0	0	1	0	0	0	0

Quelle: Auskunft der Anwaltsgerichtshöfe

Tab. 8.5.8: Gegenstand der Neueingänge bei den Anwaltsgerichtshöfen von 1985 bis 1995

Verfahrensgegenstand	1985	1987	1989	1991	1993	1995
Zulassungsverfahren	64	63	56	94	172	103
Rücknahme- und Widerrufsverfahren	59	63	61	73	53	72
vorläufige Vollziehung	9	5	2	4	5	12
andere Bescheide der LJV	13	6	12	21	20	11
sonstige Verwaltungsverfahren	23	24	57	31	61	49
Berufungen vom Anwaltsgericht	74	70	62	48	60	48
sonstige Disziplinarverfahren	16	14	7	7	1	19
Zwangsgeldfestsetzung nach § 57 BRAO	12	7	5	16	29	34

Quelle: Bundesrechtsanwaltskammer

Tab. 8.5.9: Gegenstand der Neueingänge bei den Anwaltsgerichtshöfen (mit Ausnahme von Sachsen-Anhalt und Schleswig-Holstein) 2013 und 2014 °

Verfahrensgegenstand	2013	2014
Zulassungsverfahren	19	11
Rücknahme- und Widerrufsverfahren	99	112
vorläufige Vollziehung	4	9
Fachanwaltsverfahren	12	16
sonstige Verwaltungsverfahren	47	30
Berufungen vom Anwaltsgericht*	55	62
sonstige Disziplinarverfahren	20	22
Zwangsgeldfestsetzung nach § 57 BRAO	15	14

*Beinhaltet für den Anwaltsgerichtshof Bayern auch die Anzahl der Beschwerden.

Quelle: Auskunft der Anwaltsgerichtshöfe

Tab. 8.5.10: Geschäftsanfall der Anwaltsgerichte von 1980 bis 1990 – nach Bundesländern

Bundesland	1980	1981	1982	1983	1984	1985	1986	1987	1988	1989	1990
Baden-Württemberg	43	29	24	37	50	56	44	62	45	47	34
Bayern	120	95	101	81	91	86	83	96	67	48	40
Berlin	71	47	84	58	65	50	57	48	56	48	40
Bremen	2	1	2	5	4	1	5	4	5	4	11
Hamburg	29	26	34	24	32	20	36	31	34	23	13
Hessen	26	28	33	21	59	62	52	71	68	47	59
Niedersachsen	29	41	53	37	78	85	95	54	70	65	42
Nordrhein-Westfalen	80	59	75	111	146	104	109	157	145	162	106
Rheinland-Pfalz	12	26	18	9	8	13	29	27	23	32	25
Saarland	7	15	34	8	29	27	15	14	11	14	16
Schleswig-Holstein	35	36	37	28	5	46	60	68	34	54	65

Quelle: Bundesrechtsanwaltskammer

Tab. 8.5.11: Geschäftsanfall der Anwaltsgerichte von 1991 bis 2002 – nach Bundesländern

Bundesland	1991	1992	1993	1994	1995	1996	1997	1998	1999	2000	2001	2002
Baden-Württemberg	33	44	27	24	35						61	53
Bayern[1]	44	35	45	64	76	27		24	130	85	97	83
Berlin	44	35	45	64	65					75	90	89
Brandenburg				9	0					12	7	6
Bremen	21	11	6	3	5	8	8	9	9	11	18	13
Hamburg	14	24	15	16	19						26	23
Hessen[2]	40	59	43	59	64	66	56	95	58	71	63	90
Mecklenburg-Vorp.				3							15	1
Niedersachsen	76	56	42	55	37					73	62	60
Nordrhein-Westfalen	81	85	81	107	100	104	105		121	123	131	132
Rheinland-Pfalz[3]	26	25	17	32	24	7	10	18	15	40	48	39
Saarland	22	17	4	12	4						13	6
Sachsen				6	1	5	9	10	27	39	47	34
Sachsen-Anhalt				0						7	4	3
Schleswig-Holstein	49	39	27	31	23	40	46	48	46	30	47	36
Thüringen				0							9	11

1 1996 bis 1998 ohne AnwG München

2 1996 bis 2000 ohne AnwG Kassel

3 1996 bis 1999 nur AnwG Zweibrücken

Quelle: Bundesrechtsanwaltskammer (bis 1995) / Rechtsanwaltskammer (ab 1996)

Tab. 8.5.12: Geschäftsanfall der Anwaltsgerichte von 2003 bis 2014 – nach Anwaltsgerichten

Bundesland		2003	2004	2005	2006	2007	2008	2009	2010	2011	2012	2013	2014
Baden-Württemberg	Freiburg	21	15	10	9	10	9	17	18	14	17	k.A.	10
	Karlsruhe	18	19	13	14	15	17	17	11	18	17	12	12
	Stuttgart	29	17	14	34	32	15	8	14	27	10	23	20
	Tübingen	11	16	8	8	3	5	6	4	13	11	13	13
Bayern	Bamberg	7	9	13	8	19	12	25	14	13	13	8	12
	München	66	58	76	44	51	64	72	77	77	86	87	83
	Nürnberg	19	13	16	12	29	31	16	7	4	18	22	12
Berlin		66	64	56	54	40	66	43	39	47	54	33	56
Brandenburg		10	11	7	18	6	11	21	18	20	16	30	18
Bremen		9	4	10	7	5	12	8	12	8	9	7	3
Hamburg		35	39	18	22	24	27	17	17	16	18	20	21
Hessen	Frankfurt	69	100	148	117	119	112	111	94	99	73	99	75
	Kassel	16	17	14	14	10	8	18	15	13	6	9	7
Mecklenburg-Vorp.		12	21	15	19	1	12	13	14	16	4	11	18
Niedersachsen	Braunschweig	6	7	5	6	5	5	6	12	13	7	3	5
	Celle	42	44	44	23	40	37	35	31	22	28	54	29
	Oldenburg	26	28	20	25	16	24	13	22	44	24	22	24
Nordrhein-Westfalen	Düsseldorf	17	30	20	48	60	63	40	30	31	76	66	70
	Hamm	36	53	55	59	80	63	79	94	43	99	80	90
	Köln	25	42	52	41	49	38	76	66	57	61	51	66
Rheinland-Pfalz	Koblenz	18	24	12	34	27	17	11	7	7	12	8	4
	Zweibrücken	18	14	11	17	22	8	11	10	6	11	11	18
Saarland		11	14	9	14	5	12	18	11	14	11	13	5
Sachsen		29	47	37	65	23	20	28	21	25	10	24	34
Sachsen-Anhalt		3	10	6	8	6	2	9	4	4	6	7	6
Schleswig-Holstein		23	31	28	23	39	25	29	21	34	29	23	34
Thüringen		15	6	20	12	13	11	9	10	6	12	3	11
Gesamt		657	753	737	755	752	731	759	695	691	738	739	756

Quelle: Auskünfte der Rechtsanwaltskammern / eigene Berechnungen

Tab. 8.5.13: Gegenstand der Neueingänge bei 20 ausgewählten Anwaltsgerichten (Bamberg, Berlin, Brandenburg, Braunschweig, Celle, Frankfurt, Hamburg, Hamm, Karlsruhe, Kassel, Koblenz, Köln, Mecklenburg-Vorpommern, München, Nürnberg, Oldenburg, Saarland, Stuttgart, Tübingen, Zweibrücken) in den Jahren 2013 und 2014

Verfahrensgegenstand	2013	2014
anwaltsgerichtliche Verfahren (§ 116 BRAO)	388	416
Verfahren nach §§ 150, 161a BRAO	6	3
Verfahren nach § 74a BRAO	69	57
sonstige Verfahren	157	110

Quelle: Auskünfte der Rechtsanwaltskammern / eigene Berechnungen

8.6. Schlichtungsstelle der Rechtsanwaltschaft

Tab. 8.6.1: Verfahrenseingänge und Verfahrenserledigungen bei der Schlichtungsstelle von 2009 bis 2014

Jahr	Eingänge	Veränderung (in %)	Erledigungen	Veränderung (in %)
2009	17		0	
2010	207		0	
2011	878	324,2	559	
2012	1.055	20,2	1.088	94,6
2013	996	-5,6	1.146	5,3
2014	991	-0,5	1.079	-5,8

Quelle: Schlichtungsstelle der Rechtsanwaltschaft

Tab. 8.6.2: Art der Verfahrenserledigungen der Schlichtungsstelle von 2011 bis 2014

Jahr	Schlichtungs-vorschläge	Unzulässigkeit	Unbe-gründetheit	Sonstige Erledigung	Gesamt
2011	27				559
2012	88	281	370	349	1.088
2013	205	199	361	381	1.146
2014	188	182	286	435	1.079

Quelle: Schlichtungsstelle der Rechtsanwaltschaft

Tab. 8.6.3: Verfahrenseingänge bei der Schlichtungsstelle nach Kammerbezirken von 2009 bis 2014

Kammerbezirk	2009	2010	2011	2012	2013	2014
BGH	-	0	1	0	2	2
Bamberg	1	5	20	20	31	14
Berlin	-	15	120	154	173	189
Brandenburg	-	3	26	32	19	21
Braunschweig	-	3	9	10	10	15
Bremen	-	2	9	7	11	10
Celle	1	11	19	44	24	28
Düsseldorf	1	21	22	43	42	39
Frankfurt	1	9	39	52	34	35
Freiburg	-	7	34	30	38	22
Hamburg	1	8	21	44	42	36
Hamm	-	14	50	54	47	68
Karlsruhe	-	6	18	24	21	18
Kassel	-	6	9	7	4	18
Koblenz	-	5	43	48	39	28
Köln	2	8	38	52	47	47
Mecklenburg-V.	-	6	16	14	15	11
München	2	16	55	67	84	86
Nürnberg	-	4	39	47	39	30
Oldenburg	1	1	12	6	19	13
Saarland	-	1	6	2	7	8
Sachsen	3	17	48	39	45	46
Sachsen-Anhalt	1	1	17	13	22	11
Schleswig-Holstein	1	4	21	35	26	35
Stuttgart	1	18	35	48	59	54
Thüringen	-	7	15	19	25	17
Tübingen	1	4	13	18	8	13
Zweibrücken	-	3	3	22	13	11
GESAMT	17	205	758	951	946	925

Quelle: Schlichtungsstelle der Rechtsanwaltschaft

8.7.   Deutscher Anwaltverein (DAV)

Tab. 8.7.1: Zahl der Mitglieder des Deutschen Anwaltvereins von 1961 bis 2015 °

Jahr	Mitglieder	Veränderung (in %)
1961	11.183	
1963	12.692	13,5
1965	12.183	-4,0
1967	13.045	7,1
1969	15.168	16,3
1971	15.716	3,6
1973	15.853	0,9
1975	16.155	1,9
1977	19.611	21,4
1979	21.545	9,9
1981	23.145	3,7
1983	25.313	6,0
1985	28.303	4,3
1987	30.041	3,0
1989	32.370	3,2
1990	33.437	3,3
1991	33.837	1,2
1992	35.531	5,0
1993	35.772	0,7
1994	37.511	4,9
1995	40.451	7,8
1996	42.551	5,2
1997	45.191	6,2
1998	48.339	7,0
1999	51.417	6,4
2000	53.175	3,4
2001	57.333	7,8
2002	58.526	2,1
2003	58.740	0,4
2004	60.409	2,8
2005	61.811	2,3
2006	63.420	2,6
2007	64.668	2,0
2008	65.784	1,7
2009	66.328	0,8
2010	66.883	0,8
2011	66.697	-0,3
2012	66.544	-0,2
2013	66.502	-0,1
2014	66.615	0,2
2015	66.200	-0,6

Quelle: Deutscher Anwaltverein (Stand zum 01.06. des jeweiligen Jahres), eigene Berechnungen

Tab. 8.7.2: Mitgliederstand der Arbeitsgemeinschaften des DAV von 1992 bis 2001 °

Arbeitsgemeinschaft	1992	1993	1995	1996	1997	1998	1999	2000	2001
Anwaltsnotariat	-	-	365	444	443	452	448	428	493
Arbeitsrecht	495	535	627	720	796	907	1.120	1.283	1.453
Bau- und Immobilienrecht	-	-	486	891	1.034	1.221	1.442	1.645	1.826
Familien- und Erbrecht	-	-	504	1.055	1.519	2.190	2.728	3.425	3.785
FORUM Junge Anwaltschaft	-	-	-	-	392	1.173	1.732	2.085	3.020
Informationstechnologie	-	-	-	-	-	-	-	-	276
Internationaler Rechtsverkehr	336	388	437	499	531	556	602	621	638
Mediation	-	-	-	-	-	-	-	303	379
Mietrecht und Immobilien	-	-	-	-	-	-	281	427	547
Sozialrecht	265	277	300	314	326	350	392	430	469
Sportrecht	-	-	-	-	-	-	-	-	92
Steuerrecht	-	-	-	165	285	402	460	530	569
Strafrecht	1.234	1.332	1.627	1.713	1.793	2.014	2.267	2.477	2.554
Syndikusanwälte	402	422	503	559	604	626	657	667	658
Verkehrsrecht	2.386	2.575	2.984	3.312	3.473	3.710	3.896	4.162	4.330
Versicherungsrecht	-	-	-	-	-	-	-	-	639
GESAMT	**5.118**	**5.529**	**7.833**	**9.672**	**11.196**	**13.601**	**16.025**	**18.483**	**22.170**

Quelle: Deutscher Anwaltverein, Mitgliederstände der Arbeitsgemeinschaften (Stand zum 1.1. des jeweiligen Jahres)

Tab. 8.7.3: **Mitgliederstand der Arbeitsgemeinschaften des DAV von 2002 bis 2008 °**

Arbeitsgemeinschaft	2002	2003	2004	2005	2006	2007	2008
Allgemeinanwalt	-	-	-	84	90	84	79
Anwältinnen	-	-	-	-	105	160	180
Anwaltsnotariat	504	560	552	516	492	466	461
Arbeitsrecht	1.658	1.799	1.977	2.104	2.233	2.412	2.594
Ausländer- und Asylrecht	68	188	207	221	241	262	279
Bank- und Kapitalmarktrecht	-	-	-	241	335	388	457
Bau- und Immobilienrecht	2.111	2.337	2.414	2.541	2.624	2.696	2.752
Erbrecht	-	-	-	-	-	667	1.010
Familienrecht	4.104	4.527	4.777	4.959	5.707	5.849	5.971
FORUM Junge Anwaltschaft	3.904	4.262	4.495	4.606	4.515	4.488	4.504
Informationstechnologie	454	498	489	460	465	466	507
Insolvenzrecht	389	432	514	677	756	847	906
Internationaler Rechtsverkehr	662	648	603	560	543	535	514
Kanzleimanagement	112	178	217	206	210	229	247
Mediation	446	480	486	472	493	506	519
Medizinrecht	648	759	827	867	950	1.146	1.315
Mietrecht und Immobilien	829	1.103	1.194	1.302	1.436	1.592	1.828
Sozialrecht	525	571	588	607	647	702	750
Sportrecht	269	307	321	336	342	349	368
Steuerrecht	624	704	734	767	764	789	812
Strafrecht	2.769	2.910	3.000	3.021	3.024	3.070	3.093
Syndikusanwälte	683	679	577	537	509	495	491
Transport- und Speditionsrecht	-	-	-	-	-	90	111
Verkehrsrecht	4.665	5.012	5.174	5.165	5.293	5.481	5.659
Versicherungsrecht	707	753	786	886	1.070	1.142	1.179
GESAMT	**26.131**	**28.707**	**29.932**	**31.135**	**32.844**	**34.911**	**36.766**

Quelle: Deutscher Anwaltverein, Mitgliederstände der Arbeitsgemeinschaften (Stand zum 1.1. des jeweiligen Jahres)

Tab. 8.7.4: Mitgliederstand der Arbeitsgemeinschaften des DAV von 2009 bis 2015

Arbeitsgemeinschaft	2009	2010	2011	2012	2013	2014	2015
Agrarrecht	-	112	131	137	146	155	162
Allgemeinanwalt	70	68	67	75	65	94	98
Anwältinnen	225	250	263	265	286	289	278
Anwaltsnotariat	484	477	505	520	517	544	551
Arbeitsrecht	2.825	3.057	3.238	3.430	3.580	3.667	3.744
Ausländer- und Asylrecht	292	325	354	344	355	351	365
Bank- und Kapitalmarktrecht	625	796	895	963	1.040	1.080	1.116
Bau- und Immobilienrecht	2.820	2.870	2.823	2.795	2.837	2.797	2.758
Erbrecht	1.250	1.433	1.607	1.718	1.763	1.798	1.897
Familienrecht	6.320	6.484	6.560	6.804	6.780	6.695	6.652
FORUM Junge Anwaltschaft	5.216	5.223	5.436	5.248	5.145	4.728	4.383
Geistiges Eigentum & Medien	197	266	326	381	405	450	489
Handels- und GesellschaftsR	272	354	411	439	474	495	519
Informationstechnologie	545	636	650	690	713	725	707
Insolvenzrecht und Sanierung	990	1.135	1.209	1.234	1.278	1.311	1.331
Internationaler Rechtsverkehr	499	561	561	542	536	542	538
Kanzleimanagement	273	260	260	248	245	239	233
Mediation	558	608	611	626	655	658	666
Medizinrecht	1.493	1.651	1.700	1.745	1.777	1.769	1.180
Mietrecht und Immobilien	2.059	2.217	2.364	2.615	2.847	2.919	3.051
Sozialrecht	845	916	1.040	1.093	1.117	1.124	1.147
Sportrecht	404	432	427	420	413	400	398
Steuerrecht	825	808	809	812	815	783	786
Strafrecht	3.206	3.140	3.194	3.163	3.198	3.154	3.200
Syndikusanwälte	488	474	482	471	456	451	454
Transport- und Speditionsrecht	130	127	133	133	141	139	153
Verkehrsrecht	5.838	6.115	6.112	6.156	6.158	6.020	6.085
Versicherungsrecht	1.233	1.261	1.287	1.277	1.226	1.173	1.173
GESAMT	**38.645**	**42.056**	**43.455**	**44.346**	**44.968**	**44.550**	**44.744**

Quelle: Deutscher Anwaltverein, Mitgliederstände der Arbeitsgemeinschaften (Stand zum 1.1. des jeweiligen Jahres)

Tab. 8.7.5: DAV-Präsidenten seit 1871

Jahr	Name
1871 - 1889	RA GehJR Karl Dorn
1889 - 1891	RA GehJR Dr. G. von Wilmowski
1891 - 1902	RA GehJR Dr. h.c. Hermann Mecke
1902 - 1909	RA GehJR Dr. Julius Erythropel
1909 - 1918	RA GehJR Julius Haber
1918 - 1920	RA GehJR Arthur Heiliger
1920 - 1924	RA JR Dr. Alfred Kurlbaum
1924 - 1932	RA JR Dr. Martin Drucker
1932 - 1933*	RA Dr. Rudolf Dix
1949 - 1959	RA Dr. Emil von Sauer
1959 - 1963	RA Dr. Walter Oppenhoff
1963 - 1970	RA Hans Merkel
1970 - 1974	RA Dr. Dr. Werner Deuchler
1974 - 1978	RAuN Dr. Helmut Wagner
1978 - 1983	RA Prof. Dr. Hans-Jürgen Rabe
1983 - 1988	RA Dr. h.c. Ludwig Koch
1988 - 1991	RA Erhard Senninger
1991 - 1994	RA Dr. Günter Schardey
1994 - 1998	RA Felix Busse
1998 - 2003	RA Dr. Michael Streck
2003 - 2009	RA Hartmut Kilger
2009 - 2015	RA Prof. Dr. Wolfgang Ewer
seit 2015	RAuN Ulrich Schellenberg

* Der DAV löste sich am 27.12.1933 unter Eingliederung in die Fachgruppe „Rechtsanwälte" des BNSDJ auf und wurde 1949 neu gegründet.

Quelle: Deutscher Anwaltverein

Tab. 8.7.6: Anwaltstage seit 1871*

Jahr	Ort	Jahr	Ort
1871	Bamberg	1967	Bremen
1871	Berlin	1969	Aachen
1873	Eisenach	1971	Nürnberg
1874	Würzburg	1973	Hamburg
1876	Köln	1975	Berlin
1878	Frankfurt a.M.	1977	München
1881	Heidelberg	1979	Hannover
1884	Dresden	1981	Mainz
1887	München	1983	Essen
1890	Hamburg	1985	Mannheim
1893	Berlin***	1987	Hamburg
1896	Berlin	1989	München
1899	Mainz	1991	Düsseldorf
1901	Danzig	1993	Stuttgart
1903	Straßburg	1995	Berlin
1905	Hannover	1997	Frankfurt
1907	Mannheim	1999	Bonn
1907	Leipzig**	2000	Berlin
1909	Rostock	2001	Bremen
1909	Leipzig**	2002	München
1911	Würzburg	2003	Freiburg
1913	Breslau	2004	Hamburg
1923	Weimar**	2005	Dresden
1925	Berlin**	2006	Köln
1927	Stuttgart	2007	Mannheim
1929	Hamburg	2008	Berlin
1931	***	2009	Braunschweig
1933	München***	2010	Aachen
1949	Coburg	2011	Straßburg
1951	Wiesbaden	2012	München
1953	Lübeck	2013	Düsseldorf
1955	Mannheim	2014	Stuttgart
1957	Hamburg	2015	Hamburg
1959	Stuttgart	2016	Berlin
1961	Berlin	2017	Essen
1963	Goslar	2018	Mannheim
1965	Augsburg		

* Anwaltstage fanden anfangs unregelmäßig, ab 1878 alle drei Jahre, ab der Jahrhundertwende dann zweijährlich und in der Weimarer Republik erneut unregelmäßig statt. Zwischen 1907 und 1925 kam es zu mehreren außerordentlichen Anwaltstagen.

** „außerordentlicher Anwaltstag"

*** ausgefallen

Quelle: Deutscher Anwaltverein

9

Grenzüberschreitende anwaltliche Tätigkeit

- Rechtsanwälte aus der EU / dem EWR
- Rechtsanwälte aus Staaten der WTO
- Eingegliederte Rechtsanwälte
- Eignungsprüfungen

9 Grenzüberschreitende anwaltliche Tätigkeit

Bis Ende der 1980er Jahre konnten Rechtsanwälte mit einer ausländischen Berufsqualifikation in Deutschland nur dann niedergelassen rechtsdienstleistend tätig werden, wenn sie als Rechtsbeistand nach Art. 1 § 1 Nr. 6 RBerG eine Teilerlaubnis nach dem RBerG besaßen. Die Betätigungsmöglichkeiten beschränkten sich auf die Beratung im Recht des Herkunftsstaates und – bei Anwälten aus dem EU-Raum – im Gemeinschaftsrecht. Die EU-Richtlinien 89/48/EG („Hochschuldiplomanerkennungs-richtlinie") und 98/5/EG („Rechtsanwaltsniederlassungsrichtlinie") sowie das *General Agreement In Trade And Services* (GATS) haben die Möglichkeiten zur grenzüberschreitenden Tätigkeit im Rahmen einer Niederlassung seitdem erheblich erweitert.

Seit 1990 können Rechtsanwälte mit einer Berufsbefähigung aus einem anderen EU-Staat eine Eignungsprüfung ablegen, deren Bestehen zu einer Gleichbehandlung mit deutschen Rechtsanwälten führt. Die bestandene Prüfung ermöglicht eine Mitgliedschaft in der Rechtsanwaltskammer als Rechtsanwalt im Sinne der BRAO, also mit uneingeschränkten Berufsausübungsbefugnissen. Diese Möglichkeit der Vollintegration wurde 1993 auf Angehörige anderer Vertragsstaaten des EWR ausgedehnt. Ursprünglich im Eignungsprüfungsgesetz (EigPrüfG) normiert, finden sich die einschlägigen Regelungen seit 2000 in Teil 4 des „Gesetzes über die Tätigkeit europäischer Rechtsanwälte in Deutschland" (EuRAG). Sie setzen die Vorgaben der Richtlinie 89/48/EG um. Für die Eignungsprüfungen sind nach der Eignungsprüfungsverordnung (EigPrüfVO) Prüfungsämter in Berlin, Düsseldorf und Stuttgart zuständig, die jeweils von mehreren Bundesländern als gemeinsame Prüfungsämter bei einem Landesjustizprüfungsamt eingerichtet worden sind. **Tab. 9.2.1** dokumentiert die Zahl der seit 1991 durchgeführten Eignungsprüfungsverfahren, **Tab. 9.2.2** und **Tab. 9.2.3** die entsprechend der Herkunft der Berufsqualifikationen nach Ländern aufgeschlüsselten Ergebnisse der Verfahren. Herkunft der Berufsqualifikation und Staatsangehörigkeit des Prüflings sind nicht notwendig deckungsgleich, so haben sich etwa auch deutsche Staatsangehörige mit einer im Ausland erworbenen Berufsqualifikation der Eignungsprüfung unterzogen. Notwendig ist allein, dass sowohl Berufsqualifikation als auch Staatsangehörigkeit aus der EU stammen. Die Aufschlüsselung nach Ländern in **Tab. 9.2.2** und **Tab. 9.2.3** bezieht sich also nicht auf die Staatsangehörigkeit, sondern auf die Berufsqualifikation. Sie zeigt, dass die Eignungsprüfung vor allem für Inhaber von Befähigungsnachweisen aus sechs Ländern (Großbritannien, Griechenland, Spanien, Frankreich, Österreich, Niederlande) Bedeutung erlangt hat. Die Prüflinge mit entsprechenden Befähigungsnachweisen sind hierbei häufig deutscher Staatsangehörigkeit, so dass die Statistik nicht zwingend die Mobilität von ausländischen Juristen, sondern „nur" die Mobilität von ausländischen Befähigungsnachweisen belegt. Die Daten zu Prüfungen und Herkunft sind nur sporadisch und zu unterschiedlichsten Terminen publiziert worden, so dass die Tabellen insbesondere bis zum Jahr 2000 Ungenauigkeiten bergen können. Genauere Daten konnten auf Anfrage nicht alle Prüfungsämter mitteilen. Die verfügbaren Zahlen zeigen, dass die Eignungsprüfung keine große Bedeutung erlangt hat, die Zahl der erfolgreichen Prüfungen mit 313 im Laufe von 24 Jahren, d.h. rund 15 pro Jahr, gering geblieben ist. Seitdem im Jahr 2000 umfassende Betätigungsmöglichkeiten für Rechtsanwälte mit ausländischer Qualifikation durch die sog. Vollintegration nach dreijähriger regelmäßiger und effektiver Tätigkeit im deutschen Recht auch ohne aufwändige Eignungsprüfung geschaffen worden sind, hat die

Eignungsprüfung weiter an Bedeutung verloren (Zahlen zur Vollintegration weisen die Kammern nicht nach, da es sich bei vollintegrierten Rechtsanwälten um solche im Sinne von § 4 EuRAG handelt). Mit positiver Entscheidung, d.h. bestandener Eignungsprüfung, endeten zwei Drittel (66,2%) der Eignungsprüfungsverfahren. Nach wie vor überdurchschnittlich hoch ist bei Betrachtung der Länder mit einer größeren Zahl von Prüflingen die Erfolgsquote der Kandidaten mit einem niederländischen und österreichischen Befähigungsnachweis, unterdurchschnittlich jene von Kandidaten mit griechischem und italienischem Diplom. Die Verfahren mit negativem Ausgang endeten nicht sämtlich mit einer nicht bestandenen Eignungsprüfung. In den Zahlen enthalten sind auch solche Verfahren, in denen die Zulassung zur Eignungsprüfung bereits aus formellen Gründen abgelehnt wurde oder in denen der Antragsteller seinen Antrag zurückgezogen hat. Keine Berücksichtigung haben in der Statistik Anträge gefunden, die gelegentlich von Rechtsanwälten aus Staaten jenseits der Grenzen der EU und des EWR in Unkenntnis der gesetzlichen Voraussetzungen der Zulassung zur Prüfung gestellt werden.

1994 war es aufgrund der Gewährleistungen des GATS-Abkommens erstmals Angehörigen eines Mitgliedsstaats der Welthandelsorganisation (WTO) möglich, sich in Deutschland niederzulassen. Die einschlägige Rechtsgrundlage ist § 206 Abs. 1 BRAO (bis 2000: § 206 Abs. 2 BRAO). Diese „GATS"-Anwälte werden Mitglied der Rechtsanwaltskammer, dürfen aber nur unter der Berufsbezeichnung ihres Herkunftsstaates tätig sein und lediglich in ihrem Heimatrecht und im Völkerrecht beraten. Voraussetzung ist, dass der ausländische Anwaltsberuf vom Bundesministerium der Justiz durch Rechtsverordnung als dem deutschen Rechtsanwalt gleichwertig anerkannt worden ist. Seit 1994 hat das BMJ durch Rechtsverordnung Anwaltstitel aus allen Mitgliedsstaaten des EWR und 41 weiteren Ländern als gleichwertig anerkannt. Darüber hinaus ist es aufgrund bilateraler Gewährleistungen russischen und serbischen Rechtsanwälten möglich, sich nach § 206 Abs. 2 BRAO in Deutschland niederzulassen. **Tab. 9.1.3.** zeigt die Entwicklung der Zahl der nach § 206 BRAO registrierten Rechtsanwälte auf. Es fehlt an jährlich publiziertem Datenmaterial, da eine statistische Erfassung in der Vergangenheit pauschal nach „ausländischen Rechtsanwälten" erfolgte. Nur für einzelne Jahre wurde eine weitere Aufschlüsselung nach der Rechtsgrundlage ihrer Niederlassung in Deutschland vorgenommen. Gleiches gilt für die Differenzierung nach der Herkunft der nach § 206 Abs. 1 BRAO niedergelassenen Rechtsanwälte (**Tab. 9.1.4 und Tab. 9.1.5**). Hier belegt das von der BRAK erhobene Datenmaterial, dass die Mehrzahl der „GATS-Rechtsanwälte" aus den USA und der Türkei stammt und die übrigen Länder, für die eine Anerkennung der Gleichwertigkeit durch das BMJ erfolgt ist, nur eine geringe Bedeutung haben.

Mit Inkrafttreten des „Gesetzes über die Tätigkeit europäischer Rechtsanwälte in Deutschland" (EuRAG) im März 2000 haben sich weitere Möglichkeiten einer grenzüberschreitenden Niederlassung ergeben. Rechtsanwälte aus der EU, den weiteren EWR-Vertragsstaaten sowie der Schweiz können sich seitdem unter ihrem heimischen Anwaltstitel in Deutschland als sog. „niedergelassener europäischer Rechtsanwalt" ansässig machen und rechtsdienstleistend tätig werden. Die in Teil 2 des EuRAG enthaltenen Regelungen setzen Art. 2 der Richtlinie 98/5/EG um. „Niedergelassene europäische Rechtsanwälte" genießen dieselben Berufsausübungsrechte wie deutsche Rechtsanwälte und unterscheiden sich von diesen lediglich dadurch, dass sie unter der Berufsbezeichnung des Herkunftsstaats auftreten.

Zwar hatten Anwälte aus anderen EU-Staaten vor 2000 auch die Möglichkeit, sich unter ihrem Heimattitel in der Bundesrepublik niederzulassen, sie durften seinerzeit aber nur in ihrem Heimatrecht sowie im Gemeinschaftsrecht beraten. Die Entwicklung der Zahl der unter ihrem Heimattitel in Deutschland niedergelassenen Rechtsanwälte aus Staaten der EU / des EWR ist seit 1991 nicht kontinuierlich dokumentiert worden (**Tab 9.1.7**). Der aktuell bekannte Wert aus dem Jahr 2015 belegt eine Zahl von 542. Die Aufschlüsselung nach Herkunftsländern (**Tab. 9.1.3**) verdeutlicht, dass zwei Drittel der „niedergelassenen europäischen Rechtsanwälte" in Deutschland aus Griechenland, Spanien, Großbritannien und Italien stammen. Wenn auch die Zahl der niedergelassenen europäischen Anwälte vergleichsweise gering ist, folgt aus dem europaweiten Vergleich in **Tab. 9.3.1**, dass das Niederlassungsmodell des Art. 2 Richtlinie 98/5/EG in Deutschland nach Spanien die größte Bedeutung im Binnenmarkt erlangt hat. Gleichwohl sind in Deutschland bei weitem nicht alle EU-Mitgliedsstaaten durch niedergelassene europäische Rechtsanwälte repräsentiert: Bislang haben sich in Deutschland keine Rechtsanwälte aus Finnland, Litauen, Malta, Slowenien und Zypern niedergelassen, auch die EWR-Mitgliedsstaaten Norwegen und Island sind bis dato nicht durch Rechtsanwälte in Deutschland vertreten.

Aus dem vorstehend skizzierten System folgt, dass es in Deutschland zwei Typen „ausländischer Rechtsanwälte" gibt: Zum einen jene „ausländischen Rechtsanwälte", die den deutschen Anwaltstitel durch Eignungsprüfung oder Eingliederung nach dreijähriger vorangegangener anwaltlicher Tätigkeit in Deutschland erworben haben. Da sie Rechtsanwälte im Sinne des § 4 BRAO sind, werden sie nach ihrer Zulassung statistisch nicht separat erfasst und sind in der Zahl der anwaltlichen Mitglieder der Rechtsanwaltskammern (**Tab. 1.1.1** und **Tab. 1.1.2**) enthalten. Zum anderen gibt es jene „ausländischen Rechtsanwälte", die in Deutschland nach § 206 Abs. 1 BRAO oder als „niedergelassene europäische Rechtsanwälte" im Sinne des EuRAG in Deutschland unter dem Anwaltstitel ihres Herkunftsstaats anwaltlich tätig sind. Sie verbergen sich hinter dem Begriff „ausländische Rechtsanwälte", der in den Mitgliederstatistiken der Kammern verwendet wird. **Tab. 9.1.6** gibt die entsprechende Entwicklung seit 1991 wieder. Die Zahlen weichen von der Summe der Werte in **Tab. 9.3.1** zum Teil aufgrund unterschiedlicher Erhebungszeitpunkte ab. Die Statistik weist für das Jahr 2014 795 in Deutschland zugelassene Rechtsanwältinnen und Rechtsanwälte ausländischer Herkunft auf. Allerdings stellt ihr Anteil an der Gesamtheit der deutschen Anwaltschaft mit zwischen 0,2% (2000) und 0,5% (2014) eine marginale Größe dar. Die in **Tab. 9.1.1** enthaltene Aufschlüsselung nach Kammerbezirken belegt, dass mehr als die Hälfte der ausländischen Rechtsanwälte in den Kammerbezirken Frankfurt und München niedergelassen ist, während drei Rechtsanwaltskammern keinen einzigen „ausländischen Rechtsanwalt" als Mitglied aufweisen. Die Werte der **Tab. 9.1.1** weichen mitunter von der Summe der in der großen Mitgliederstatistik der BRAK jährlich aufgeführten ausländischen Rechtsanwälte ab, da verschiedene Regionalkammern der BRAK als „ausländische Rechtsanwälte" nicht ausschließlich Rechtsanwälte im Sinne von § 2 EuRAG und § 206 Abs. 1 BRAO melden, sondern auch solche mit (lediglich) ausländischer Staatsangehörigkeit oder Rechtsanwälte im Sinne von § 4 BRAO, die nach bestandener Eignungsprüfung zur Anwaltschaft zugelassen worden sind. Für die Darstellung der Zahlenreihe ab 1991 musste auf diese insofern partiell ungenauen Daten zurückgegriffen werden, da eine rückwirkende Aufschlüsselung und damit Bereinigung nicht mehr möglich war.

9.1.   Niedergelassene Rechtsanwälte mit ausländischer Berufsqualifikation

Tab. 9.1.1: Regionale Verteilung „ausländischer" Anwälte von 2008 bis 2015 – Registrierung nach § 2 Eu-RAG

Kammerbezirk	2008	2009	2010	2011	2012	2013	2014	2015
Bamberg	2	3	3	3	4	4	4	3
Berlin	28	28	28	40	48	59	67	70
Brandenburg	0	2	0	0	1	0	2	2
Braunschweig	0	0	2	3	3	3	2	3
Bremen	3	3	3	3	3	4	5	5
Celle	6	5	6	6	6	8	1	6
Düsseldorf	25	30	23	25	28	33	39	40
Frankfurt	90	101	111	106	105	119	123	125
Freiburg	5	4	5	5	7	7	10	9
Hamburg	17	19	24	27	27	29	30	30
Hamm	8	8	9	11	14	15	15	18
Karlsruhe	7	8	9	11	11	11	15	13
Kassel	1	1	1	0	1	1	0	1
Koblenz	1	1	1	2	2	3	7	5
Köln	15	16	16	22	24	23	27	27
Mecklenburg-V.	0	0	0	0	0	0	0	1
München	62	71	86	97	105	117	134	132
Nürnberg	8	6	7	7	8	9	10	11
Oldenburg	1	2	2	2	2	2	1	1
Saarbrücken	3	3	3	4	4	4	4	4
Sachsen	3	2	1	1	1	0	3	4
Sachsen-Anhalt	0	0	0	0	1	1	1	0
Schleswig	2	2	4	4	2	2	4	3
Stuttgart	6	6	5	8	14	19	17	21
Thüringen	0	0	0	0	0	0	0	0
Tübingen	3	3	2	1	1	1	4	6
Zweibrücken	1	1	0	0	0	0	0	2
GESAMT	297	322	351	388	422	474	525	542

Quelle: Erhebung der Bundesrechtsanwaltskammer (Stand zum 1.1. des jeweiligen Jahres)

Tab. 9.1.2: Regionale Verteilung „ausländischer" Anwälte von 2008 bis 2015 – Mitgliedschaft nach § 206 BRAO

Kammerbezirk	2008	2009	2010	2011	2012	2013	2014	2015
Bamberg	1	2	2	2	2	1	1	1
Berlin	15	19	18	16	17	18	22	32
Brandenburg	1	1	1	1	1	1	1	0
Braunschweig	1	1	1	1	1	1	1	1
Bremen	2	2	2	2	3	3	3	3
Celle	2	2	3	3	3	4	6	6
Düsseldorf	6	9	10	15	14	14	16	15
Frankfurt	82	82	73	82	89	88	80	79
Freiburg	0	0	0	0	0	0	1	2
Hamburg	4	7	12	13	18	20	21	20
Hamm	6	7	7	7	6	5	5	4
Karlsruhe	4	4	4	3	4	5	6	6
Kassel	0	0	0	0	1	1	0	0
Koblenz	2	1	1	1	1	1	0	0
Köln	7	7	8	7	10	12	14	14
Mecklenburg-V.	0	0	1	1	1	1	0	0
München	30	36	43	46	57	56	57	60
Nürnberg	5	4	8	6	7	8	8	6
Oldenburg	0	0	0	0	0	2	2	2
Saarbrücken	1	1	1	1	1	1	1	1
Sachsen	0	0	2	2	3	3	2	2
Sachsen-Anhalt	0	0	0	0	0	0	0	0
Schleswig	1	1	1	1	1	1	2	2
Stuttgart	14	15	14	14	15	17	18	18
Thüringen	0	0	0	0	0	0	0	0
Tübingen	1	1	1	0	1	1	3	3
Zweibrücken	0	0	0	0	2	3	3	1
GESAMT	185	200	213	224	258	267	273	278

Quelle: Erhebung der Bundesrechtsanwaltskammer (Stand zum 1.1. des jeweiligen Jahres)

Abb. 9.1.1: Regionale Verteilung der „ausländischen Rechtsanwälte" im Jahr 2014

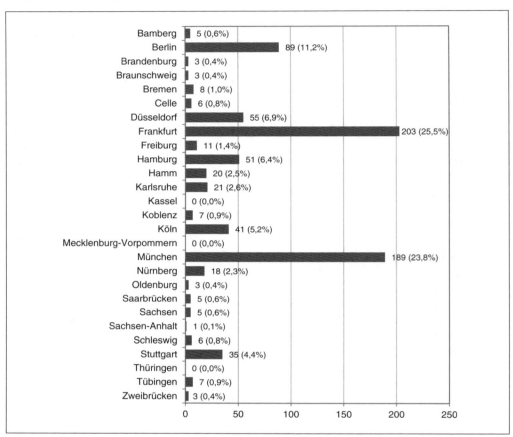

Quelle: Erhebung der Bundesrechtsanwaltskammer, eigene Berechnung (Stand zum 1.1.)

Tab. 9.1.3: **Herkunft der Berufsqualifikation der niedergelassenen Rechtsanwälte aus dem EU-/EWR-Raum (§ 206 Abs. 1 BRAO a.F. / EuRAG) von 2007 bis 2015**

	2007	2008	2009	2010	2011	2012	2013	2014	2015	Anteil (in %)
Belgien	7	8	8	6	6	6	7	8	4	0,7
Bulgarien	--	6	6	6	10	12	15	15	15	2,8
Dänemark	1	3	3	4	4	2	2	2	3	0,6
Estland	0	0	1	1	1	1	1	0	0	0,0
Finnland	0	0	0	0	0	0	0	0	0	0,0
Frankreich	27	32	26	29	29	37	39	52	53	9,8
Griechenland	30	32	30	36	44	51	61	62	71	13,1
Irland	1	1	1	1	2	4	5	4	2	0,4
Island	0	0	0	0	0	0	0	0	0	0,0
Italien	41	40	51	51	58	54	62	64	58	10,7
Kroatien								0	0	0,0
Lettland	0	0	1	0	0	0	1	1	1	0,2
Liechtenstein	2	2	2	1	1	1	1	1	1	0,2
Litauen	0	0	0	0	0	0	0	0	0	0,0
Luxemburg	2	2	2	3	1	2	2	1	3	0,6
Malta	0	0	0	0	0	0	0	0	0	0,0
Niederlande	2	1	1	3	5	7	8	7	6	1,1
Norwegen	0	0	0	0	0	0	0	0	0	0,0
Österreich	8	11	12	13	12	17	23	36	20	3,7
Polen	11	14	12	16	18	22	21	22	31	5,7
Portugal	2	3	3	4	4	4	8	7	8	1,5
Rumänien	--	6	10	11	12	18	17	18	18	3,3
Schweden	3	3	3	3	3	3	3	3	2	0,4
Schweiz	3	2	3	2	2	2	2	3	6	1,1
Slowakische R.	0	0	0	0	0	0	0	2	1	0,2
Slowenien	0	0	0	0	0	0	0	0	0	0,0
Spanien	45	45	46	50	48	56	67	77	88	16,2
Tschechische R.	0	0	2	2	2	1	3	1	6	1,1
Ungarn	3	6	8	11	10	9	11	11	12	2,2
Ver. Königreich	68	80	91	96	106	106	109	128	133	24,5
Zypern	0	0	0	0	0	0	0	0	0	0,0
GESAMT	**256**	**297**	**322**	**349***	**388**	**422**	**474**	**525**	**542**	**100,0**

* exkl. deutscher Anwälte mit ausländ. Zulassung

Quelle: Erhebung der Bundesrechtsanwaltskammer, eigene Berechnungen (Stand zum 1.1. des jeweiligen Jahres)

Tab. 9.1.4: **Herkunft der Berufsqualifikation der niedergelassenen Rechtsanwälte nach § 206 BRAO von 2007 bis 2015 – Teil 1**

Land	2007	2008	2009	2010	2011	2012	2013	2014	2015	Anteil (in %)
Ägypten***	--	--	--	--	--	1	2	1	1	0,7
Albanien**	--	--	--	1	0	0	2	3	3	0,7
Argentinien	3	3	3	7	6	6	5	3	4	1,9
Australien	10	18	17	11	15	15	16	14	14	6,0
Bolivien	0	2	0	3	1	1	1	1	1	0,3
Brasilien	4	5	4	4	6	14	12	14	10	4,5
Chile**	--	--	--	1	1	2	2	3	3	0,7
China*	--	1	5	6	6	7	7	9	9	2,6
Ecuador****	--	--	--	--	--	--	0	0	0	0,0
El Salvador***	--	--	--	--	0	0	0	0	0	0,0
Georgien**	--	--	--	0	0	0	0	0	0	0,0
Ghana**	--	--	--	0	0	0	0	0	0	0,0
Indien	0	1	2	3	1	2	2	1	3	0,7
Indonesien***	--	--	--	--	--	1	0	0	1	0,0
Israel	2	3	4	3	6	6	6	7	8	2,2
Japan	0	0	0	0	0	0	0	0	1	0,0
Kamerun	1	1	1	1	1	0	0	0	0	0,0
Kanada	5	7	7	7	7	8	9	8	9	3,4
Korea (Süd) **	--	--	--	0	0	1	0	0	0	0,0
Kroatien	0	0	0	0	0	0	1	1	1	0,3
Kolumbien****	--	--	--	--	--	--	0	2	1	0,0
Malaysia**	--	--	--	0	0	1	0	0	0	0,0
Marokko***	--	--	--	--	--	0	0	0	0	0,0
Mazedonien**	--	--	--	0	0	0	0	0	0	0,0
Mexiko	1	1	1	1	1	2	1	1	1	0,3
Moldau***	--	--	--	--	--	0	0	0	0	0,0
Namibia	0	0	0	0	0	0	0	0	1	0,0
Neuseeland	3	2	3	3	3	3	5	6	4	1,9
Nigeria***	--	--	--	--	--	1	1	1	1	0,3
Pakistan***	--	--	--	--	--	0	0	0	0	0,0
Panama**	--	--	--	0	0	0	0	0	0	0,0
Peru****	--	--	--	--	--	--	2	3	3	0,7
Philippinen***	--	--	--	--	--	0	0	0	0	0,0
Russland	0	2	5	12	0	12	13	10	15	4,9
Serbien**	--	--	--	0	1	0	0	0	0	0,0
Singapur**	--	--	--	0	1	0	0	1	0	0,0
Sri Lanka***	--	--	--	--	--	1	1	1	1	0,3
Südafrika	1	1	1	1	2	2	1	1	0	0,3

Titel durch das BMJ als gleichwertig anerkannt im Laufe des Jahres: * 2007 ** 2009 *** 2011 **** 2012

Quelle: Bundesrechtsanwaltskammer (Stand zum 1.1. des jeweiligen Jahres)

Tab. 9.1.5: Herkunft der Berufsqualifikation der niedergelassenen Rechtsanwälte nach § 206 BRAO von 2007 bis 2015 – Teil 2

Land	2007	2008	2009	2010	2011	2012	2013	2014	2015	Anteil (in %)
Taiwan***	--	--	--	--	--	0	0	0	0	0,0
Thailand***	--	--	--	--	--	2	0	0	0	0,0
Türkei	40	37	44	43	38	44	45	57	54	16,9
Tunesien*	--	--	--	1	3	2	2	1	1	0,7
Ukraine*	--	--	--	2	3	5	6	7	13	2,2
Uruguay*	--	--	--	0	0	0	0	0	0	0,0
USA	88	97	100	97	103	116	118	112	111	44,2
Venezuela	2	4	3	4	4	3	5	5	4	1,9
GESAMT	**161**	**185**	**200**	**211**	**224**	**258**	**267**	**273**	**278**	**100,0**

Titel durch das BMJ als gleichwertig anerkannt im Laufe des Jahres: * 2007 ** 2009 *** 2011

Quelle: Bundesrechtsanwaltskammer (Stand zum 1.1. des jeweiligen Jahres)

Tab. 9.1.6: Zahl der unter einem ausländischen Anwaltstitel niedergelassenen Rechtsanwälte von 1991 bis 2015*

Jahr	Rechtsanwälte insgesamt	ausländische Rechtsanwälte	Anteil (in %)
1991	59.455	22	0,03
1992	64.311	40	0,06
1993	67.120	56	0,08
1994	70.438	72	0,1
1995	74.291	84	0,1
1996	78.810	98	0,1
1997	85.105	98	0,1
1998	91.516	111	0,1
1999	97.791	139	0,1
2000	104.067	158	0,2
2001	110.367	183	0,2
2002	116.305	293	0,3
2003	121.420	371	0,3
2004	126.793	397	0,3
2005	132.569	429	0,3
2006	138.104	507	0,4
2007	142.830	*527	0,4
2008	146.910	482	0,3
2009	150.377	*536	0,4
2010	153.251	565	0,4
2011	156.479	612	0,4
2012	158.426	680	0,4
2013	160.880	741	0,5
2014	162.695	795	0,5
2015	163.513	819	0,5

* Vgl. einleitende Bemerkungen zu diesem Kapitel.

Quelle: BRAK-Mitgliederstatistik (Stand zum 1.1. des jeweiligen Jahres), eigene Berechnungen

Tab. 9.1.7: Zahl der unter ausländischem Anwaltstitel niedergelassenen Rechtsanwälte aus dem EU-/EWR-Raum u. den GATS-Vertragsstaaten (§ 206 BRAO / EuRAG) von 1990 bis 2015

Jahr	EU/EWR	GATS
1990		----
1991		----
1992	40	----
1993	56	----
1994	72	
1995		
1996		
1997		26
1998	98	36
1999		40
2000		
2001		
2002		
2003		134
2004	185	
2005	206	
2006		
2007	256	168
2008	297	185
2009	322	200
2010	351	213
2011	388	224
2012	422	258
2013	474	267
2014	525	273
2015	542	278

Quelle: BRAK-Mitteilungen / Bundesrechtsanwaltskammer (Stand zum 1.1. des jeweiligen Jahres)

9.2.   Vollintegrierte Rechtsanwälte mit im Ausland erworbener Berufsqualifikation

Tab. 9.2.1: Zahl der Eignungsprüfungsverfahren nach § 16 EuRAG von 1991 bis 2014

Jahr	Anträge auf Eignungsprüfung	Veränderung in %
1991/94	23	
1995/96	99	330,4
1997/98	47	-52,5
1999/00	82	74,5
2001/02	34	-58,5
2003/04	35	2,9
2005/06	36	2,9
2007	12	-77
2008	20	66,7
2009	18	-10,0
2010	18	0,0
2011	18	0,0
2012	16	-12,5
2013	23	43,8
2014	27	17,4

Quelle: Gemeinsame Prüfungsämter (ab 2012), Bundesministerium der Justiz (2001-11), Bundesrechtsanwaltskammer (bis 2000)

Tab. 9.2.2: Entscheidungen im Eignungsprüfungsverfahren nach Herkunft der Heimattitel der Eignungs-
prüflinge von 1991 bis 2014 – Teil 1*

	BE	BG	DK	FI	F	GR	IE	IT	LU	NL	AT
Positiv	10	2	15	4	45	35	2	14	1	34	33
Negativ	2	0	6	1	25	35	1	14	1	8	8
insgesamt	12	2	21	5	70	70	3	28	2	42	41
Erfolgsquote	83,3	100,0	71,4	80,0	64,3	50,0	66,7	50,0	50,0	81,0	80,5

* Abkürzungen: Belgien (BE), Bulgarien (BG), Dänemark (DK), Finnland (FI), Frankreich (F), Griechenland (GR), Irland (IE),
Italien (IT), Luxemburg (LU), Niederlande (NL), Österreich (AT)

Tab. 9.2.3: Entscheidungen im Eignungsprüfungsverfahren nach Herkunft der Heimattitel der Eignungs-
prüflinge von 1991 bis 2014 – Teil 2*

	PL	PT	SE	ES	CZ	HU	GB	CH	NO	SK	Ges.
Positiv	5	1	5	29	2	3	65	5	2	1	313
Negativ	0	0	2	19	3	6	24	3	1	1	160
insgesamt	5	1	7	48	5	9	89	8	3	2	473
Erfolgsquote	100,0	100,0	71,4	60,4	50,0	33,3	73,0	62,5	66,6	50,0	66,2

* Abkürzungen: Polen (PL), Portugal (PT), Schweden (SE), Spanien (ES), Tschechische Republik (CZ), Ungarn (HU), Vereinig-
tes Königreich (GB), Schweiz (CH), Norwegen (NO), Slowakei (SK)

Quelle: Gemeinsame Prüfungsämter (2012), Bundesministerium der Justiz (2001-2011), Bundesrechtsanwaltskammer (bis 2000)

9.3. Internationaler Vergleich

Tab. 9.3.1: Zahl der gemäß Art. 2 RiLi 98/5/EG in der EU registrierten Rechtsanwälte von 2006 bis 2014* °

Land	2006	2007/2008	2009/2010	2011/2012	2013/2014
Belgien	406	580	647	670	707
Bulgarien	0	17	----	34	51
Dänemark	22	24	15	16	16
Deutschland	k.A.	297	351	k.A.	795
Estland	8	16	---	16	15
Finnland	3	5	2	4	6
Frankreich	**128	k.A.	149	225	222
Griechenland	79	182	179	158	170
Irland	33	32	16	*9	0
Island	1	2	---	1	0
Italien	k.A.	264	---	k.A.	k.A.
Lettland	5	7	10	12	---
Liechtenstein	19	20	27	27	26
Litauen	2	7	9	12	13
Luxemburg	103	163	303	381	k.A.
Malta	k.A.	3	---	12	k.A.
Niederlande	41	46	---	54	52
Norwegen	6	6	3	8	---
Österreich	60	81	82	82	109
Polen	34	65	---	66	67
Portugal	82	88	99	103	101
Rumänien	k.A.	k.A.	---	52	k.A.
Schweden	15	14	13	18	22
Schweiz	173	221	276	364	k.A.
Slowakische Republik	68	98	109	181	200
Slowenien	5	6	12	14	14
Spanien	k.A.	163	847	k.A.	2.926
Tschechische Republik	46	63	98	116	121
Ungarn	40	40	71	134	136
Vereinigtes Königreich	***230	****329	k.A.	k.A.	k.A.
Zypern	13	19	---	50	---

* Für die Jahre 2007-2010 keine Einzeldaten verfügbar
** Statistik des Observatoire du Conseil National des Barreaux
*** Registriert von der englischen und walisischen Law Society
**** Davon England und Wales: 327; Schottland: 2; Nordirland: 0
Quelle: Conseil des Barreaux Européens / Council of Bars and Law Societies of Europe (CCBE)

10

Entwicklung benachbarter Berufe

- Notare
- Rechtsbeistände
- Steuerberater
- Wirtschaftsprüfer
- Patentanwälte
- Richter und Staatsanwälte

10 Entwicklung benachbarter Berufe

10.1 Notare

Notare werden von den Landesjustizverwaltungen als unabhängige Träger eines öffentlichen Amtes für die Beurkundung von Rechtsvorgängen und zur Wahrnehmung weiterer Aufgaben auf dem Gebiet der vorsorgenden Rechtspflege bestellt. Historisch bedingt, kennt das deutsche Rechtssystem drei verschiedene Formen des Notars: Den Notar im Hauptberuf („Nur-Notar"), den Notar im Nebenberuf („Anwaltsnotar") und den beamteten Notar („Amtsnotar").

In den Bereichen der Notarkammern Berlin, Braunschweig, Bremen, Celle, Kassel, Oldenburg, Schleswig-Holstein und der Westfälischen Notarkammer werden gemäß § 3 Abs. 2 BNotO Rechtsanwälte für die Dauer ihrer Zulassung als Notare zu gleichzeitiger Ausübung neben dem Beruf des Rechtsanwalts bestellt (sog. Anwaltsnotare). In den Bereichen der Notarkammern Koblenz, Saarland, Pfalz, Bayern, Thüringen, Sachsen, Sachsen-Anhalt, Brandenburg und Mecklenburg-Vorpommern werden ausschließlich hauptberufliche Notare (sog. Nur-Notare) bestellt. Ein Mischsystem existiert aus historischen Gründen im Bereich der Rheinischen Notarkammer: Dort werden sowohl Notare zur hauptberuflichen Amtsausübung (in den Bezirken des OLG Köln und des OLG Düsseldorf mit Ausnahme der rechtsrheinischen Bezirke des LG Duisburg und im Bereich des AG Emmerich) als auch Anwaltsnotare (in den rechtsrheinischen Bezirken des LG Duisburg und im Bereich des AG Emmerich) bestellt. Im Bereich der Notarkammer Stuttgart werden neben den Notaren im Landesdienst (Amtsnotare) zugleich Notare zur hauptberuflichen Amtsausübung und Anwaltsnotare bestellt. In den fünf neuen Bundesländern wurde im Zuge der deutschen Wiedervereinigung das hauptberufliche Notariat eingeführt. In der DDR waren Notare zuvor in staatlichen Notariaten und – in stetig abnehmender Zahl – als sog. Einzelnotare tätig. 1989 gab es in der DDR 453 Notare, darunter acht Einzelnotare.

Tab. 10.1.1 zeigt die Gesamtzahl der haupt- und nebenberuflichen Notare in der Bundesrepublik Deutschland seit 1961, nicht enthalten ist die Zahl der beamteten Notare. Ab 1992 schließen die Zahlen die Notare aus den fünf neuen Bundesländern ein. Die Notarzahlen sind seit 1998 stark rückläufig. Die Aufschlüsselung der Gesamtzahl in hauptberufliche und nebenberufliche Notare belegt, dass der Rückgang fast ausschließlich im Anwaltsnotariat bewirkt wurde: Während sich die Zahl der hauptberuflichen Notare seit 2000 lediglich um 151 verringert hat, ist die Zahl der Anwaltsnotare um über 3.100 zurückgegangen (hierzu näher bereits oben **Tab. 3.6.1**).

10.2 Rechtsbeistände

Natürliche Personen, die im Sinne des von § 1 RDGEG im Besitz einer uneingeschränkt oder unter Ausnahme lediglich des Sozial- oder Sozialversicherungsrechts erteilten Erlaubnis zur geschäftsmäßigen Rechtsbesorgung sind (sog. „Vollerlaubnis"), können seit 1980 auf Antrag in die für den Ort ihrer Niederlassung zuständige Rechtsanwaltskammer aufgenommen werden. Für sie hat sich der Begriff des „Kammerrechtsbeistands" eingebürgert. Sie unterscheiden sich von den anderen lizensierten Rechtsberatern nach § 10 RDG (Rentenberater, Inkassounternehmen, Rechtskundige im ausländischen

Recht), die lediglich über eine Teilerlaubnis zur Besorgung von bestimmten fremden Rechtsangelegenheiten verfügen, durch ihr fachlich uneingeschränktes Tätigkeitsfeld. Dieses nähert sie dem Rechtsanwalt soweit an, dass der Gesetzgeber den Inhabern einer Vollerlaubnis seit 1980 nach § 209 BRAO die Möglichkeit der Mitgliedschaft in einer Rechtsanwaltskammer bietet. Neue Vollerlaubnisse, die Voraussetzung der Kammermitgliedschaft sind, werden allerdings seit 1980 nicht mehr erteilt, so dass der Beruf des Rechtsbeistands faktisch geschlossen ist. Die Zahl der Kammerrechtsbeistände nimmt daher altersbedingt kontinuierlich ab. Die Entwicklung der Zahl der Kammerrechtsbeistände seit 1980 ist **Tab. 10.2.1** zu entnehmen. Am 1. Januar 2015 waren noch 266 Rechtsbeistände Mitglieder einer Rechtsanwaltskammer. Das am 1. Juli 2008 in Kraft getretene Rechtsdienstleistungsgesetz (RDG) hat an dem Berufsbild des Kammerrechtsbeistands grundsätzlich nichts geändert, es gilt insofern Bestandsschutz. Kammerrechtsbeistände sind nicht in das neue System des Rechtsdienstleistungsgesetzes überführt worden. Für die seit 2008 durch das RDG geschaffenen sog. registrierten Rechtsdienstleister i.S.d. § 10 RDG, die in ein mit Inkrafttreten des RDG geschaffenes Rechtsdienstleistungsregister einzutragen sind, gibt es keine fortgeschriebene Statistik der Berufsträger. Informationen zur Zahl der Rentenberater, Inkassounternehmen und Rechtskundigen im ausländischen Recht können daher nicht geboten werden.

10.3 Steuerberater

Die Steuerberatung ist als Besorgung eines Rechtsgeschäfts eines Steuerpflichtigen Rechtsberatung auf dem Gebiet des Steuerrechts. Die 84.707 am 1.1.2015 zugelassenen Steuerberater und Steuerbevollmächtigten konkurrieren damit in dem ihnen gesetzlich zugewiesenen Tätigkeitsfeld unmittelbar mit der Anwaltschaft. Rechnerisch kommt ein Steuerberater bzw. Steuerbevollmächtigter auf zwei Rechtsanwälte; dieses Verhältnis unterstreicht die besondere Bedeutung der Steuerberatung als Ausschnittbereich der Rechtsberatung. **Tab. 10.3.1** vollzieht die Entwicklung der Zahl der Steuerberater, Steuerbevollmächtigten und Steuerberatungsgesellschaften seit 1980 nach.

Der freie Beruf des Steuerberaters ist deutlich jünger als der des Rechtsanwalts, er entstand nach dem Ersten Weltkrieg in Folge der Verabschiedung der Reichsabgabenordnung und der darin vorgesehenen Möglichkeit der Vertretung von Steuerpflichtigen gegenüber den Finanzämtern. Die Berufsbezeichnung „Steuerberater" wurde erstmalig in dem Gesetz über die Zulassung von Steuerberatern vom 6. Mai 1933 verwendet. Mit dem Gesetz über die Rechtsverhältnisse der Steuerberater und Steuerbevollmächtigten (Steuerberatungsgesetz) wurden die Berufe der Steuerberater und Steuerbevollmächtigten 1961 neu geordnet. Als Steuerberater oder Steuerbevollmächtigter durfte seither nur bestellt werden, wer eine entsprechende Prüfung bestanden hatte oder von dieser Prüfung befreit worden war. Der Beruf des Steuerbevollmächtigten wurde im Jahr 1980, als die letzten Meldungen zur Berufsprüfung möglich waren, geschlossen. Die Rechte und Pflichten der Steuerberater und Steuerbevollmächtigten sind weitgehend angeglichen. Da seit mehr als 25 Jahren keine Neuzulassungen zum Steuerbevollmächtigten erfolgen, verringert sich die Zahl der Steuerbevollmächtigten kontinuierlich.

Die Zahl der Steuerberatungsgesellschaften wächst stetig und hat im Jahr 2015 einen Stand von 9.243

erreicht. Aus historischen Gründen ist dem Steuerberater die Berufsausübung in einer als Steuerberatungsgesellschaft anerkannten Kapitalgesellschaft bereits seit mehr als 50 Jahren möglich. Hieraus erklärt sich teilweise die im Vergleich zur Anwaltschaft, der diese Möglichkeit erst seit 1994 geboten wird, große Zahl der Steuerberatungsgesellschaften: Auf eine Steuerberatungsgesellschaft kamen 2015 rechnerisch neun Steuerberater, auf eine Rechtsanwaltsgesellschaft 227 Anwälte.

10.4 Wirtschaftsprüfer

Tab. 10.4.1 dokumentiert die Entwicklung der Zahl der Wirtschaftsprüfer in der Bundesrepublik Deutschland seit 1980. Der Beruf des Wirtschaftsprüfers existiert seit den frühen 1930er Jahren, als die obligatorische Pflichtprüfung des Jahresabschlusses der Aktiengesellschaften eingeführt wurde. Die Abschlussprüfung von Kapitalgesellschaften ist die Hauptaufgabe des Wirtschaftsprüfers, hinzu kommt die wirtschaftliche und steuerrechtliche Beratung. Neben Wirtschaftsprüfern sind auch vereidigte Buchprüfer (vBP) Mitglieder der Wirtschaftsprüferkammer. Der seit den 80er Jahren des 19. Jahrhunderts bekannte Beruf des vereidigten Buchprüfers wurde mit dem Inkrafttreten der Wirtschaftsprüferordnung 1961 mit dem Berufsstand der Wirtschaftsprüfer verschmolzen, durch das Bilanzrichtliniengesetz von 1986 aber wieder neu geöffnet. 2005 wurde der Beruf sodann erneut geschlossen, so dass es keine weiteren Zulassungen mehr gibt (vereidigten Buchprüfern obliegt insbesondere die Prüfung des Jahresabschlusses von mittelgroßen Gesellschaften mit beschränkter Haftung). Nach den Statistiken zu den Mitgliedern der Wirtschaftsprüferkammer waren Anfang des Jahres 2015 14.407 Wirtschaftsprüfer und 2.863 Wirtschaftsprüfungsgesellschaften in Deutschland zugelassen.

10.5 Patentanwälte und Patentassessoren

Tab. 10.5.1 bildet die Entwicklung der Zahl der Patentanwälte und Patentassessoren seit 1994 ab. Ein Patentanwalt berät und vertritt Mandanten auf dem Gebiet des geistigen Eigentums und des gewerblichen Rechtsschutzes. Der Schwerpunkt liegt in der Vertretung in Verfahren vor den Patent- und Markenämtern und den zuständigen Gerichten. Die Ausbildung zum Patentanwalt ist in Deutschland durch die Patentanwaltsordnung (PAO) und die Patentanwaltsausbildungs- und -prüfungsordnung geregelt. Voraussetzung für die Ausbildung zum Patentanwalt ist ein erfolgreicher Abschluss eines naturwissenschaftlichen oder technischen Studiums an einer wissenschaftlichen Hochschule. Zudem muss ein Patentanwaltsbewerber vor Beginn der Patentanwaltsausbildung seine praktisch-technische Berufserfahrung durch eine einjährige berufliche Tätigkeit nachweisen. Nach der Statistik des Deutschen Patent- und Markenamts waren 2014 3.349 Patentanwälte in Deutschland zugelassen. **Tab. 10.5.2** dokumentiert die Zahl der Patentanwaltsgesellschaften im Sinne von § 52c PAO, die konzeptionell der Rechtsanwaltsgesellschaft mbH entsprechen, sowie der ausländischen Patentanwälte, die nach § 154a PAO Mitglieder der Patentanwaltskammer sind.

10.6 Richter und Staatsanwälte

Die aus der Richterstatistik des Bundesministeriums für Justiz (BMJ) und den Zahlen für das Rechtswesen des Stat. Bundesamtes in **Tab. 10.6.1** entnommenen Daten für die dem Rechtsanwalt benachbarten Berufe des Richters und Staatsanwalts verdeutlichen, dass die Zahl der Richter und Staatsanwälte seit 1993 weitgehend stagniert, während die Zahl der Rechtsanwälte kontinuierlich ansteigt. 2012 standen 25.614 Richtern und Staatsanwälten fast sechsmal so viele Rechtsanwälte (160.880) gegenüber. Die vom Bundesamt für Justiz zweijährlich veröffentlichte Richterstatistik wurde 2015 nicht veröffentlicht, so dass in dieser Ausgabe des Statistischen Jahrbuchs die Datenreihen nicht fortgeschrieben werden konnten. In den zurückliegenden 60 Jahren hat sich die Zahl der Richter fast verdoppelt, die der Staatsanwälte in etwa verdreifacht, die Zahl der Rechtsanwälte hat sich hingegen in demselben Zeitraum annähernd verzehnfacht.

10.7 Rechtsanwälte im Vergleich mit benachbarten Berufen

Kap. 10.7 stellt einige ausgewählte Bezüge der Daten zur Anwaltschaft zu empirischen Befunden zu den benachbarten Berufen dar. **Abb. 10.7.1** veranschaulicht die Dynamik des Wachstums der Berufe des Rechtsanwalts, Richters/Staatsanwalts, Steuerberaters, Wirtschaftsprüfers und Notars. Keiner dieser Berufe weist eine vergleichbare Wachstumsdynamik auf wie der Beruf des Rechtsanwalts. Besonderer Erwähnung bedarf der Langzeitvergleich der Richter- und Anwaltszahlen: Wie **Tab. 10.7.1** zeigt, gab es in Deutschland bis vor rund 100 Jahren mehr Richter als Rechtsanwälte. Heute kommen hingegen auf einen Richter annähernd acht Rechtsanwälte. Aufschlussreich ist schließlich der in **Tab. 10.7.2** dargestellte Vergleich der in den Wirtschaftszweigen „Wirtschafts- und Buchprüfung / Steuerberatung / Buchführung" und „Rechtsberatung" tätigen Unternehmen. Das Statistische Bundesamt fasst im Rahmen seiner „Strukturerhebung im Dienstleistungsbereich" unter diese Kategorie Praxen von Wirtschaftsprüferinnen und -prüfern sowie Wirtschaftsprüfungsgesellschaften, Praxen von vereidigten Buchprüferinnen und -prüfern sowie Buchprüfungsgesellschaften, Praxen von Steuerberaterinnen und -beratern sowie Steuerberatungsgesellschaften, Praxen von Steuerbevollmächtigten und Buchführung (ohne Datenverarbeitungsdienste) zusammen. Die Ergebnisse verdeutlichen, dass in diesem Wirtschaftszweig seit 2006 leicht weniger Unternehmen und Einrichtungen tätig sind als auf dem Rechtsberatungsmarkt. Als Gemeinsamkeit zeigt sich, dass in beiden Wirtschaftszweigen die Rechtsform „Einzelunternehmen" dominiert. Der Anteil der Personengesellschaften liegt hingegen im Bereich der Wirtschafts- und Buchprüfungen, Steuerberatungen und Buchführungen deutlich niedriger als in der Rechtsberatung, während der Anteil der Kapitalgesellschaften deutlich über den Zahlen des Rechtsberatungsmarktes liegt. Dies ist Ausdruck der Tatsache, dass aus historischen Gründen Wirtschaftsprüfungs- und Steuerberatungsgesellschaften seit langem als Kapitalgesellschaft verfasst sein dürfen, während das Berufsrecht der Rechtsanwälte dies erst seit Mitte der 1990er Jahre gestattet.

10.1. Notare

Tab. 10.1.1: Zahl der Notare von 1961 bis 2015 °

Jahr	Insgesamt	Veränd. in %	hauptber. Notare	Veränd. in %	Anwaltsnotare	Veränd in %
1961	5.647		714		4.933	
1963	5.852	3,6	733	2,7	5.119	3,8
1965	5.710	-2,4	744	1,5	4.966	-3,0
1967	6.009	5,2	763	2,6	5.246	5,6
1969	6.001	-0,1	774	1,4	5.227	-0,4
1971	6.160	2,6	802	3,6	5.358	2,5
1973	6.602	7,2	862	7,5	5.740	7,1
1975	6.895	4,4	901	4,5	5.994	4,4
1977	6.928	0,5	902	0,1	6.026	0,5
1979	7.269	2,7	916	-0,4	6.353	3,2
1981	7.762	2,4	959	1,8	6.803	2,5
1983	7.877	0,4	964	0,1	6.913	0,5
1985	8.164	2,5	990	2,3	7.174	2,5
1987	8.523	2,1	1.003	0,1	7.520	2,4
1988	8.647	1,5	1.011	0,8	7.636	1,5
1989	8.724	0,9	1.014	0,3	7.710	1,0
1990	8.890	1,9	1.013	-0,1	7.877	2,2
1991	9.643	8,5	1.463	44,4	8.180	3,8
1992	10.141	5,2	1.484	1,4	8.657	5,8
1993	10.178	0,4	1.562	5,3	8.616	-0,5
1994	10.271	0,9	1.611	3,1	8.660	0,5
1995	10.343	0,7	1.628	1,1	8.715	0,6
1996	10.452	1,1	1.651	1,4	8.801	1,0
1997	10.688	2,3	1.657	0,4	9.031	2,6
1998	10.701	0,1	1.656	-0,1	9.045	0,2
1999	10.588	-1,1	1.663	0,4	8.925	-1,3
2000	10.495	-0,9	1.657	-0,4	8.838	-1,0
2001	10.562	0,6	1.665	0,5	8.897	0,7
2002	10.428	-1,3	1.663	-0,1	8.765	-1,5
2003	10.024	-3,9	1.654	-0,5	8.370	-4,5
2004	9.355	-6,7	1.627	-1,6	7.728	-7,7
2005	9.164	-2,0	1.616	-0,7	7.548	-2,3
2006	8.892	-3,0	1.610	-0,4	7.282	-3,5
2007	8.662	-2,6	1.607	-0,2	7.055	-3,1
2008	8.513	-1,7	1.593	-0,9	6.920	-1,9
2009	8.341	-2,0	1.586	-0,4	6.755	-2,4
2010	8.157	-2,2	1.582	-0,3	6.575	-2,7
2011	7.934	-2,7	1.561	-1,3	6.373	-3,1
2012	7.722	-2,7	1.535	-1,7	6.187	-2,9
2013	7.560	-2,1	1.524	-0,7	6.036	-2,4
2014	7.328	-3,1	1.514	-0,7	5.814	-3,7
2015	7.156	-2,3	1.506	-0,6	5.650	-2,8

Quelle: Statistisches Jahrbuch der Bundesrepublik Deutschland (bis 1980), Notarstatistik der BNotK (Stand zum 1.1. des Jahres)

10.2. Rechtsbeistände

Tab. 10.2.1: Zahl der Rechtsbeistände von 1980 bis 2015

Jahr	Rechtsbeistände	davon Frauen	Veränderung (in %)
1980	0	0	
1981	24	0	
1982	259	7	979,2
1983	350	13	35,1
1984	401	18	14,6
1985	419	20	4,5
1986	430	23	2,6
1987	438	24	1,9
1988	440	23	0,5
1989	447	26	1,6
1990	444	26	-0,7
1991	448	28	0,9
1992	444	25	-0,9
1993	442	25	-0,5
1994	442	28	0,0
1995	444	28	0,5
1996	443	25	-0,2
1997	438	25	-1,1
1998	436	25	-0,5
1999	419	23	-3,9
2000	400	25	-4,5
2001	401	25	0,3
2002	389	25	-3,0
2003	382	23	-1,8
2004	372	24	-2,6
2005	364	23	-2,2
2006	354	23	-2,7
2007	346	23	-2,3
2008	334	23	-3,5
2009	330	25	-1,2
2010	319	25	-3,3
2011	309	26	-3,1
2012	298	26	-3,7
2013	290	25	-2,7
2014	276	23	-4,8
2015	266	23	-3,6

Quelle: BRAK-Mitgliederstatistik (Stand zum 1.1. des jeweiligen Jahres)

10.3. Steuerberater

Tab. 10.3.1: Zahl der Steuerberater/Steuerbevollmächtigten/Steuerberatungsgesellschaften von 1962 bis 2015 °

Jahr	Steuerberater	Veränd (in %)	Steuerbevollmächtigte	Veränd. (in %)	Steuerberatungsges.	Veränd (in %)
1962	*23.919		--		162	
1965	*24.472		--		205	
1970	*25.680		--		317	
1975	*30.661		--		591	
1980	21.030		16.175		1.319	
1985	28.882	7,0	14.373	-8,1	2.600	9,8
1990	39.997	6,6	5.145	-27,2	3.901	8,6
1991	40.927	2,3	4.969	-3,5	4.059	4,1
1992	42.631	4,2	6.208	20,7	4.358	7,4
1993	43.939	3,1	6.012	-3,2	4.539	4,2
1994	45.644	3,9	5.813	-3,4	4.680	3,1
1995	47.067	3,1	5.440	-6,4	4.877	4,2
1996	49.525	5,2	5.093	-7,4	5.015	2,8
1997	51.217	3,4	4.677	-8,2	5.206	3,8
1998	53.193	3,9	4.000	-14,5	5.413	3,8
1999	55.702	4,7	3.833	-4,2	5.748	6,2
2000	57.806	3,8	3.626	-5,5	6.056	5,4
2001	59.702	3,8	3.475	-4,2	6.257	3,3
2002	60.999	2,2	3.332	-4,2	6.436	2,9
2003	63.733	4,5	3.185	-4,5	6.607	2,7
2004	65.282	2,4	3.057	-4,0	6.745	2,1
2005	66.747	2,2	2.921	-4,5	6.932	2,8
2006	68.781	3,0	2.775	-5,0	7.129	2,8
2007	69.598	1,2	2.647	-4,6	7.364	3,3
2008	70.927	1,9	**2.947	11,3	7.563	2,7
2009	73.454	3,6	2.845	-3,5	7.870	4,1
2010	75.333	2,6	2.777	-2,4	8.169	3,8
2011	77.243	2,5	2,670	-3,9	8.416	3,0
2012	78.645	1,8	2.590	-3,0	8.655	2,8
2013	79.885	1,6	2.505	-3,3	8.858	2,3
2014	80.946	1,3	2.423	-3,3	9.039	2,0
2015	82.382	1,8	2.325	-4,0	9.243	2,3

* Bis 1979 wurden Steuerberater und Steuerbevollmächtigte gesammelt unter dem Begriff „Steuerberater" ausgewiesen.

** Ab 2008 weist die Berufsstatistik der Steuerberaterkammer diese Gruppe als Steuerbevollmächtigte und Sonstige aus. „Sonstige" sind Personen gem. § 74 Abs. 2 StBerG, welche bis 2007 gesondert erfasst wurden. Aufgrund der veränderten Datenbasis ist daher die Vergleichbarkeit mit den Vorjahren nur bedingt möglich.

Quelle: Bundessteuerberaterkammer (Hrsg.): Berufsstatistik, eigene Berechnungen (Stand zum 1.1. des jeweiligen Jahres)

10.4.   Wirtschaftsprüfer

Tab. 10.4.1: Zahl der Wirtschaftsprüfer und Wirtschaftsprüfungsgesellschaften von 1980 bis 2015

Jahr	Wirtschaftsprüfer	Veränderung (in %)	Wirtschaftsprüfungs-gesellschaften	Veränderung (in %)
1961	1.590		196	
1980	3.821		651	
1981	3.955	3,5	720	10,6
1982	4.089	3,4	780	8,3
1983	4.265	4,3	811	4,0
1984	4.442	4,2	868	7,0
1985	4.637	4,4	920	6,0
1986	4.836	4,3	991	7,7
1987	5.082	5,1	1.033	4,2
1988	5.590	10,0	1.095	6,0
1989	6.006	7,4	1.181	7,9
1990	6.344	5,6	1.215	2,9
1991	6.680	5,3	1.301	7,1
1992	6.595	-1,3	1.363	4,8
1993	7.313	10,9	1.409	3,4
1994	7.617	4,2	1.471	4,4
1995	7.994	5,0	1.541	4,8
1996	8.353	4,5	1.615	4,8
1997	8.707	4,2	1.638	1,4
1998	9.156	5,2	1.759	7,3
1999	9.611	5,0	1.829	3,9
2000	9.984	3,9	1.879	2,7
2001	10.355	3,7	1.949	3,7
2002	10.881	5,1	2.032	4,3
2003	11.355	4,4	2.127	4,7
2004	11.767	3,6	2.146	0,9
2005	12.244	4,1	2.221	3,5
2006	12.578	2,7	2.318	4,3
2007	12.963	3,1	2.361	1,9
2008	13.206	1,9	2.444	3,5
2009	13.416	1,6	2.496	2,1
2010	13.619	1,5	2.540	1,8
2011	13.866	1,8	2.631	3,6
2012	14.124	1,9	2.710	3,0
2013	14.345	1,6	2.793	3,0
2014	14.390	0,3	2.821	1,0
2015	14.407	0,1	2.863	1,5

10.5.   Patentanwälte

Tab. 10.5.1: Zahl der Patentanwälte und Patentassessoren von 1994 bis 2015

Jahr	Patentanwälte	Veränd. (in %)	Patentassessoren	(Veränd.) in %
1994	1.274		1.257	
1995	1.320	3,6	1.210	-3,7
1996	1.391	5,4	1.189	-1,7
1997	1.487	6,9	1.158	-2,6
1998	1.612	8,4	1.128	-2,6
1999	1.694	5,1	1.102	-2,3
2000	1.785	5,4	1.080	-2,0
2001	1.892	6,0	1.100	1,9
2002	1.996	5,5	1.069	-2,8
2003	2.073	3,9	1.107	3,6
2004	2.151	3,8	1.123	1,4
2005	2.255	4,8	1.136	1,2
2006	2.389	5,9	1.054	-7,2
2007	2.477	3,7	1.081	2,5
2008	2.576	4,0	1.108	2,5
2009	2.693	4,5	1.111	0,3
2010	2.838	5,4	k.A.	
2011	2.956	4,2	k.A.	
2012	3.089	4,5	k.A.	
2013	3.197	3,5	k.A.	
2014	3.349	4,8	k.A.	
2015	3.444	2,8	k.A.	

Quelle: DPMA (Stand zum 1.1. des jeweiligen Jahres)

Tab. 10.5.2: Zahl der Patentanwaltsgesellschaften (§ 52c PAO) und ausländischen Mitglieder der Patentanwaltskammern (§ 154a PAO) von 2011 bis 2015

Jahr	Patentanwalts-gesellschaften	Veränd. (in %)	Ausländische Patentanwälte	(Veränd.) in %
2011	14		14	
2012	13	-7,1	16	14,3
2013	13	0,0	18	12,5
2014	13	0,0	18	0,0
2015	17	30,8	15	-16,7

Quelle: DPMA (Stand zum 1.1. des jeweiligen Jahres)

10.6.   Richter und Staatsanwälte

Tab. 10.6.1: Zahl der Richter und Staatsanwälte von 1955 bis 2012

Jahr	Richter	Veränderung (in %)	Index (Basis-jahr 1955)	Staatsanwälte	Veränderung (in %)	Index (Basis-jahr 1955)
1955	10.773		100	1.873		
1957	11.340	5,3	105	2.033	8,5	109
1959	11.502	1,4	107	2.113	3,9	113
1961	11.609	0,9	108	2.174	2,9	116
1963	12.145	4,6	113	2.173	0,0	116
1965	12.247	0,8	114	2.392	10,1	128
1967	12.620	3,0	117	2.590	8,3	138
1969	12.798	1,4	119	2.715	4,8	145
1971	12.954	1,2	120	2.709	-0,2	145
1973	13.326	2,9	124	2.814	3,9	150
1975	14.054	5,5	130	2.999	6,6	160
1977	14.765	5,1	137	3.233	7,8	173
1979	15.532	5,2	144	3.328	2,9	178
1981	16.657	7,2	155	3.593	8,0	192
1983	16.922	1,6	157	3.680	2,4	196
1985	17.031	0,6	158	3.646	-0,9	195
1987	17.380	2,0	161	3.725	2,2	199
1989	17.672	1,7	164	3.725	0,0	199
1991	19.115	8,2	177	3.887	4,3	208
1993*	20.668	8,1	192	4.920	26,6	263
1995	22.134	7,1	205	5.375	9,2	287
1996	20.999	-5,1	195	5.211	-3,1	278
1998	20.969	-0,1	195	4.998	-4,1	267
2000	20.880	-0,4	194	5.044	0,9	269
2002	20.901	0,1	194	5.150	2,1	275
2004	20.395	-2,4	189	5.106	-0,9	273
2006	20.138	-1,3	187	5.084	-0,4	271
2008	20.101	-0,2	187	5.122	0,7	273
2010	20.411	1,5	189	5.246	2,4	280
2012	20.382	-0,2	189	5.232	-0,3	277

* ab 1993 einschließlich der neuen Bundesländer

Quelle: BMJ-Richterstatistik, Statistisches Bundesamt, Zahlen für die Rechtspflege

10.7.   **Rechtsanwälte im Vergleich mit benachbarten Berufen**

Abb. 10.7.1: Zahl der Notare, Rechtsanwälte, Steuerberater, Wirtschaftsprüfer, Richter und Staatsanwälte von 1989 bis 2012 im Vergleich

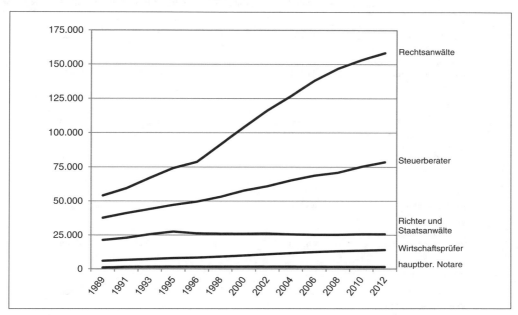

Tab. 10.7.1: Zahl der Rechtsanwälte und Richter von 1885 bis 2012 im Vergleich

Jahr	Rechtsanwälte	Verhältnis	Richter
1885	4.536	0,6 : 1	7.078
1895	5.795	0,8 : 1	7.600
1905	7.835	0,9 : 1	8.806
1915	13.024	1,2 : 1	10.714
1925	13.578	1,4 : 1	9.475
1933*	18.047	1,8 : 1	10.069
1955	16.824	1,7 : 1	10.773
1965	19.796	1,6 : 1	12.247
1975	26.854	1,9 : 1	14.054
1985	46.933	2,8 : 1	17.031
1995**	74.291	3,4 : 1	22.134
2004	126.793	6,2 : 1	20.395
2006	138.104	6,9 : 1	20.138
2008	146.910	7,3 : 1	20.101
2010	153.251	7,5 : 1	20.411
2012	158.426	7,7 : 1	20.382

* Zahl der Rechtsanwälte 1932 ** ab 1995 einschließlich der neuen Bundesländer

Quelle: BMJ-Richterstatistik, BRAK-Statistik, Statistisches Bundesamt, Zahlen für die Rechtspflege

Tab. 10.7.2: In der Rechtsberatung, Steuerberatung, Wirtschafts- und Buchprüfung sowie Buchführung tätige Unternehmen nach Rechtsform von 2003 bis 2013 °

	Unternehmen insgesamt	Einzelunternehmen	Personengesellschaften	Kapitalgesellschaften	sonst. Rechtsformen
2003					
Rechtsberatung	39.046	28.460	10.377	165	44
Wirtschafts- und Buchprüfung / Steuerberatung / Buchführung	41.595	30.149	5.289	5.985	172
2005					
Rechtsberatung	42.836	31.986	10.613	186	52
Wirtschafts- und Buchprüfung / Steuerberatung / Buchführung	43.572	30.774	5.825	6.865	108
2007					
Rechtsberatung	46.220	34.320	11.498	275	127
Wirtschafts- und Buchprüfung / Steuerberatung / Buchführung	45.771	32.375	6.082	7.153	162
2009					
Rechtsberatung	48.326	36.713	10.622	508	484
Wirtschafts- und Buchprüfung / Steuerberatung / Buchführung	47.074	33.710	5.992	7.007	365
2011					
Rechtsberatung	50.683	39.304	10.066	522	791
Wirtschafts- und Buchprüfung / Steuerberatung / Buchführung	50.129	35.240	6.706	7.812	372
2012					
Rechtsberatung	52.075	39.132	10.643	560	1.741
Wirtschafts- und Buchprüfung / Steuerberatung / Buchführung	50.465	35.057	6.694	7.986	728
2013					
Rechtsberatung	53.161	39.471	10.474	745	2.472
Wirtschafts- und Buchprüfung / Steuerberatung / Buchführung	51.204	34.717	6.819	8.606	1.062

Quelle: Statistisches Bundesamt, Strukturerhebungen im Dienstleistungsbereich, Fachserie 9, Reihe 2, 2003 bis 2013

11

Geschäftsentwicklung der Gerichte

- Ordentliche Gerichtsbarkeit
- Fachgerichtsbarkeiten

11 Geschäftsentwicklung der Gerichte

Kapitel 11 dokumentiert die Geschäftsentwicklung der staatlichen Gerichte in der Bundesrepublik Deutschland seit dem Jahr 2000. Der Aufbau des Kapitels orientiert sich an der Unterteilung der Gerichtsbarkeiten in die ordentlichen Gerichte und die Fachgerichtsbarkeiten (Arbeits-, Sozial-, Verwaltungs- und Finanzgerichtsbarkeit). Deutlich wird, dass sich immer mehr Rechtsanwälte eine geringer werdende Zahl an Gerichtsverfahren „teilen" müssen und demnach die forensische Praxis, die das Berufsbild des Rechtsanwalts traditionell prägt, immer weiter an Bedeutung verliert.

11.1 Ordentliche Gerichte

Bei den ordentlichen Gerichten sind die jährlichen Neuzugänge über einen Betrachtungszeitraum von vierzehn Jahren insgesamt rückläufig.

Bei den Amtsgerichten, deren Geschäftsanfall sich im Kern aus Verfahren in Zivilprozess-, Familien-, Straf- und Bußgeldsachen speist (**Tab. 11.1.1**), sind keine einheitlichen Entwicklungslinien festzustellen: Die Zahl der Neuzugänge in den beiden für den größten Geschäftsanfall verantwortlichen Teilbereichen – Zivilprozess- und Strafsachen – sind seit der Jahrtausendwende jeweils um fast ein Viertel zurückgegangen. Ausgehend von einem niedrigeren Niveau, hat hingegen die Zahl der Familiensachen um mehr als 20% zugenommen. Die Zahl der Bußgeldverfahren ist weitgehend stabil geblieben. Auch vor den Landgerichten ist die Zahl der erstinstanzlichen Zivilprozessverfahren rückläufig, wenngleich mit knapp 20% nicht ganz so stark wie vor den Amtsgerichten (**Tab. 11.1.2**). Die Zahl der erstinstanzlichen Strafverfahren ist hingegen kaum Schwankungen unterworfen (**Tab. 11.1.2**).

Besonders stark zurückgegangen ist seit dem Jahr 2000 die Zahl der Berufungen vom Amts- zum Landgericht, nämlich um mehr als 40%. Die Zahl der Rechtsmittelverfahren in Strafsachen ist zwar zuletzt ebenfalls – leicht – zurückgegangen, bewegt sich aber insgesamt auf einem relativ stabilen Niveau (**Tab. 11.1.3**). Ein gemischtes Bild zeigt sich bei den Oberlandesgerichten: Die zahlenmäßig bedeutendste Verfahrensart, Revisionen in Zivilprozesssachen, hat um fast ein Viertel abgenommen. Die Zahl der Rechtsmittelverfahren in Familien- und Strafsachen hat hingegen leicht, in Bußgeldsachen etwas stärker zugenommen (**Tab. 11.1.5**).

11.2 Fachgerichte

Die Geschäftsentwicklung der Fachgerichte ist in besonderem Maße von wirtschaftlichen oder gesellschaftlichen Einflüssen geprägt: Wirtschaftliche Krisen führen zu mehr Kündigungsstreitigkeiten vor den Arbeitsgerichten oder zu mehr gerichtlichen Auseinandersetzungen über Transferleistungen vor den Sozialgerichten. Flüchtlingsströme wirken sich durch mehr gerichtliche Asylverfahren auf die Verwaltungsgerichte aus. Aus diesem Grund ist die Zahl der Verfahren vor den Fachgerichten ausgeprägteren Schwankungen unterworfen als vor den ordentlichen Gerichten und stets in den Kontext äußerer Einwirkungen zu stellen. Wellenförmig haben sich über die letzten 15 Jahre die Eingangszahlen bei den

Sozialgerichten entwickelt (**Tab. 11.2.3**): Lagen sie um die Jahrtausendwende auf relativ niedrigem Niveau, erreichten sie 2010 einen vorläufigen Höchstwert, um seitdem wieder leicht zurückzugehen. Die Zahl der erstinstanzlichen Verfahren vor den Verwaltungsgerichten nimmt hingegen nach einer Dekade stark rückläufiger Eingangszahlen – von 2000 bis 2010 war ein Minus von einem Drittel zu verzeichnen – seit einigen Jahren wieder merklich zu (**Tab. 11.2.1**). Gegenläufig ist die Entwicklung in der Arbeits- und Finanzgerichtsbarkeit. Nach einem Höchstwert an erstinstanzlichen Urteilsverfahren vor den Arbeitsgerichten im Jahr 2003 ist ihre Zahl um mehr als 40 % zurückgegangen (**Tab. 11.2.3**). Fast halbiert hat sich seit der Jahrtausendwende die Zahl der finanzgerichtlichen Verfahren (**Tab. 11.2.4**).

11.1. Geschäftsentwicklung in der ordentlichen Gerichtsbarkeit

Tab. 11.1.1: Neuzugänge bei den Amtsgerichten von 2000 bis 2014

Jahr	Zivilprozesssachen	Familiensachen	Strafverfahren	Bußgeldverfahren
2000	1.452.245	524.845	840.325	366.397
2001	1.421.404	570.912	842.317	345.271
2002	1.443.584	565.348	856.238	352.519
2003	1.500.905	573.690	883.296	369.360
2004	1.498.767	554.797	896.199	387.529
2005	1.400.724	521.769	874.703	405.522
2006	1.314.738	539.546	839.802	382.716
2007	1.263.012	539.783	843.340	382.911
2008	1.272.658	562.448	826.559	366.736
2009	1.243.951	*374.292	803.465	376.774
2010	1.213.093	692.298	776.447	391.460
2011	1.119.758	668.247	770.532	383.070
2012	1.150.663	655.486	727.112	357.863
2013	1.138.419	650.309	700.679	347.667
2014	1.107.028	n.v.	679.438	351.571

* Familiensachen 2009: Werte ohne 4. Quartal 2009

Quelle: Statistisches Bundesamt, Rechtspflege, Zivilgerichte / Familiengerichte / Strafgerichte Fachserie 10 Reihe 2.1/2.2/2.3

Tab. 11.1.2: Neuzugänge bei den Landgerichten in der ersten Instanz von 2000 bis 2014

Jahr	Zivilprozesssachen	Strafverfahren
2000	415.036	13.836
2001	402.682	13.463
2002	412.924	14.417
2003	426.829	14.636
2004	439.974	14.338
2005	424.525	14.528
2006	381.014	14.288
2007	373.331	14.120
2008	366.276	13.725
2009	368.692	14.204
2010	372.150	14.071
2011	372.605	14.139
2012	355.623	13.890
2013	358.792	13.350
2014	332.044	12.932

Quelle: Statistisches Bundesamt, Rechtspflege, Zivilgerichte / Strafgerichte Fachserie 10 Reihe 2.1/2.3

Tab. 11.1.3: Neuzugänge bei den Landgerichten in Rechtsmittelverfahren von 2000 bis 2014

Jahr	Zivilprozesssachen	Strafverfahren
2000	93.687	55.576
2001	88.450	53.821
2002	75.134	55.423
2003	70.742	56.360
2004	70.790	57.625
2005	66.835	57.335
2006	63.964	56.021
2007	60.560	54.449
2008	61.346	54.773
2009	59.794	52.344
2010	60.179	51.879
2011	59.677	51.371
2012	57.482	48.861
2013	55.474	47.254
2014	54.981	45.943

Quelle: Statistisches Bundesamt, Rechtspflege, Zivilgerichte / Strafgerichte Fachserie 10 Reihe 2.1/2.3

Tab. 11.1.4: Neuzugänge bei den Oberlandesgerichten in der ersten Instanz von 2000 bis 2014

Jahr	Strafverfahren
2000	22
2001	13
2002	16
2003	17
2004	11
2005	13
2006	9
2007	20
2008	16
2009	12
2010	17
2011	28
2012	14
2013	24
2014	17

Quelle: Statistisches Bundesamt, Rechtspflege, Strafgerichte Fachserie 10 Reihe 2.3

Tab. 11.1.5: Neuzugänge bei den Oberlandesgerichten in Rechtsmittelverfahren von 2000 bis 2014

Jahr	Zivilprozesssachen	Familiensachen	Strafverfahren	Bußgeldverfahren
2000	63.749	26.373	5.666	7.049
2001	63.781	27.411	5.307	6.616
2002	56.645	26.942	5.128	6.270
2003	56.793	27.582	5.509	6.864
2004	57.126	29.195	5.661	7.331
2005	57.876	27.385	5.761	8.080
2006	57.242	26.681	5.771	8.068
2007	54.516	25.757	6.104	7.950
2008	53.477	24.672	6.026	8.289
2009	53.154	*16.842	6.151	8.394
2010	53.042	26.878	6.009	10.796
2011	52.877	32.246	6.137	10.064
2012	52.560	30.178	5.948	10.177
2013	51.363	29.742	5.863	10.020
2014	49.444	n.v.	5.986	10.010

* Familiensachen 2009: Werte ohne 4. Quartal 2009

Quelle: Statistisches Bundesamt, Rechtspflege, Zivilgerichte / Familiengerichte / Strafgerichte Fachserie 10 Reihe 2.1/2.2/2.3

11.2. Geschäftsentwicklung in den Fachgerichtsbarkeiten

Tab. 11.2.1: Neuzugänge in der Verwaltungsgerichtsbarkeit in der ersten Instanz von 2000 bis 2013

Jahr	Verwaltungsgerichte	Oberverwaltungsgerichte
2000	181.485	1.432
2001	167.877	1.216
2002	184.593	1.147
2003	210.673	1.128
2004	181.766	1.178
2005	154.357	1.047
2006	138.308	1.066
2007	124.044	1.110
2008	127.735	1.129
2009	123.183	1.030
2010	123.864	826
2011	119.531	952
2012	132.789	975
2013	151.463	1.061

Quelle: Statistisches Bundesamt, Rechtspflege, Verwaltungsgerichte Fachserie 10 Reihe 2.4

Tab. 11.2.2: Neuzugänge in der Arbeitsgerichtsbarkeit von 2000 bis 2014

Jahr	Arbeitsgerichte Urteilsverfahren	Landesarbeitsgerichte Berufungsverfahren
2000	569.161	23.032
2001	598.732	21.916
2002	625.323	21.280
2003	630.666	23.571
2004	590.442	24.209
2005	523.516	23.373
2006	467.807	20.793
2007	** *454.533	19.763
2008	454.892	19.387
2009	494.512	17.913
2010	409.649	19.863
2011	404.434	19.132
2012	401.411	19.035
2013	403.486	15.632
2014	381.965	16.484

* seit 2007 einschl. der Verfahren zur Gewährung von vorläufigem Rechtsschutz; 2007 und 2008 für Bayern, Berlin und Brandenburg und 2007 bis 2009 für Hessen ohne Verfahren zur Gewährung von vorläufigem Rechtsschutz.

** seit 2007 ohne Abgaben innerhalb des Gerichts; 2007 und 2008 für Bayern, Berlin und Brandenburg und 2007 bis 2009 für Hessen einschl. Abgaben innerhalb des Gerichts.

Quelle: Statistisches Bundesamt, Rechtspflege, Arbeitsgerichte, Fachserie 10 Reihe 2.8

Tab. 11.2.3: Neuzugänge in der Sozialgerichtsbarkeit von 2000 bis 2014*

Jahr	Sozialgerichte Klageverfahren	Landessozialgerichte Berufungsverfahren
2000	258.059	25.124
2001	269.757	26.511
2002	263.912	25.588
2003	280.580	27.010
2004	296.893	28.459
2005	308.160	27.399
2006	325.215	28.542
2007	**349.390	29.309
2008	369.300	26.945
2009	387.791	25.925
2010	422.214	26.453
2011	413.821	27.608
2012	395.566	27.827
2013	392.999	27.991
2014	371.388	27.370

* wegen Neukonzeption der Statistik ab 2007 sind die Ergebnisse mit den Daten bis 2006 nur eingeschränkt vergleichbar.

** für Baden-Württemberg Angaben aus 2006; für Baden-Württemberg und Bayern Angaben nach altem Statistikkonzept.

Quelle: Statistisches Bundesamt, Rechtspflege, Sozialgerichte, Fachserie 10 Reihe 2.7

Tab. 11.2.4: Neuzugänge in der Finanzgerichtsbarkeit von 2000 bis 2013

Jahr	Finanzgerichte	Bundesfinanzhof
2000	69.160	3.403
2001	66.498	3.423
2002	65.549	3.512
2003	66.399	3.669
2004	62.811	3.461
2005	50.286	3.402
2006	48.606	3.386
2007	47.397	3.301
2008	45.294	3.394
2009	42.852	3.430
2010	42.776	3.175
2011	39.949	3.000
2012	38.840	3.016
2013	37.488	3.069

Quelle: Statistisches Bundesamt, Rechtspflege, Finanzgerichte, Fachserie 10 Reihe 2.5

Anhang 1

- In Vorausgaben enthaltene Daten

Ausgelagerte Daten der Vorausgaben des Statistischen Jahrbuchs

Tabellen-Nr. aktuelle Ausgabe	Vorausgabe	Tabellen-Nr. Vorausgabe	ausgelagerte Daten
1.1.3	2007/08	1.1.3	1861, 1870, 1919, 1921, 1923, 1924, 1925, 1926, 1927, 1928, 1929, 1930, 1931, 1932, 1933, 1935
1.1.6	2007/08	1.1.5	2004, 2005, 2006
1.2.1	2007/08	1.2.1	1971, 1972, 1973, 1974, 1976, 1977, 1978, 1979, 1981, 1982, 1983, 1984
1.4.3	2007/08	2.3.1	2005/06
	2009/10	2.3.1	2007/08
	2011/12	1.4.3	2009/10
	2013/14	1.4.3	2011/12
2.1.1	2007/08	2.4.1	1971, 1972, 1973, 1974, 1976, 1977, 1978, 1979, 1981, 1982, 1983, 1984
2.1.3	2007/08	2.4.2	1971, 1972, 1973, 1974, 1976, 1977, 1978, 1979, 1981, 1982, 1983, 1984
2.1.7	2007/08	2.4.4	1971, 1972, 1973, 1974, 1976, 1977, 1978, 1979, 1981, 1982, 1983, 1984
2.1.9	2007/08	2.4.5	1971, 1972, 1973, 1974, 1976, 1977, 1978, 1979, 1981, 1982, 1983, 1984
2.1.11	2007/08	2.4.6	1971, 1972, 1973, 1974, 1976, 1977, 1978, 1979, 1981, 1982, 1983, 1984
2.1.13	2007/08	2.4.7	1971, 1972, 1973, 1974, 1976, 1977, 1978, 1979, 1981, 1982, 1983, 1984
2.1.15	2007/08	2.4.8	1971, 1972, 1973, 1974, 1976, 1977, 1978, 1979, 1981, 1982, 1983, 1984
2.1.17	2007/08	2.4.9	1971, 1972, 1973, 1974, 1976, 1977, 1978, 1979, 1981, 1982, 1983, 1984
2.1.19	2007/08	2.4.10	1971, 1972, 1973, 1974, 1976, 1977, 1978, 1979, 1981, 1982, 1983, 1984
2.1.21	2007/08	2.4.11	1971, 1972, 1973, 1974, 1976, 1977, 1978, 1979, 1981, 1982, 1983, 1984
2.1.23	2007/08	2.4.12	1971, 1972, 1973, 1974, 1976, 1977, 1978, 1979, 1981, 1982, 1983, 1984
2.1.25	2007/08	2.4.13	1971, 1972, 1973, 1974, 1976, 1977, 1978, 1979, 1981, 1982, 1983, 1984
2.1.27	2007/08	2.4.14	1971, 1972, 1973, 1974, 1976, 1977, 1978, 1979, 1981, 1982, 1983, 1984
2.1.29	2007/08	2.4.15	1971, 1972, 1973, 1974, 1976, 1977, 1978, 1979
2.1.33	2007/08	2.4.17	1971, 1972, 1973, 1974, 1976, 1977, 1978, 1979, 1981, 1982, 1983, 1984
2.1.35	2007/08	2.4.18	1971, 1972, 1973, 1974, 1976, 1977, 1978, 1979, 1981, 1982, 1983, 1984
2.1.37	2007/08	2.4.19	1971, 1972, 1973, 1974, 1976, 1977, 1978, 1979, 1981, 1982, 1983, 1984
2.1.39	2007/08	2.4.20	1971, 1972, 1973, 1974, 1976, 1977, 1978, 1979, 1981, 1982, 1983, 1984

Tabellen-Nr. aktuelle Ausgabe	Vorausgabe	Tabellen-Nr. Vorausgabe	ausgelagerte Daten
2.1.47	2007/08	2.4.24	1971, 1972, 1973, 1974, 1976, 1977, 1978, 1979, 1981, 1982, 1983, 1984
2.1.51	2007/08	2.4.26	1971, 1972, 1973, 1974, 1976, 1977, 1978, 1979, 1981, 1982, 1983, 1984
2.1.53	2007/08	2.4.27	1971, 1972, 1973, 1974, 1976, 1977, 1978, 1979, 1981, 1982, 1983, 1984
2.2.1	2007/08	2.2.1	2006
	2009/10	2.2.1	2008
	2011/12	2.2.1	2010
	2013/14	2.2.1	2012
3.1.1	2007/08	3.1.1	1971, 1972, 1973, 1974, 1976, 1977, 1978, 1979
3.2.2	2007/08	3.2.2	2007
	2009/10	3.2.2	2009
	2011/12	3.2.2	2011
	2013/14	3.2.2	2013
3.2.3	2011/12	3.2.3	2011
	2013/14	3.2.3	2013
3.2.4 - 8	2007/08	3.2.3 – 6	2007
	2009/10	3.2.3 – 6	2009
	2011/12	3.2.4 – 7	2011
	2013/14	3.2.4 – 7	2013
3.2.10	2007/08	3.2.8	1971, 1972, 1973, 1974
3.3.1	2007/08	3.3.1	1971, 1972, 1973, 1974, 1986, 1987, 1988, 1989
4.2.2	2009/10	4.2.3	1999, 2004, 2009
	2011/12	4.2.2	2001, 2006, 2011
	2013/14	4.2.2	2003, 2008, 2013
6.1.1	2007/08	6.1.1	1976/1977, 1977/1978, 1978/1979, 1979/1980
6.1.5	2007/08	6.1.4	1971, 1972, 1973, 1974
6.1.13	2007/08	6.1.9	1995, 1996, 1997, 1989, 1999
6.2.1	2007/08	6.2.1	1976, 1977, 1978, 1979
7.3.4	2011/12	7.2.4	2007, 2008, 2009
	2013/14	7.3.4	2007, 2009, 2011
7.3.5	2009/10	7.2.5	2007
	2011/12	7.3.5	2009
	2013/14	7.3.5	2012

Tabellen-Nr. aktuelle Ausgabe	Vorausgabe	Tabellen-Nr. Vorausgabe	ausgelagerte Daten
7.4.2	2007/08	7.3.2	2006
	2009/10	7.3.2	2008
	2011/12	7.4.2	2010
7.4.5.	2011/12	7.4.5	2010
	2013/14	7.4.5	2012
7.5.3	2007/08	7.4.3	2006
	2009/10	7.4.3	2008
	2011/12	7.5.3	2010
	2013/14	7.5.3	2012
8.5.2	2007/08	8.4.2	2005, 2006
8.5.9.	2011/12	8.4.8	2005, 2006, 2007, 2008, 2009, 2010
	2013/14	8.5.8	2011, 2012
8.5.13	2011/12	8.4.12	2005, 2006, 2007, 2008, 2009, 2010
	2013/14	8.5.12	2011, 2012
8.7.1	2007/08	8.5.1	1980, 1982, 1984, 1986, 1988
8.7.2	2007/08	8.5.2	1991
8.7.3	2007/08	8.5.3	2000, 2001
9.3.1	2007/08	9.3.1	2004, 2005
10.1.1	2007/08	10.1.1	1972, 1974, 1976, 1978, 1980, 1982, 1984, 1986
10.3.1	2007/08	10.3.1	1981, 1982, 1983, 1984, 1986, 1987, 1988, 1989
10.7.2	2007/08	10.6.2	2004

Anhang 2

- Adressen der Rechtsanwaltskammern
- Adressen der Landesverbände im DAV
- Adressen der Anwaltsgerichtshöfe

Adressen der Bundesrechtsanwaltskammer und der regionalen Rechtsanwaltskammern

Bundesrechtsanwaltskammer:

- **Bundesrechtsanwaltskammer**
  Präsident: RA Ekkehart Schäfer
  Littenstraße 9
  10179 Berlin
  Telefon 030 / 284939 - 0
  Telefax 030 / 284939 - 11
  E-Mail: zentrale@brak.de

- **Bundesrechtsanwaltskammer**
  85, Avenue des Nerviens, bte 9
  1150 Brüssel / Belgien
  Telefon 0032 /(2) 7438646
  Telefax 0032 /(2) 7438656
  E-Mail: brak.bxl@brak.eu

Regionale Rechtsanwaltskammern:

- **Rechtsanwaltskammer bei dem Bundesgerichtshof**
  Präsidentin: RAin Dr. Brunhilde Ackermann
  Herrenstraße 45 a
  76133 Karlsruhe
  Telefon 0721 / 22656
  Telefax 0721 / 2031403
  E-Mail: kontakt@rak-bgh.de

- **Rechtsanwaltskammer Bamberg**
  Präsident: RA Dr. Lothar Schwarz
  Friedrichstraße 7
  96047 Bamberg
  Telefon 0951 / 98620 - 0
  Telefax 0951 / 203503
  E-Mail: info@rakba.de

- **Rechtsanwaltskammer Berlin**
  Präsident: RA Dr. Marcus Mollnau
  Littenstraße 9
  10179 Berlin
  Telefon 030 / 306931 - 0
  Telefax 030 / 306931 - 99
  E-mail: info@rak-berlin.de

- **Brandenburgische Rechtsanwaltskammer**
  Präsident: RA Dr. Frank Engelmann
  Grillendamm 2
  14776 Brandenburg an der Havel
  Telefon 03381 / 2533 - 0
  Telefax 03381 / 2533 - 23
  E-Mail: info@rak-brb.de

- **Rechtsanwaltskammer
  für den Oberlandesgerichtsbezirk Braunschweig**
  Präsident: RAuN Michael Schlüter
  Bruchtorwall 12
  38100 Braunschweig
  Telefon 0531/12335 - 0
  Telefax 0531/12335 - 66
  E-Mail: info@rak-braunschweig.de

- **Hanseatische Rechtsanwaltskammer Bremen**
  Präsident: RA Jan Busing
  Knochenhauerstraße 36 / 37
  28195 Bremen
  Telefon 0421 / 16897 - 0
  Telefax 0421 / 16897 - 20
  E-Mail: kontakt@rak-bremen.de

- **Rechtsanwaltskammer für den Oberlandesgerichtsbezirk Celle**
  Präsident: RA Dr. Thomas Remmers
  Bahnhofstraße 5
  29221 Celle
  Telefon 05141 / 9282 - 0
  Telefax 05141 / 9282 - 42
  E-Mail: info@rakcelle.de

- **Rechtsanwaltskammer Düsseldorf**
  Präsident: RA Herbert Schons
  Freiligrathstraße 25
  40479 Düsseldorf
  Telefon 0211 / 49502 - 0
  Telefax 0211 / 49502 - 28
  E-Mail: info@rechtsanwaltskammer-duesseldorf.de

- **Rechtsanwaltskammer Frankfurt**
  Präsident: RA Dr. Michael Griem
  Bockenheimer Anlage 36
  60322 Frankfurt
  Telefon 069 / 170098 - 01
  Telefax 069 / 170098 - 50 (od. -51)
  E-Mail: info@rechtsanwaltskammer-ffm.de

- **Rechtsanwaltskammer Freiburg**
  Präsident: RA Dr. Michael Krenzler
  Gartenstraße 21
  79098 Freiburg im Breisgau
  Telefon 0761 / 32563
  Telefax 0761 / 286261
  E-Mail: info@rak-freiburg.de

- **Hanseatische Rechtsanwaltskammer Hamburg**
  Präsident: RA Otmar Kury LL.M.
  Bleichenbrücke 9
  20354 Hamburg
  Telefon 040 / 357441 - 0
  Telefax 040 / 357441 - 41
  E-Mail: info@rechtsanwaltskammerhamburg.de

- **Rechtsanwaltskammer für den Oberlandesgerichtsbezirk Hamm**
  Präsident: RA Dr. Ulrich Wessels
  Ostenallee 18
  59063 Hamm
  Telefon 02381 / 9850-00
  Telefax 02381 / 9850-50
  E-Mail: info@rak-hamm.de

- **Rechtsanwaltskammer Karlsruhe**
  Präsident: RA André Haug
  Reinhold-Frank-Straße 72
  76133 Karlsruhe
  Telefon 0721 / 25340
  Telefax 0721 / 26627
  E-Mail: info@rak-karlsruhe.de

- **Rechtsanwaltskammer Kassel**
  Präsident: RAuN Heinrich A. Dilcher
  Karthäuserstraße 5 a
  34117 Kassel
  Telefon 0561 / 788098 - 0
  Telefax 0561 / 788098 - 11
  E-Mail: rak@rechtsanwaltskammer-kassel.de

- **Rechtsanwaltskammer Koblenz**
  Präsident: RA JR Gerhard Leverkinck
  Rheinstraße 24
  56068 Koblenz
  Telefon: 0261 / 30335 - 0
  Telefax: 0261 / 30335 - 22 (od. -66)
  E-Mail: info@rakko.de

- **Rechtsanwaltskammer Köln**
  Präsident: RA Peter Blumenthal
  Riehler Straße 30
  50668 Köln
  Telefon 0221 / 973010 - 0
  Telefax 0221 / 973010 - 50 (od. -55)
  E-Mail: kontakt@rak-koeln.de

- **Rechtsanwaltskammer Mecklenburg-Vorpommern**
  Präsident: RA Stefan Grasshoff
  Arsenalstraße 9
  19053 Schwerin
  Telefon 0385 / 511960 - 0
  Telefax 0385 / 511960 - 99
  E-Mail: info@RAK-MV.de

- **Rechtsanwaltskammer für den Oberlandesgerichtsbezirk München**
  Präsident: RA Michael Then
  Tal 33
  80331 München
  Telefon 089/53 29 44-0
  Telefax 089/53 29 44-28
  E-Mail: info@rak-muenchen.de

- **Rechtsanwaltskammer Nürnberg**
  Präsident: RA Hans Link
  Fürther Straße 115
  90429 Nürnberg
  Telefon 0911 / 92633 - 0
  Telefax 0911 / 92633 - 33
  E-Mail: info@rak-nbg.de

- **Rechtsanwaltskammer für den Oberlandesgerichtsbezirk Oldenburg**
  Präsident: RAuN Fritz Graf
  Staugraben 5
  26122 Oldenburg
  Telefon 0441 / 92543 - 0
  Telefax 0441 / 92543 - 29
  E-Mail: info@rak-oldenburg.de

- **Rechtsanwaltskammer des Saarlandes**
  Präsident: RA Raimund Hübinger
  Am Schloßberg 5
  66119 Saarbrücken
  Telefon 0681 / 588280
  Telefax 0681 / 581047
  E-Mail: zentrale@rak-saar.de

- **Rechtsanwaltskammer Sachsen**
  Präsident: RA Dr. Detlef Haselbach
  Glacisstr. 6
  01099 Dresden
  Telefon 0351 / 318590
  Telefax 0351 / 3360899
  E-Mail: info@rak-sachsen.de

- **Rechtsanwaltskammer des Landes Sachsen-Anhalt**
  Präsident: RA Dr. Michael Moeskes
  Gerhart-Hauptmann-Str. 5
  39108 Magdeburg
  Telefon 0391 / 25272 - 10
  Telefax 0391 / 25272 - 03
  E-Mail: info@rak-sachsen-anhalt.de

- **Schleswig-Holsteinische Rechtsanwaltskammer**
  Präsident: RA Dr. Michael Purrucker
  Gottorfstraße 13
  24837 Schleswig
  Telefon 04621 / 93 91 - 0
  Telefax 04621 / 93 91 - 26
  E-Mail: info@rak-sh.de

- **Rechtsanwaltskammer Stuttgart**
  Präsidentin: RAin Ulrike Paul
  Königstr. 14
  70173 Stuttgart
  Telefon 0711 / 222155-0
  Telefax 0711 / 222155-11
  E-Mail: info@rak-stuttgart.de

- **Rechtsanwaltskammer Thüringen**
  Präsident: RA Jan Helge Kestel
  Bahnhofstraße 46
  99084 Erfurt
  Telefon 0361 / 65488 - 0
  Telefax 0361 / 65488 - 20
  E-Mail: info@rak-thueringen.de

- **Rechtsanwaltskammer Tübingen**
  Präsident: RA Hans-Christoph Geprägs
  Christophstraße 30
  72072 Tübingen
  Telefon 07071 / 79369 - 10
  Telefax 07071 / 79369 - 11
  E-Mail: info@rak-tuebingen.de

- **Pfälzische Rechtsanwaltskammer Zweibrücken**
  Präsident: RA Dr. Thomas Seither
  Landauer Straße 17
  66482 Zweibrücken
  Telefon 06332 / 8003 - 0
  Telefax 06332 / 8003 - 19
  E-Mail: zentrale@rak-zw.de

Adressen des Deutschen Anwaltvereins und der Landesverbände im DAV

- **Geschäftsstelle des DAV:**
  Präsident: RAuN Ulrich Schellenberg
  Littenstraße 11
  10179 Berlin
  Telefon 030 / 726152 - 0
  Telefax 030 / 726152 - 190, - 194, - 195, - 196
  E-Mail: dav@anwaltverein.de
  Internet: www.anwaltverein.de

- **Büro Brüssel:**
  Avenue de la Joyeuse Entrée 1
  B-1040 Brüssel
  Telefon 0032 / 2 / 28028 - 12
  Telefax 0032 / 2 / 28028 - 13
  E-Mail: bruessel@anwaltverein.de

- **Anwaltsverband Baden-Württemberg im Deutschen Anwaltverein e.V.**
  Vorsitzender: RA Prof. Dr. Peter Kothe
  Postfach 12 21
  70808 Korntal-Münchingen
  Telefon 0711 / 2365963
  Telefax 0711 / 2552655
  Internet: www.av-bw.de
  E-Mail: info@av-bw.de

- **Bayerischer Anwaltverband**
  Präsident: RA Michael Dudek
  Maxburgstraße 4/C 142
  80333 München
  Telefon 089 / 211128 - 40
  Telefax 089 / 211128 - 50
  E-Mail: info@bayerischer-anwaltverband.de
  Internet: www.bayerischer-anwaltverband.de

- **Berliner Anwaltsverein e.V.**
  Vorsitzender: RA Uwe Freyschmidt
  Littenstraße 11
  10179 Berlin
  Telefon 030 / 251 - 3846
  Telefax 030 / 251 - 3263
  E-Mail: mail@berliner-anwaltsverein.de
  Internet: www.berliner-anwaltsverein.de

- **Anwaltverband Brandenburg im Deutschen Anwaltverein e.V.**
  Vorsitzender: RA Dr. Frank-W. Hülsenbeck
  Jägerallee 10-12
  Justizzentrum Raum N 014
  14469 Potsdam
  Telefon 0331 / 2017 - 1026
  Telefax 0331 / 2017 – 1039

- **Landesverband Bremen (im Deutschen Anwaltverein)**
  Vorsitzende: RAin Britta von Döllen-Korgel
  Postfach 10 69 45
  28069 Bremen
  Telefon 0421 / 32 17 78
  Telefax 0421 / 94 99 676
  E-Mail: info@anwaltsverein-bremen.de
  Internet : www.anwaltsverein-bremen.de

- **Hamburgischer Anwaltverein e.V.**
  Vorsitzender: Andreas Schulte
  Sievekingplatz 1/Zi. B 200
  20355 Hamburg
  Telefon 040 / 611635 - 0
  Telefax 040 / 354231
  E-Mail: info@hav.de
  Internet: www.hav.de

- **Landesverband Hessen im Deutschen Anwaltverein e.V.**
  Vorsitzender: RAuN Peter Schirmer
  Mainzer Straße 124
  65185 Wiesbaden
  Telefon 0611 / 3413183 - 7
  Telefax 0611 / 3413183 - 8
  E-Mail: lvhessen.dav@t-online.de
  Internet: www.anwaltsverband-hessen.de

- **Landesverband Mecklenburg-Vorpommern**
  Vorsitzender: RA Martin Lorentz
  Platz der Freiheit 7a
  19053 Schwerin
  Telefon 0385 / 79 56 01
  Telefax 0385 / 75 87 84 - 3
  E-Mail: lorentz@die-verteidiger.de
  Internet: http://mv.lv.dav.de

- **Niedersächsischer Anwalt- und Notarverband im Deutschen Anwaltverein e.V.**
  Präsident: RA Uwe Kappmeyer
  Geschäftsstelle c/o Mahne I Germann
  Leisewitzstraße 28
  30175 Hannover
  Telefon 0511 / 8 56 09 - 0
  Telefax 0511 / 8 56 09 – 11
  E-Mail: nds@mahne-germann.de

- **Landesverband Nordrhein-Westfalen im Deutschen Anwaltverein**
  Vorsitzender: RA Jürgen Widder
  c/o Amts- und Landgericht Düsseldorf
  Werdener Straße 1
  Zimmer E 302
  40227 Düsseldorf
  Telefon 0211 / 73 77 89 80
  Telefax 0221 / 13 43 43
  E-Mail : duesseldorfer-anwaltverein@t-online.de
  Internet: http://nrw.lv.dav.de

- **Rheinland-Pfälzischer Anwaltsverband im Deutschen Anwaltverein**
  Vorsitzender: RA Hans Jürgen Merk
  Rheingrafenstr. 5
  55543 Bad Kreuznach
  Telefon 0671 / 79 67 52 - 0
  Telefax 0631 / 79 67 5225
  E-Mail: merk@merk-anwaelte.de

- **Saarländischer Anwaltverein e.V.**
  Vorsitzender: RA Olaf Jaeger
  c/o Landgericht Saarbrücken
  Zimmer 143
  Franz-Josef-Röder-Str. 15
  66119 Saarbrücken
  Telefon 0681 / 5 12 02
  Telefax 0681 / 5 12 59
  E-Mail: info@saaranwalt.de
  Internet: www.saaranwalt.de

- **Anwaltverband Sachsen im Deutschen Anwaltverein**
  Präsident: RA Dr. Daniel Fingerle
  Ferdinand-Lasalle-Str. 22
  04109 Leipzig
  Tel.: 0341 / 99 75 20
  Fax: 0341 / 99 75 21 - 5
  E-Mail: info@anwaltverband-sachsen.de
  Internet: www.anwaltverband-sachsen.de

- **Landesanwaltverein Sachsen-Anhalt**
  Vorsitzender: RA Oliver Lentze
  Justizzentrum Anhalt, Zi. 344
  Willy-Lohmann-Straße 29
  06844 Dessau-Roßlau
  Telefon 0340 / 20214 - 88
  Telefax 0340 / 20214 - 87
  E-Mail: lav-lsa@web.de
  Internet: www.lav-lsa.de

- **Schleswig-Holsteinischer Anwalts- und Notarverband e.V.**
  Vorsitzender: RAuN Andreas Bothe
  Breite Str. 40-44
  25524 Itzehoe
  Telefon 04821 / 68 18 - 0
  Telefax 04821 / 68 18 18
  E-Mail: bothe@rickers-priebe.de
  Internet: www.rickers-priebe.de

- **Thüringer Anwaltsverband e.V.**
  Vorsitzender: RA Marcello Di Stefano
  Jonny-Schehr-Str. 1
  99085 Erfurt
  Telefon 0361 / 65 92 80
  Telefax 0361 / 65 92 866
  E-Mail: vorsitzender@anwaltsverband-thueringen.org
  Internet : www.anwaltsverband-thueringen.org

Adressen der Anwaltsgerichtshöfe

- **Arbeitsgemeinschaft der Präsidentinnen und Präsidenten der Anwaltsgerichtshöfe Deutschlands**
  Vorsitzende: RAin Dr. Doris Geiersberger
  c/o Rechtsanwälte Geiersberger Glas & Partner
  Doberaner Straße 10-12
  18057 Rostock

- **Anwaltsgerichtshof Baden-Württemberg**
  Präsident: RA Prof. Dr. Christian Kirchberg
  Olgastraße 2
  70182 Stuttgart

- **Bayerischer Anwaltsgerichthof**
  Präsidentin: RAin Irina Lindenberg-Lange
  Prielmayerstraße 5
  80097 München

- **Anwaltsgerichtshof Berlin**
  Präsidentin: RAin Dr. Catharina Kunze
  Elßholzstraße 30/33
  10781 Berlin

- **Anwaltsgerichtshof Brandenburg an der Havel**
  Präsident: RA Uwe Böhrensen
  Gertrud-Piter-Platz 11
  14770 Brandenburg an der Havel

- **Anwaltsgerichtshof Bremen**
  Präsident: RA Joachim Wendisch
  Sögestraße 62-64
  28195 Bremen

- **Anwaltsgerichtshof in der Freien und Hansestadt Hamburg**
  Präsident: RA Dr. Kay Soehring
  Sievekingplatz 2
  20355 Hamburg

- **Hessischer Anwaltsgerichtshof**
  Präsident: RA Prof. Dr. Jürgen Taschke
  Zeil 42
  60313 Frankfurt am Main

- **Anwaltsgerichtshof Mecklenburg-Vorpommern**
  Präsidentin: RAin Dr. Doris Geiersberger
  Wallstraße 3
  18055 Rostock

- **Niedersächsischer Anwaltsgerichtshof**
  Präsident: RA Christian Propfe
  Schloßplatz 2
  29221 Celle

- **Anwaltsgerichtshof Nordrhein-Westfalen**
  Präsident: RA Peter Lungerich
  Heßler Straße 53
  59065 Hamm

- **Anwaltsgerichtshof Rheinland-Pfalz**
  Präsident: RA JR Wolfgang Gaube
  Stresemannstraße 1
  56068 Koblenz

- **Saarländischer Anwaltsgerichtshof**
  Präsident: RA Dr. Herbert Ruland
  Franz-Josef-Röder-Straße 15
  66119 Saarbrücken

- **Sächsischer Anwaltsgerichtshof**
  Präsident: RA Dr. Matthias Aldejohann
  Schloßplatz 1
  01067 Dresden

- **Anwaltsgerichtshof Sachsen-Anhalt**
  Präsident: RA Karl Meinzenbach
  Domplatz 10
  06618 Naumburg

- **Schleswig-Holsteinischer Anwaltsgerichtshof**
  Präsidentin: RAin Birgitta Brunner
  Gottorfstraße 2
  24837 Schleswig

- **Thüringischer Anwaltsgerichtshof**
  Präsident: RA Tibor Szabó
  Rathenaustraße 13
  07745 Jena

Über das Soldan Institut

Das Soldan Institut wurde im Jahr 2002 gegründet. Getragen wird es von dem gemeinnützigen Soldan Institut für Anwaltmanagement e.V. Das unabhängige Forschungsinstitut wird seit seiner Gründung von der Hans Soldan Stiftung finanziell unterstützt.

Ziel des Instituts ist die Erforschung der Strukturentwicklung der Anwaltschaft und der sich hieraus ergebenden Bedingungen für ein erfolgreiches und zukunftsorientiertes Management von Anwaltskanzleien und für eine evidenz-basierte Normsetzung im Bereich des anwaltlichen Berufsrechts.

Das Soldan Institut dokumentiert den Stand der Anwaltforschung auf nationaler und internationaler Ebene. Es betreibt eigene empirische Forschung insbesondere zu Fragen der Struktur der Anwaltschaft, der Ausrichtung von Anwaltskanzleien und zum Rechtsdienstleistungsmarkt.

Die Ergebnisse dieser Forschung werden Rechtsanwältinnen und Rechtsanwälten, den einschlägigen Institutionen der deutschen Anwaltschaft (Bundesrechtsanwaltskammer und Deutscher Anwaltverein), politischen Entscheidungsträgern, Wissenschaftlern und einer breiten Öffentlichkeit zur Verfügung gestellt.

Neben der Unterstützung durch die Hans Soldan Stiftung wird das Institut über Mitgliedsbeiträge und Spenden finanziert. Förderer des Instituts sind neben der Hans Soldan Stiftung die Bundesrechtsanwaltskammer, der Deutsche Anwaltverein und der Verlag WoltersKluwer Deutschland.

Weitere Informationen: www.soldaninstitut.de

Über das Projektteam

Matthias **Kilian**, Prof. Dr. jur., Rechtsanwalt. Direktor des Soldan Instituts. Matthias Kilian befasst sich intensiv mit den rechtlichen Grundlagen der anwaltlichen Tätigkeit sowie der Erforschung von Rechtdienstleistungsmärkten. Er forscht und lehrt an der Universität zu Köln. Zahlreiche Veröffentlichungen u.a. zum Anwalts- und Verfahrensrecht. Herausgeber des Statistischen Jahrbuchs der Anwaltschaft.

René **Dreske**, Dipl.-Kfm. Vorstand des Soldan Instituts für Anwaltmanagement e.V., des Trägervereins des Soldan Instituts. René Dreske ist Geschäftsführer der Hans Soldan GmbH in Essen. Herausgeber des Statistischen Jahrbuchs der Anwaltschaft.

Anne-Sophie **Jung** LL.M., war von 2012 bis 2015 Mitarbeiterin des Soldan Instituts und ist seit 2015 wissenschaftliche Mitarbeiterin der Hans-Soldan-Stiftungsprofessur der Universität zu Köln.

Christina **Esser**, stud. iur., ist seit 2014 studentische Mitarbeiterin der Hans-Soldan-Stiftungsprofessur der Universität zu Köln.

Publikationen des Soldan Instituts

I. **Forschungsberichte**

Band 1: Hommerich, C. / Kriele, D., Marketing für Mediation, Bonn 2004, ISBN 3-8240-5400-0 (vergriffen).

Band 2: Hommerich, C. / Kilian, M., Die Berufssituation junger Rechtsanwältinnen und Rechtsanwälte: Eine empirische Analyse des Zulassungsjahrgangs 2003, Bonn 2006, ISBN 978-3-8240-5401-9, 10,- €.

Band 3: Hommerich, C. / Kilian, M., Vergütungsvereinbarungen deutscher Rechtsanwälte: Eine empirische Untersuchung der Vergütungspraxis der deutschen Anwaltschaft, Bonn 2006, ISBN 978-3-8240-5402-7, 15,- €.

Band 4: Hommerich, C. / Kilian, M., Mandanten und ihre Anwälte: Ergebnisse einer Bevölkerungsumfrage zur Inanspruchnahme und Bewertung von Rechtsdienstleistungen, Bonn 2007, ISBN 978-3-8240-5404-6, 15,- €.

Band 5: Hommerich, C. / Kilian, M., Frauen im Anwaltsberuf. Ergebnisse einer Sekundäranalyse, Bonn 2007, ISBN 978-3-8240-5405-3, 10,- €.

Band 6: Kilian, M., Wirksamkeit anwaltlicher Werbemaßnahmen. Eine empirische Studie zur Unternehmenskommunikation von Anwaltskanzleien, Bonn 2011, ISBN 978-3-8240-5409-1, 15,- €.

Band 7: Hommerich, C. / Kilian, M., Rechtsschutzversicherungen: Rechtsschutzversicherte Mandate in der anwaltlichen Berufspraxis, Bonn 2010, ISBN 978-3-8240-5410-7, 15,- €.

Band 8: Hommerich, C. / Kilian, M., Fachanwälte, Bonn 2011, ISBN 978-3-8240-5412-1, 15,- €.

Band 9: Kilian, M., Drittfinanzierung anwaltlicher Rechtsdienstleistungen, Bonn 2014, ISBN 978-3-8240-5414-5, 15,- €

Band 10: Kilian, M., Fachanwälte für Familienrecht, Bonn 2012, ISBN 978-3-8240-5415-2, 15,- €.

Band 11: Kilian, M. / v. Albedyll, A., Fachanwälte für Verkehrsrecht, Bonn 2013, ISBN 978-3-8240-5416-9, 15,- €.

Band 12: Kilian, M. / Lange, S., Fachanwälte für Arbeitsrecht, Bonn 2013, ISBN 978-3-8240-5417-6, 15,- €.

Band 13: Kilian, M. / Rimkus, F., Fachanwälte für Strafrecht, Bonn 2013, ISBN 978-3-8240-5419-0, 15,- €.

Band 14: Kilian, M. / Lange, S., Fachanwälte für Steuerrecht, Bonn 2014, ISBN 978-3-8240-5420-6, 15,- €.

Band 15: Kilian, M., Rechtsanwälte als Spezialisten und Generalisten: Die Rechtsanwaltschaft jenseits der Fachanwaltschaften, Bonn 2013, ISBN 978-3-8240-5418-3, 15,- €.

Band 16: Kilian, M., Das Management von Haftungsrisiken in Anwaltskanzleien: Haftungsbegrenzung durch Rechtsformwahl, Berufshaftpflichtversicherung und Haftungsbegrenzungsvereinbarungen, Bonn 2014, ISBN 978-3-8240-5427-5, 15,- €.

Band 17: Kilian, M., Die junge Anwaltschaft: Ausbildung, Berufseinstieg und Berufskarrieren, Bonn 2014, ISBN 978-3-8240-5428-2, 15,- €.

Band 18: Kilian, M., Juristenausbildung: Die Ausbildung künftiger Volljuristen in Universität und Referendariat: Eine Bestandsaufnahme unter besonderer Berücksichtigung der Anwaltschaft, Bonn 2015, ISBN 978-3-8240-5430-5, 15,- €.

Band 19: Kilian, M., Anwaltstätigkeit der Gegenwart: Rechtsanwälte, Kanzleien, Mandanten, Mandate, Bonn 2016, ISBN 978-3-8240-5431-2, 15,- €.

Band 20: Kilian, M., Fortbildung zwischen Freiheit und Zwang: Eine Studie zur Reform der anwaltlichen Fortbildungspflicht, Bonn 2016, ISBN 978-3-8240-5433-6, 15,- €.

II.   **Statistisches Jahrbuch**

Hommerich, C. / Kilian, M. / Dreske, R. (Hrsg.), Statistisches Jahrbuch der Anwaltschaft 2007 / 08, Bonn 2008, ISBN 978-3-8240-5403-9, 19,- €.

Hommerich, C. / Kilian, M. / Dreske, R. (Hrsg.), Statistisches Jahrbuch der Anwaltschaft 2009 / 10, Bonn 2010, ISBN 978-3-8240-5408-4, 19,- €.

Kilian, M. / Dreske, R. (Hrsg.), Statistisches Jahrbuch der Anwaltschaft 2011 / 12, Bonn 2012, ISBN 978-3-8240-5413-8, 19,- €.

Kilian, M. / Dreske, R. (Hrsg.), Statistisches Jahrbuch der Anwaltschaft 2013 / 14, Bonn 2014, ISBN 978-3-8240-5426-8, 19,- €.

Kilian, M. / Dreske, R. (Hrsg.), Statistisches Jahrbuch der Anwaltschaft 2015 / 16, Bonn 2016, ISBN 978-3-8240-5432-9, 19,- €

III.   Barometer

2007: Hommerich C. / Kilian, M., Berufsrechtsbarometer 2007. Meinungsbild der Anwaltschaft zu aktuellen Problemen des Berufsrechts, Essen 2008, ISBN 978-3-9812-1260-0.

2009: Hommerich C. / Kilian, M., Vergütungsbarometer 2009. Praxis der Vergütungsvereinbarungen deutscher Rechtsanwältinnen und Rechtsanwälte, Essen/Bonn, ISBN 978-3-9812-1261-7 / ISBN 978-3-8240-5407-7.

2009: Hommerich C. / Kilian, M., Berufsrechtsbarometer 2009. Meinungsbild der Anwaltschaft zu aktuellen Problemen des Berufsrechts, Essen 2009, ISBN 978-3-9812-1262-4.

2011: Kilian, M., Berufsrechtsbarometer 2011. Meinungsbild der Anwaltschaft zu aktuellen Problemen des Berufsrechts, Essen 2011, ISBN 978-3-9812-1263-1.

2013: Kilian, M., Berufsrechtsbarometer 2013. Meinungsbild der Anwaltschaft zu aktuellen Problemen des Berufsrechts, Essen 2013, ISBN 978-3-9812-1265-5.

2015: Kilian, M., Berufsrechtsbarometer 2015. Meinungsbild der Anwaltschaft zu aktuellen Problemen des Berufsrechts, Essen 2015, ISBN 978-3-9812-1265-5.